聖山 장기려
성산

편저자
이 기 환

한걸음

아름다운 사람 시리즈
성산 장기려

2022년 8월 5일   초판 3쇄

편저자 / 이기환
펴낸이 / 정해순
펴낸곳 / 도서출판 한걸음
편집 / 이유미, 이영환
인쇄 / 미진상사(02)2264-5402

출판등록 / 2000. 4. 12 제 1-2665
주소 / 서울시 종로구 낙원동 58-1
종로오피스텔 1415호
우편번호 / 110-320
대표전화 / (02)766-8121
FAX / (02)766-8122

공급처 / 출판협동조합 / (02)716-5615
예영커뮤니케이션 / (02)766-7912-3
부산한성서적 / (051)312-8383

ISBN 979-11-6186-122-7   03810

값 12,000원

성산
장기려 박사
(1911-1995)

펴내는 이의 말

출판사 이름을 한걸음이라 했습니다.

좀 새삼스런 감이 있지만 한걸음으로 이름을 지은 것이 좀 철이 들었다고나 할까요. 지금까지 바쁘게 허겁지겁 살아왔음을 이제서야 느꼈습니다.

한걸음은 '큰걸음'이라는 말과도 통합니다. 복음성가 가수인 홍순관 씨는 이렇게도 말했습니다.

"한걸음을 소리나는 대로 읽으면 '한거름'이니 '큰거름'이 되십시오"라고….

제겐 꿈이 있습니다. 닮고 싶은 사람을 찾는 일입니다. 우리는 아직도 이상형의 인물을 이순신, 세종대왕에게서만 찾고 있습니다.

물론 역사에 길이 빛날 위인인 것만은 틀림없습니다. 하지만 너무 거창하며 부담스럽습니다.

우리 주변에서도 얼마든지 우리가 따르고 본 받아야 할 분들이 너무도 많기 때문입니다. 그래야 따라하기 쉽지요. 물론 사람이란 허물도 많습니다. 그것은 피조물인 사람의 한계이기도 합니다. 그것을 탓하고 손가락질 하기는 쉽습니다.

우리는 사람들을 칭찬하고 격려하는데 너무 인색합니다. 주변에서 좀 괜찮은 분이라는 평판이 생기면 곧바로 딴죽이 들어옵니다.

옛날 춘추전국시대때 유명한 유세객 장의(張儀)는 이렇게 말했습니다.

"깃털도 쌓이면 배가 가라앉고 가벼운 사람도 떼를 지어 다니면 수레의 축이 부러지며 여러 사람의 입은 무쇠라도 녹일 수 있고 여러 사람의 비방은 사람을 파멸시킬 수도 있다."

왠만한 장사라도 사람들의 입을 감당할 수 없습니다. 서로 헐뜯다 보니 닮고자 하는 사람, 존경하고픈 사람이 없습니다. 좋은 점을 칭찬함으로써 나쁜 점이 꺾어지도록, 그래서 더욱 좋아지는 사람이 되고, 우리가 또 그런 사람을 닮아가도록 노력하는 그런 세상이 되는, 그런 꿈을 갖고 싶습니다.

멀리 가지 않고 내가 닮고 싶은 사람, 내 옆에 있는 사람, 오고가고 만나는 사람, 그런 사람들의 사는 이야기를 담고 싶습니다. 혹 어떤 분들은 세상을 떠나셨지만, 그런 분 또한 잊어서는 안 되겠지요.

공자는 이런 말을 했지요.

"三人行, 必有我師"

하물며 길가는 사람 세 사람 중에서도 우리의 스승이 있다는데 더 이상 무슨 말이 필요하겠습니까. 형식의 틀에 구애되지 않고 그릇의 높낮이도 가리지 않고 원고가 준비되는 순서로 그대로 펴내고자 합니다. 기왕 알려졌거나 책이 되어 있는 분도 있습니다. 흩어져 있는 것을 모은다는 의미로 때론 발췌했거나 그대로 재수록하기도 했습니다. 그저 그분들의 삶이 좋아서 따른 것이니 용서하여 주십시오. 한걸음 출판사의 '아름다운 사람들' 시리즈가 이렇게 태어납니다.

이제 저의 한걸음은 왼발부터 떼겠습니다. 지금까지 내 삶을 주장하시고 또 그의 도구로써 한걸음 뗄 수 있도록 해 주신 하나님께 감사드립니다.

- 발행인

장기려는 성인인가 바보인가

- 채 규 철
(두밀리 자연학교장)

감옥에 간 대통령과 죽어서 훈장 받은 장박사

대통령도 감옥에 갈 수 있다는 전례를 남긴 이가 전두환, 노태우였다면, 장기려 박사는 죽은 후에도 훈장을 받을 수 있다는 신화를 남긴 분이다. 그의 신화의 시작은 이광수 선생으로 거슬러 올라간다. 이광수 선생의 소설 「사랑」에 나오는 남자 주인공 '안빈'의 모델이 바로 장기려 박사라는 이야기이다.

1940년대에 이광수 선생은 결핵에 걸려 6개월 동안 서울대학교 부속병원에 입원한 적이 있는데, 이때 장박사께서 이선생의 주치의였다고 한다. 어느날, 장박사가 회진을 하다가 이광수 선생의 병실에 들렀다. 이광수 선생은 장박사를 보자 대뜸 "장박사! 당신은 아주 천재든가 아니면 아주 바보야!"라고 했다. 이 말은 장박사의 성품을 정곡으로 찌른 말로 신화처럼 전해 내려오고 있다.

장기려 박사는 우리나라 외과학회에서는 타의 추종을 불허하는 업적을 남긴 외과 전문의였지만, 그의 인생은 너무나도 서민적이고 초라했다. 1995년 12월 25일 서울 백병원에서 86세로 생을 마감할 때까지 부산 복음병원 원장으로 40년, 복음간호대학 학장으로 20년을 역임했지만, 그에게는 서민 아파트 한 채, 죽은 후에 묻힐 공원묘지 10평조차 없었다.

바보 의사 이야기

여기에서 그의 수수께끼가 시작된다. 물론 병원 원장이나 대학 학장으로서의 수당은 있었겠지만, 그에게는 월급이나 수당보다는 가불이 더 많았다.

1967년 내가 처음 장박사를 만났을 때 그는 사면초가 상태에 있었다. 장박사에 대해 떠도는 미신에 가까운 풍문 때문에 전국의 가난한 수술환자들과 다른 병원에서 치료 불가능하다는 판정을 받은 말기 암환자들이 부산복음병원으로 몰려들었던 것이었다. 이렇게 어찌어찌해서 입원을 하고 수술을 받아 병이 나으면 그 다음에는 또 다른 문제가 생겼다. 그들 대부분은 입원비와 약값이 없었다. 이때 마지막으로 찾아가는 곳이 원장님실.

원래 잇속에 밝지 않아 셈을 잘 할 줄 모르고, 바보 같을 정도로 마음이 착한 장박사에게 "시골 우리 집은 논, 밭도 없고 소 한 마리도 없는 소작농인데, 이렇게 많은 입원비나 치료비를 부담할 능력이 없습니다"라고 환자들이 하소연하면, 장박사는 그들의 딱한 사정을 먼저 생각하곤 눈물겨워하였다. 병원비 대신에 병원에서 잡일을 하는 것으로 대신할 수는 없겠느냐는 것이 환자들의 고상한(?) 제안들인데, 이런 말을 듣고 감동받지 않을 의사들이 어디에 있을까, 이야기가 이쯤되면 장박사는 그 환자의 치료비 전액을 자신의 월급으로 대납처리하곤 했다.

병원 행정을 이렇게 하다 보니 장박사의 월급은 항상 적자였고 이것이 누적되면서 병원 자체의 운영도 어려워지게 된 것이다. 결국 어느 날, 병원 진료부장회의에서 진정이 내려졌다. 앞으로 무료 환자에 관한 모든 것은 원장님 임의로 하지 못하고 부장회의를 거쳐 결정한다는 것이다.

그렇다고 가난한 환자들이 오지 않는 것은 아니었다. 모든 결정권을 박탈당한 이후부터 장박사는 어려운 환자들이 생기면 야밤에 탈출하라고 일러주었다. "내가 밤에 살그머니 나가서 병원 뒷문을 열어줄

테니 탈출하라"는 것이다. 장박사의 이러한 '바보 이야기'들은 일일이 열거할 수 없을 정도로 무궁무진하다.

아내의 사진

장박사는 세상을 떠나기 전까지 침대 머리맡에 항상 두 장의 사진을 놓아 두었다. 한 장은 30대의 어여쁜 아내의 사진이고, 또 한 장은 80세가 된 꼬부랑 할머니 아내의 사진이다. 이 할머니가 된 아내의 사진은 3년 전에 미국에 있는 조카가 평양에 다녀오면서 가져온 것이다. 조카는 평양에 가게 되자 사방팔방으로 수소문하여 장박사의 사모님을 만났고 사진을 얻을 수 있었다.

이 사실을 신문기자들이 알게 되어 장박사는 취재 대상이 되었다. 기자들이 물었다. 어떻게 아내의 생사도 모르면서 45년 동안 독신으로 살 수 있었느냐고. 장박사는 이렇게 대답했다고 한다. "결혼이라는 것은 한 번 하는 것이지 두 번 하는 것이 아니지 않느냐"고.

1970년대만 해도 장박사는 해외에 나갈 수가 없었다. 외국에서 열리는 학술 세미나에 초청을 받아도 정부에서 여권을 발급해 주지 않았다. 그 이유 중의 하나가 아내가 이북에 살아 있기 때문이었다. 1980년대에 이산가족의 북한 방문이 정략적으로 실행되어 지학순 주교가 평양을 방문하게 되자 정보부에서는 장박사에게도 아내를 만날 생각이 있으면 방북 신청을 하라고 했다. 그때 그는 단호하게 평양행을 거절했다.

"나는 매일같이 영적으로 아내와 교통을 하고 있는 사람이오. 육신으로 며칠 만나고 오는 것이 내 나이에 무슨 득이 되겠소. 내가 평양에 간다면 그곳에서 내 생명이 다할 때까지 아내와 함께 살 수 있다면 평양에 가겠지만, 그렇지 못할 거라면 나는 사양하겠소."

당신이 고향에 다녀 온 다음에 남아 있는 아내나 아이들에게 폐가 된다면, 그것은 더더욱 도리가 아니라는 것이다. 마지막으로 그는 정부 당국에 "이산가족이 나 하나뿐이 아닌데, 아내를 두고 온 다른 사람들은 얼마나 가고 싶겠소. 그 사람들도 같이 보내준다면 나도 갈 생각이 있지만, 그렇지 않다면 정부의 호의를 거절하겠소"라고 했다.

통일이 된 다음에 가봐도 늦지 않을 테니 그렇게 하겠다고 하였건만, 그렇게 기다리고 기다리던 통일의 날을 보지 못한 채 죽어서 영혼으로 가시고 말았다.

진리와 함께 한 삶

장박사가 평생의 신앙 동지요, 스승으로 모신 분이 함석헌 선생이었다. 매달 한 번씩 장박사님 사택에서 여럿이 모여 성경을 공부하곤 하였는데, 그때 말씀하시던 함석헌 선생의 음성이 아직도 귀에 생생하다. 함선생님은 "이렇게 장박사처럼 단순하게 예수 믿는 것도 정말 믿는 걸까?" 한참 뜸을 들이고 난 후 하얀 턱수염을 쓰다듬으며 결론처럼 "예수는 장박사처럼 단순하게 믿어야 해"라고 하셨다.

장박사는 그렇게 단순하게 살았고, 단순하게 믿다가, 단순하게 돌아가셨다. 그러나 그의 죽음은 우리에게 중요한 메시지를 남긴다. 그는 어느 누구와도 아무 거리낌없이 예배를 보았다. 카톨릭의 신부님들과도, 불교의 스님들과도, 무교회주의자들, 퀘이커 교도들 그리고 무신론자들까지도 말이다.

장박사는 생전에 상도 많이 받았고 감투도 많이 썼다. 그런데 그가 받은 상들은 따지고 보면 장박사 개인을 위한 것이라기보다는 상을 준 쪽의 권위와 명예를 위한 것이 대부분이었다. 뿐만 아니라 그가 썼던 감투 중에는 어느 하나도 힘있는 감투가 없었다. 청십자 이사장, 애광원 후원회장, 함석헌 후원회 이사, 거창고등학교와 풀무학원 후원회장 등. 한결같이 도움을 달라는 감투였지 보태주겠다는 감투가 아니었다. 어쩌면 우리가 그분에게 너무나 많은 것을 요구했는지도 모른다. 그럼에도 불구하고 장박사는 그 짜증나는 감투들을 거절하지 못한 바보였다.

장박사는 가장 비천하고 가난하고 병든 사람들을 위해서 봉사하는 것을 잊어서는 안 된다고 우리에게 당부하고 가셨다. 이들이야말로 하나님께서 가장 아끼시는 자녀들이 아닌가. 장박사의 신화를 마감하면서 내가 쓴 그의 비문을 옮겨 적는다.

1909년 평북 용천에서 태어나고
1995년 서울에서 승천한
의학박사 장기려
그는 모든 것을 가난한 이웃에게 베풀고
자기를 위해서
아무 것도 남겨놓지 않은
선량한 부산시민, 의사, 크리스천,
이곳 모란공원에 잠들다.

1995년 12월
장기려 박사님의 영혼에 천사들의 날개가 함께 하시기를 빌면서

차 례

펴내는 이의 말 …………………………………………………5
장기려는 성인인가 바보인가 / 채규철 ……………………7

제1부 네 이웃이 누구냐
1. 뒷문을 열어 놓을 테니 그냥 살짝 도망가시오 …………19
2. 나는 가진게 너무 많아 …………………………………27
3. 대통령 면담보다 더 중요한 것 …………………………36
4. 네 이웃이 누구냐 ………………………………………40
5. 수술 전에 기도하다가 늦기도 …………………………45
6. 하나님께 맡깁시다 ………………………………………51
7. 기쁨, 슬픔 그리고 회개 …………………………………54
8. 인간적인, 너무나 인간적인 사람 ………………………63
9. 소외되고 가난한 이웃의 친구 …………………………69

제2부 한 사람이 "예비" 되었다
1. 병치레 심했던 약골 ……………………………………77
2. 방탕한 고보시절 …………………………………………82
3. 빈자를 위해 평생을 바치겠습니다 ……………………85
4. 촌뜨기 공부 벌레 …………………………………………89
5. 운명의 여인 만나다 ………………………………………94

6. 백인제 선생과 만남 …………………………………………100
7. 춘원의 『사랑』 모델 …………………………………………107
8. 박사 학위 취득과 기홀병원 부임 …………………………116
9. 첫승전보, 간설상절제수술 성공 ……………………………125
10. 투옥, 그리고 해방 …………………………………………129
11. 김일성대 의대 외과학과 강좌장……………………………142
12. 김일성 입원하다 ……………………………………………152
13. 북조선 제1호 의학박사가 되다 ……………………………157
14. 다가오는 전쟁의 그림자 ……………………………………163
15. 전쟁, 밀려드는 수술환자들 …………………………………171
16. 한국군의 평양 점령 …………………………………………177
17. 운명의 날… 아버지, 저기 신용이가 ………………………180
18. 제2의 고향, 부산에서 망향의 세월…………………………191

제3부 망향의 세월

1. 당신 김일성이 보냈지 ………………………………………197
2. 전영창과의 만남………………………………………………208
3. 천막 복음병원 세우다 ………………………………………214
4. 월급은 식구수대로 합시다 …………………………………220

5. 악화일로의 병원재정 ………………………………………227
6. 다시 진 십자가 …………………………………………234
7. 장박사 치료 한번 받는 게 소원입니다 …………………247
8. 부산의대 외과창설과 양재원 사장과의 만남 ……………251
9. 간 대량 절제수술 성공 …………………………………258
10. 행려병자 속으로 ………………………………………265
11. 첫 세계일주 ……………………………………………274
12. 청십자운동과 채규철 …………………………………280
13. 청십자 의료조합 탄생 …………………………………287
14. 청십자가 효자보다 낫습니다 …………………………300
15. 막사이사이상 수상 ……………………………………307

제4부 오늘 아침에도 아내를 만났어요

1. 사랑하는 아내에게 ………………………………………313
2. 이산가족이 어디 나 하나 뿐이겠소 ……………………318
3. 짧은 만남보다 하늘나라에서 영원히 만나야지 …………323
4. 영원한 자유인, 믿음만으로 살다간 성인 장기려 ………328

제1부 네이웃이 누구냐

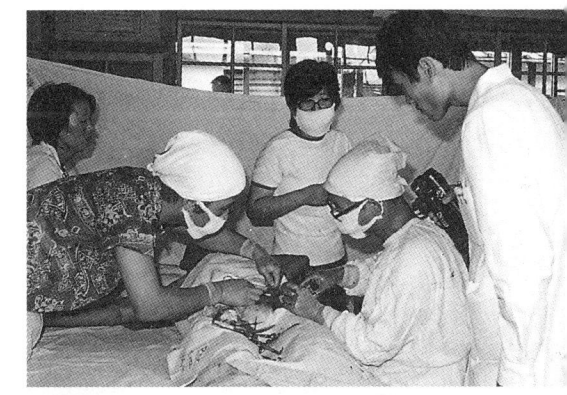

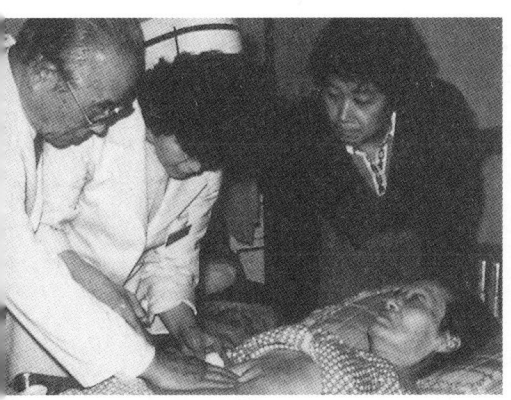

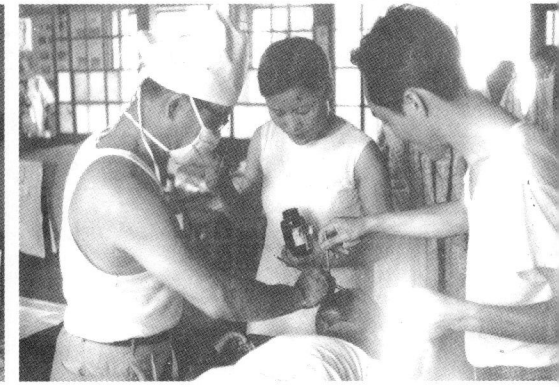

1. 뒷문을 열어 놓을 테니 그냥 살짝 도망가시오

나른한 오후였다. 밀려드는 환자들 때문에 어디 나가 근사한 점심을 먹을 여유가 없었다. 특별한 경우가 아니라면 늘 그랬다. 의사가 팔자좋게 밥 먹는다고 나가기라도 하면 환자 볼 시간이 그만큼 줄어든다.

몸이 아파 병원을 찾은 사람들은 신경이 예민해진 상태라 기다리는 걸 더욱 싫어하기 마련이다. 몸의 상태를 빨리 의사에게 확인하고 싶은 심정, 빨리 병명을 알아 치료해주기를 바라는 심정은 누구나 똑같다. 시간을 쪼개지 않으면 그만큼 환자를 기다리게 만들뿐이 아닌가.

그날도 대충 빵과 우유로 점심을 해결했다. 오전내내 환자들을 보느라 피곤해진 심신을 잠깐이나마 쉬고 다시 힘을 내야 했다.

창문너머 아득한, 짓푸른 하늘을 물끄러미 바라보았다. 피곤에 젖은 눈을 저편 하늘에 담갔다. 천근의 짐을 얹은 듯 무거웠던 두 눈이 한결 상큼해졌다.

문밖에서 누군가가 살짝 인기척을 내더니 들릴 듯 말 듯 노크를 했다.

"들어오세요."

문밖 환자의 몸놀림은 매우 조심스러웠다. 문을 빼꼼히 살짝 열고는 머리만 내밀며 눈치를 살폈다.

"저, 원장님께 할 말이 있어서요."

"어서 들어오세요."

겨우 들어와 어쩔줄 몰라 엉거주춤 서있는 환자에게 그는 앉으라고 의자를 권했다.

"앉아서 말씀하세요. 환자가 궁금한 게 있으면 안 되죠."

나이보다 10년은 더 들어보이는 남자였다. 이 병원 입원환자가 대부분 그렇듯이 남자도 그랬다. 가난과 병마에 찌든 얼굴엔 깊은 주름살이 패어 있었다.

남자는 쉽게 말문을 열지 못했다. 고개를 푹 숙인 채로 앉아 더듬기만 했다. 엉거주춤한 자세로 안절부절 못하는 남자를 바라보면서 문득 '뭔가 잘못했구나' 하는 반성의 마음이 들었다.

'환자가 쉽게 말문을 열지 못하는 건 의사 탓이다. 의사가 어쨌길래 환자가 마음의 문을 열지 못하는 것일까.'

환자는 그 어떤 얘기라도 흉허물없이 해야 한다. 의사와 환자 사이에 벽이 생겼다면 그건 실패한 의사다.

"괜찮습니다. 마음 편히 말씀하세요."

남자는 그제서야 말문을 열기 시작했다. 병에 대해 말하려 온 게 아니라는 것, 내일 모레 퇴원하게 된다는 것.

그는 이제 짐작이 갔다. 남자가 병원비를 걱정하고 있는 것이 틀림없었다.

"어렵게 생각하지 말고 말씀하세요. 무엇 때문에 그러세요. 혹시 퇴원하는데 돈이 없어서 그러세요?"

남자는 얼굴을 들지 못한 채 말을 이어갔다. 입원비가 턱없이 모자르다는 것이었다. 서무과에 가보니까 20만 원씩이나 입원비가 나왔는데 이곳저곳 사정사정해서 겨우 빌려봐도 절반도 채 안 되더라는 것이었다. 이제는 더 이상 마련할 곳도 없고 해서 포기할 수밖에 없는 상황이라는 것이었다.

어젯밤 뜬눈으로 달리 해결할 방법을 도저히 찾지 못해 생각다못해 원장님을 찾아왔노라는 말이었다.

그는 남자의 말을 끝까지 듣고는 얼굴을 활짝 폈다. 환자를 믿었다.

오죽했으면 원장을 찾아올 생각을 했을까.

"선생님, 돈이 모자라면 할 수 없지요. 퇴원은 해야 하잖아요. 있는 대로만 내시고 모자라는 돈은 나중에 돈 벌어 갚으세요."

"박사님, 그래도 어떻게…."

"괜찮습니다. 대신 주님을 믿고 영접하세요. 그러면 다 됩니다."

남자는 여전히 믿기지 않는다는 듯 그의 안색을 살피며 어쩔줄 몰라했다.

"그리고 명심하세요. 다른 환자에겐 비밀입니다."

"원장님, 이 은혜 정말 잊지 않겠습니다. 꼭 갚겠습니다."

그는 연신 허리를 굽히면서 눈물까지 흘리는 남자의 어깨를 툭툭치면서 말했다.

"모두 주님 덕분인줄 아세요."

남자가 뛸 듯 진료실을 빠져나가는 모습을 바라보며 그는 깊은 상념에 빠졌다. 돈이란게 뭔가. 돈이 결코 사람을 지배할 수 없는데 사람들은 돈의 위세에 눌려 돈 때문에 죽고 산다. 하나님께서 지으신 사람이라는 귀한 존재가 그깟 돈 몇 푼 없어서 충분히 살 수 있는 사람도 죽어가는 현실이 아닌가.

수 십 년간 병을 고치는 의사로 살아왔지만 여전히 풀 수 없는 안타까운 문제였다. 진료실을 휘휘 오가며 답답한 가슴을 풀려고 하는 순간 서무과장이 헐레벌떡 뛰어왔다.

'아차! 저 친구가 또 화를 내겠군.'

그는 짜증을 가득 담은 서무과장의 얼굴을 힐끗 바라보며 빙긋 웃었다.

"무슨 말을 할지 압니다."

"원장님, 또 입니까? 큰 일입니다. 이래서는 도저히 안 됩니다. 병원 운영이 안 됩니다. 원장님이 자꾸 그러시니까 돈 있는 사람들까지 없는 척하며 그냥 퇴원하려고 하잖습니까?"

그는 서무과장의 항의를 충분히 이해하고 있었다. 다른 병원과는 입원비나 수술비가 비교도 안 되게 싼 데 여기서 더 깎아주면 병원운영을 어떻게 하라는 것이냐는 말이었다.

그러나 서무과장 역시 원장이 어떤 반응을 보일지 누구보다도 잘 알고 있었다. 하지만 이 정도의 불평이라도 해서 통제하지 않으면 끝도 한도 없다는 걸 알기에….

기실 한 두 번이 아니었다. 회진하다가 처연히 벽만 바라보고 있는 입원환자를 보다보면 그는 그의 안색을 살피고는 한마디로 결론을 내리기 일쑤였다.

"저런 돈 병이 들었군."

"이봐요. 이 분 빨리 퇴원시켜요. 돈은 나중에 건강할 때 일해서 갚으라고 하고…."

병원직원들의 불만이 그치지 않았음은 물론이었다. 직원들은 늘 그랬다.

"원장님께서 그냥 보내시면 원장님 혼자만 스타가 됩니다. 병원운영은 어떻게 할 거며 직원들 월급은 어떻게 줍니까?"

그럴때면 원장은 특유의 농담으로 구렁이 담넘어가듯 슬그머니 넘어갔다.

"이보시요들. 난 그냥 보낼테니 당신들은 그 환자를 잡아 돈을 받으면 될 것 아니요?"

직원들의 반발이 워낙 심하면 이런저런 말로 타일렀다.

서무과장은 이날도 한바탕 훈시를 들어야 했다.

"병원의 설립목적을 알지요. 병원은 가난하고 불우한 영혼을 위해 만들어진 안식첩입니다. 안식처에서 돈이 없다고 문전박대하면 하나님이 용서하시겠습니까? 오갈 곳 없는 이들을 우리까지 내치면 정말 이들이 쉬고 병을 다스릴 곳은 없습니다."

"원장님, 하지만 개중에는 정말로 엄살떠는 사람들도 있는데요…."

"할 수 없지요. 설혹 그런 분들이 있다해도 어쩝니까. 그들의 눈을 보면 저도 압니다. 어떨 때는 돈도 있어 보이는 사람들 가운데서 거짓을 말하는 이도 있어요. 하지만 어쩌겠습니까. 믿지 않으면 도대체 어떻게 할 수 있겠습니까."
 그러나 서무과장도 지지 않고 협상을 끌어내기 시작했다.
 "원장님, 말씀 잘 알아듣겠습니다. 다만 한 가지만 약속해주십시오. 환자들이 너도나도 원장님 방에 와서 눈물로 호소할 때는 어쩌시겠습니까. 그러니까 이 순간부터는 하나의 제도를 만들테니 제발 거기에 따라주십시오."
 그것마저 거절할 수는 없었다. 직원들이 모두들 걱정하고 있다는데 어쩔 도리가 없는 노릇이었다. 누누이 민주적인 병원운영을 내세웠는데 혼자만 고집피울 수는 없는 일이었다.
 "원장님, 이제부터는 담당의사의 의견과 서무과를 미리 거치지 않고는 퇴원할 수 없게 만들어 주십시오."
 "잘 알겠소. 내 그리 하지."
 다짐을 받은 서무과장이 물러나자 그는 긴 한숨을 쉬었다.
 "가난한 환자들에 비하면 우리는 정말 너무 가진 게 많은데…. 이 가진 것을 정말 원없이, 그들에게 풀어주고 싶은데…."
 그는 그저 무릎을 꿇고 기도할 수밖에 없었다.

 어느 날 저녁, 막 수술을 마치고 원장실로 돌아와 책상을 정리하고 있었을 때 노크소리가 들려왔다. 역시 병원직원의 노크는 아니었다.
 "들어오십시오."
 낯익은 얼굴이었다. 50대 꾸부정한, 경남 거창의 농부였다. 장기입원 중이었으므로 그도 잘 알고 있는 환자였다.
 '퇴원날짜가 다가왔는데 또 돈이 없다는 말인가 보다.'
 그의 짐작은 맞았다.
 "내일 모레가 퇴원인데…. 입원비가 없습니다."
 거창 농부의 눈에는 이슬이 맺혔다. 목이 메어 제대로 말도 잇지 못했다. 그는 잠시 생각에 잠겼다. 돈도 없는데 병원에 묶어둔다는 자체가 그로서는 용납이 안 됐다. 그러나 병원식구들에게 사정이야기를 하고 싶어도 서슬퍼런 병원식구들의 얼굴을 떠올리니 용기가 나지 않았다.

　농부는 정자세로 죽은 듯 앉아 원장의 처분만 기다리고 있었다. 무거운 침묵이 흘렀다.

　도저히 묘안을 찾을 수 없었다. 그는 한참을 고민하다가 문득 한 가지 방법을 찾았다.

　"자, 내가 시키는 대로 하시오. 그럴 수 있겠소?"

　"어떤…."

　"그냥 살짝 도망가시오. 내가 이따 밤에 뒷문을 살짝 열어놓을 테니 몰래 퇴원준비하고 기다리시오. 지금은 직원들이 버티고 있으니 안 되고…."

　농부는 어이가 없다는 듯 그의 얼굴을 물끄러미 쳐다보고만 있었다.

　'원장님이 대체 무슨 말씀을 하시는 건가?'

　"자 이제 일어나 가서 빨리 퇴원준비 하시오. 직원들이 보면 불호령 떨어집니다. 그리고 퇴원준비는 몰래 하시오. 들키면 끝장입니다."

　그는 넋 놓고 앉아있는 농부의 손을 붙잡고 일으켜 세웠다.

　"원장님, 저보고 도망가라고 하셨습니까. 어떻게 그럴 수가…. 제 아무리 염치없어도 그렇지 그렇게는…."

　"이봐요. 방법이 없지 않소. 입원비 다 내시겠소. 당신이 빨리 나가야 농사 열심히 짓고 입원비도 갚을 게 아니요. 여기 마냥 누워있으면 누가 돈을 갖다주오, 쌀을 갖다주오. 당신 기다리고 있을 집안식구들도 생각해야지."

　"그래도…."

　"걱정마시오. 모두 하나님께서 하시는 일이니 그리 아시오."

　농부는 여전히 긴가민가하면서 원장에게 등을 떼밀려 나갔다.

　그날 밤, 그는 직원들이 퇴근하는 걸 기다려 병원 후문을 살짝 열어

놓고는 병실에 들러 사인을 보냈다.
 농부는 이불이며 옷가지를 챙겨서는 다시 원장실을 찾아왔다.
 "원장님, 정말 그냥 가도 됩니까."
 "왜 그리 내 말을 못 믿소. 빨리 가시오."
 원장은 호주머니에서 지갑을 꺼내더니 있는 대로 지폐를 뽑고는 농부의 손에 쥐어주었다.
 "자, 차비나 하시오. 그리고 열심히 사시오."
 "원장님…."
 농부와 가족들은 그만 하염없는 눈물을 터뜨렸다.
 "이 은혜 평생 잊지 않겠습니다."
 "주님의 은혜입니다. 주님께서 책임지는 일입니다. 가서 열심히 사시오. 주님께서 지켜보고 계실 겁니다."
 다음날 아침, 서무과 직원이 원장실로 쫓아왔다.
 "원장님, 환자가 도망갔습니다."
 원장은 아무렇지도 않다는 표정으로 힐끗 웃고만 있었다.
 "원장님께서 혹시…."
 "짐작대로네. 내가 도망가라고 했네."
 "아이 원장님, 그 환자는 장기입원환자라 입원비가…."
 "알고있네. 그럼 어쩌란 말인가. 입원비가 없다는데…."
 직원은 기가 막히다는 듯 그냥 돌아갈 수밖에 없었다. 그런 일은 다반사였다.
 어떤 때는 어떤 환자가 "시골에 논밭도 없고 소 한 마리 없는 소작농이라 치료비가 없다"고 하소연하자 환자의 치료비 전액을 그의 월급으로 대신 내주었을 정도. 사람들이 어떤 말을 하더라도, 그 말이 새빨간 거짓임을 알아차려도 그는 사람을 믿었다. 사람은 하나님께서 지으신 가장 귀한 존재라고 믿었기에.
 오죽했으면 일제시대 때 만난 춘원 이광수가 "당신은 성인 아니면 바보"라고 표현했을까.

그는 직원들이 소근대면 늘 다섯 손가락의 비유로 직원들의 불평을 잠재웠다.

그는 다섯 손가락을 펴보이며 말했다.

"하나님의 원리는 사람의 원리와는 다릅니다. 우리 한 번 생각해 봅시다. 돈없는 입원환자가 묶여있다고 칩시다. 그 환자는 자기가 입원비를 내지 않아 이렇게 됐다고 처음에는 생각할 겁니다. 죄책감도 느끼겠지요. 그러나 시간이 흐르면 그는 병원을 원망하고 의사를 원망하고 결국은 하나님을 원망할 겁니다. 하나님을 모시는 이 병원을 어떻게 생각할 것입니까. 우리 다시 한 번 생각을 고쳐먹읍시다. 만약 우리가 한 사람을 선한 마음으로 무료치료했다 칩시다. 그렇다면 그 사람은 보답하는 마음으로 훗날 입원비를 가져오거나 그것도 아니면 환자 다섯 사람을 병원에 소개할 것입니다."

원장의 말은 맞았다. 그의 병원은 원장의 가없는 베품으로 무료환자가 많았으나 끝내 문닫는 일없이 운영되었다.

무료입원환자들이 원장의 마음씀씀이에 감동한 나머지 훗날 밀린 입원비를 내는 경우가 많았고 병원을 돕겠다는 독지가들의 손길도 이어진 덕분이었다. 하지만 그것 역시 하나님의 뜻으로 돌렸다.

2. 나는 가진 게 너무 많아

복음병원 엘리베이터가 끝나는 꼭대기에서 한층 더 올라가 교환기 계실 옆 울퉁불퉁한 공간. 24평 남짓한 고루한 사택은 그가 '임시'로 거주했던 단 하나의 집이었다.

그래도 그는 늘 "난 가진 게 너무 많아" 하면서 평생 무욕의 삶을 살다 간 간디를 부러워했다.

"물레 하나만을 남기고 간 간디에 비하면 난 호사스럽게 산 거야. 예수님은 주님을 좇겠다고 나선 사람들을 향해 '여우도 굴이 있고 공중의 새들도 집이 있으되 인자는 머리 둘 곳이 없도다'라고 하시지 않았어?"

고린도후서 8장 9절은 "부요한 자로서 너희를 위하여 가난하게 되심은 그의 가난함을 인하여 너희로 부요하게 하려 하심이라"라고 했다. 예수님이 우리를 위하여 가난해지셨음을 깨닫게 했음을 뜻하는 것이다.

장기려 박사도 스스로 가난해짐으로써 수많은 사람들의 삶을 부요하게 한 것이다. 성 프란시스코는 "난 가난과 결혼했노라"고 하였다. 결국 우리들이 걸어가야 할 길은 가난해지는 것이다.

그는 지난 1975년, 25년간이나 맡아온 복음병원장을 후배인 박영훈 박사에게 넘겨주었다. 가난한 자를 위해 평생을 살아온 그는 물러나면서 "그런 대로 대과없이 해왔다"고 자평했다.

'대과없이' 일을 한 이유도 박영훈 원장을 비롯한 유능한 제자들과 재능있는 동료들 덕분이라면서….

그의 회갑 때 함석헌 선생은 그를 위해 농섞인 덕담을 해주었다.

"이 사람이 어디 능력이 있어서 일을 하나. 욕심이 없으니까 다 되는 거지."

그는 함선생의 그 말을 어떤 훈장보다 더 기쁜 선물로 받아들였다. 그 함선생이 말년에 "하나님 곁으로 가는 날이 가까워진 기쁨과 늙어서 아내의 똥오줌을 받아 내주는 기쁨으로 사는 게 요즘의 낙"이라고 하자 그는 다시 한 번 스스로를 되돌아보았다.

늙어서 별로 가진 것이 없다는 게 다소 기쁨이긴 하지만 간디에 비하면 아직 멀었다면서….

"가진 게 너무 많아. 자기를 부정하고 자기 십자가를 지고 나를 따르라"고 하신 예수님의 말씀에 아직은 급제했다는 생각이 들지 않아 늘 부족하다고 여기며 살았다.

그가 삶의 대상으로 삼은 것은 명예도 행복도 아니었고 오로지 가난하고 병든 자였음은 분명했다. 그 역시 예수님의 뜻이었다. 예수님은 문둥병자를 사랑하셨고 창기(娼妓)도 사랑하셨다. 주님의 사랑을 받은 여인은 주님의 사랑에 감격한 나머지 옥합(玉盒)을 가져와 눈물로 주님의 발을 적시고 자기 머리털로 주님의 발을 씻기고 그 발에 입을 맞추었다. 장기려 박사의 사랑을 받던 많은 사람들도 그 사랑에 감격하여 감사와 봉사의 삶을 새롭게 살았다.

우리나라에서 처음으로 민간의료보험을 실시하여 가난하고 병든 사람들의 등불이 되었다는게 대표적인 업적이다. 정부도 여력이 없어 꿈도 꾸지 못했던 의료보험제도를 이미 지난 1968년에 처음 실시하여 우리나라 전국민의료보험의 모델역할을 톡톡히 해냈다.

몇 벌 안 되는 옷장의 옷을 꺼내입으면서도 늘 쓴 웃음을 지었다.

"예수님께서는 두 벌 옷도 가지지 말라고 하셨는데 난 옷이 너무 많아."

언젠가 원장실로 전화가 왔다.
"장기려 원장님이십니까?"
경찰이었다.
"혹시 수표를 잃어버리시지 않았나요?"
경찰에 따르면 어떤 거지가 수표를 들고 다니다가 붙잡혔는데 혹시 거지가 수표를 훔쳤거나 길에서 주웠는지 확인하려고 전화하는 것이었다. 거지의 행색으로 보아 도저히 정상적인 방법으로는 수표를 갖고 있을 리 없었다.
"아니오. 경찰 양반, 그 수표는 내가 준거요. 그 양반에게 당장 수표를 돌려주오. 내가 준 수표인데 뭐 죄가 될 건 없지 않소?"
경찰은 그래도 미심쩍은 듯 말꼬리를 흐리면서 "알았다"면서 전화를 끊었다.
그 수표는 분명 장박사의 수표였다. 그날 병원을 나서 저만치 걸어가는데 남루한 옷차림의 거지가 그에게 달라붙었다.
"사장님, 한푼만 줍쇼."
알았다는 듯 호주머니를 뒤지던 그는 지갑을 두고 나왔다는 걸 깨닫고는 도리어 "미안하다"고 거지에게 양해를 구했다.
힘없이 돌아서는 거지를 보고 그는 너무 측은해서 다시 한 번 안주머니를 뒤져보았다. 거기에 빳빳한 종이의 감촉이 느껴졌다. 빼보니 수표였다. 당시 카톨릭 병원에서 받은 월급이었는데 얼마인지도 확인하지 않고 주머니에 꼬깃꼬깃 넣어둔 것이었다. 월급이라면 그때 돈으로도 상당한 금액이었을 터. 그러나 그는 액수도 확인하지 않고 줄 돈이 있다는 생각에 얼마나 반가운지 거지를 서둘러 불렀다.
"이봐요. 이리 와봐요."
거지가 수표를 받고는 두 눈이 휘둥그레졌다. 종이를 한참이나 살피더니 더듬으며 간신히 말문을 열었다.
"사장님, 이건 말로만 듣던 수표라는 거 아닙니까? 잘못 주신거 아닙니까?"

"괜찮소. 돈이란 필요한 사람에게 소용되는 거니."

거지는 그가 멀어질 때까지 멍하니 서있었다.

그런 그였지만 가진 자들은 고려의 대상이 아니었다. 가진 자들에 비하면 그가 훨씬 가난했기 때문이었다. 설날이 되면 식구들에게 단돈 '천 원'을 세뱃돈으로 주었다. 아들 가용과 손자 여구, 손녀 예원 등 모두 일금 천 원씩이 주어졌다.

"박사님, 또 천 원이십니까?"

세배를 하러 찾아오는 많은 제자들에게도 마찬가지였다. 제자들이 농담으로 투정을 부리면 "왜 많아서 그런가?" 하며 농으로 받아 넘겼다.

사실 그에게는 돈의 개념은 없었다. 한 번은 병원차를 몰던 성기사라는 분은 추석날 장박사로부터 봉투를 받았다.

"집사람에게 뭘 좀 사주라"면서…. 생전 개인적으로 그런 보너스를 받아본 적이 없던 성기사는 눈물겹도록 고마워했다. 하지만 그것도 잠시….

봉투를 열어보니 '역시'였다. 봉투에는 단돈 3,000원이 들어 있었다. 소유의 개념이 없는 장박사의 일면을 보여주는 대목이다.

가난뱅이 종합병원 원장. 누구나 고개를 갸웃거릴 이 말에 꼭 맞는 이가 바로 복음병원 장기려 원장이었다. 호주머니가 늘 비어있었기 때문이었다. 월급날이 되면 어떻게 알았는지 돈 쓸 일이 생겼다.

아니 돈이 생기면 그동안 체크해 놓았던 돈 쓸 일을 찾아 아낌없이 쓰고 나서야 직성이 풀렸다. 선한 사마리아인의 비유를 하려면 장박사의 삶에서 찾으면 쉽다.

어느 날 아침. 그날도 여느 때처럼 회진을 나섰다. 병세를 살피는 것 뿐 아니라 환자의 형편과 마음가짐까지도 꼼꼼히 살피는 게 버릇이었다.

환자들과 이런저런 농을 걸며 그들의 몸과 마음의 병을 달래주던 그의 시선이 어느 환자에게 붙잡혀 있었다. 환자의 다 떨어진 내복을 물끄러미 바라보고 있었던 것이다.
 그날 밤 수요예배에 참석한 그는 그 환자를 위해 기도를 올렸다.
 "손군, 나랑 같이 어디 좀 가세."
 그는 예배에 함께 참석한 마취과 손동길 선생에게 "좀 따라오라"고 말했다.
 "선생님, 이 밤중에 어딜 가시려고 하십니까?"
 "시장에 가려구."
 "그런 일이라면 제가 다녀오겠습니다."
 "그게 아닐세, 이보게. 202호 환자 말이야. 내의가 너무 낡았더군. 이 추위에 어떻게 지낼지 걱정인데 나랑 같이 시장에 좀 가자구."
 손선생의 코가 시큰거렸다. 야시장에 나가 이것저것 내복을 고르는 그의 모습을 바라보며 손선생은 다시 한번 소리없이 눈물을 삼키고 말았다.
 언젠가는 담석증으로 고생하던 도지사를 수술로 완치시켜 주었다. 엄청난 통증에서 벗어난 도지사가 완전히 회복된 뒤 고마움을 표하기 위해 병원을 찾아온다는 전갈을 보내왔다.
 직원들은 당황하여 어쩔 줄 몰랐다. 도지사같은 높은 분이 온다면 뭔가 대접을 해야 하는데 하필이면 점심때 온다니 걱정이 태산같을 수밖에….
 "원장님 어떻게 대접해야 할지…."
 "뭘 그리 걱정하고 그러시오. 같이 점심이나 하면 되지…."
 "그런데 어디로 모실지, 그리고 수행원들도 몇 명이나 될 지 몰라서요."
 그는 직원들의 호들갑을 의아한 표정으로 바라보면서 이해가 가지 않는다는 듯 명료하게 해답을 내려주었다.
 "오늘 우리 병원 점심메뉴가 뭡니까?"
 "하필이면 라면이 되놔서요."

"그러면 됐소. 몇 명 오는지 다시 물어봐서 사람숫자만큼 라면이나 더 끓이라고 하시오."

"그래도 되겠습니까?"

"뭐가 어때요. 우리가 먹는 건데 그 사람들이 못 먹을 이유가 어딨소. 사람 먹는데 다 마찬가지지."

결국 도지사와 수행원들은 식당에서 그와 함께 길게 늘어앉아 라면 한사발을 먹고 돌아갔다. 지체높은 분이 그런 대접을 받았다면 왠지 기분이 나쁠 법도 했지만 도지사는 장박사의 그런 격의없는 태도에 깊은 감명을 받았다.

"장박사님과 점심식사 같이 한 건 정말 평생 잊을 수 없을 겁니다. 정말 고맙습니다."

도지사는 장박사에게 몇 번이나 머리를 조아리며 경의를 표했다.

또 어느날, 당시 심장병을 앓고있던 장박사는 마취과 손동길 선생과 허름한 사택에서 함께 지내고 있었다. 언제 어떻게 될 줄 모르는 상황이었으므로 손선생이 합숙을 자청했던 것이다. 음력 섣달 그믐이 다가오던 어느 날 밤 사택에 도둑이 들었다. 그 도둑도 참 어리숙했다. 어디 훔칠 데가 없어서 재산이라고는 눈을 씻고 찾아보아도 없는 사택을 털려고 했으니 말이다.

하긴 일각에서는 장박사가 얼마나 재산이 많길래 그렇게 적선하고 나눠주는 지 모르겠다고 오해하는 사람도 있었으니 그 도둑도 그 말을 믿고 털었을지 모르는 것.

그러나 단단히 맘먹고 숨어 들어온 도둑은 땀깨나 흘렸을 터. 아무리 찾아봐도 가져갈 것이 없자 도둑은 서랍장에 잘 싸여있던 한복 한 벌을 발견하고는 "이거라도 가져가자"는 심정으로 들고 달아났다.

다음날 아침 손동길이 "도둑이 들었다"고 호들갑을 떨었는데도 그는 가만히 누워있었다.

"그 친구도 참. 어디 훔칠 데가 없어 여길 털어? 억세게 재수없는 친구로군."

"선생님, 그런데 한복을 가져갔는데요?"

손동길이 도둑이 미처 가져가지 못한 한복 끈 하나를 들고 소리쳤다.

남의 일처럼 꼼짝도 않고 누워있던 그는 그 한복 끈을 보더니 벌떡 일어났다.

"어휴. 그 바보같은 도둑놈을 그냥…."

그는 안타까워 안절부절 못하고 있었다. 손동길은 '박사님 답지않은 행동'이라고 여겨 의아하게 생각했다.

'저 한복은 무척 아꼈던 한복인 것 같네.'

하지만 틀렸다. 장박사는 다음 한마디는 손동길을 경악시켰다.

"손군, 빨리 뛰어가서 그 친구에게 한복 끈을 갖다주게. 바보같은 친구가 끈을 놓고 갔구먼."

손동길은 어이가 없었다.

"박사님, 도둑놈이 어디 갔는 줄 알고 찾아 줍니까?"

"아차 그렇지."

또 어느 날엔 며느리의 속을 답답하게 만든 사건이 있었다.

아버지를 따라 월남한 둘째아들 가용씨는 서울의대 해부학 교수가 되었다. 아버지를 따라 병원의 궂은 일을 마다하지 않았던 아들이 엄마없이도 대견하게 커준 게 그리 고마울 수 없었다.

그 가용씨가 결혼했을 때….

며느리는 혼수품으로 시아버지에게 고운 비단이불을 마련해왔다. 월남한 이후 그렇게 푹신푹신한 이부자리는 처음이었다.

하지만 그는 그 이불을 물끄러미 쳐다보며 뭔가를 생각하는 듯 했다.

"얘야. 새 아기야. 가만 생각해보니까 이 이불은 정말 필요한 사람에게 줘야겠다. 나야 덮던 이불도 있으니까 괜찮잖아."

그는 문득 교회에서 가끔씩 마주치는 고학생을 떠올렸다. 어렵게 공부하는 그 학생은 제대로 밥도 챙겨먹지 못한데다 잠자리마저 불편

해서인지 만날 때마다 콜록거렸다. 학생에게 뭔가 도움을 주고 싶었는데 마침 새 이불이 생겼으니 더 이상 좋은 선물이 없었다.

"아버님…."

며느리는 기가 막혔다. 다른 선물도 아니고 혼수품으로 가져온 이불을 다른 사람에게 준다니.

남편으로부터 시아버지에 대한 말을 들었고 언론보도를 통해서도 대충은 얘기를 들었지만 그럴 정도인지는 생각도 못했다. 하지만 대놓고 "안 된다"고 할 수는 없는 일.

며느리는 한 가지 꾀를 냈다.

"아버님, 정 그러시다면 새 이불은 아버님이 그냥 덮으시고 아버님께서 쓰시던 이불을 주면 어떨까요?"

그래도 친정에서 정성스레 마련해 준 혼수품인데 그대로 생면부지의 사람에게 준다는게 보통의 상식으로는 말도 안 되는 것이었다. 하지만 시아버지의 '명성'을 익히 알고 있었던 터라 타협점을 제시한 것이었다.

"그건 안 될 말이야. 너도 입장을 바꿔놓고 생각해봐라. 남이 쓰던 걸 선물로 받는다면 넌 기분이 좋겠냐. 이왕 선물하려면 새 것을 줘야 주는 사람도, 받는 사람도 기분이 좋은 거야."

며느리는 시아버지의 말씀에 더 이상 대답할 수 없었다. 말이야 맞는 말이었으니까.

결국 혼수이불은 고학생에게 실려갔다.

어느 날 며느리는 시아버지에게 모처럼 투정을 부렸다. 부산의 시아버지는 늘 5원짜리 엽서로 이런저런 얘기를 담아 며느리에게 보내고 있었다. 엽서라는 게 물론 간단하고 좋지만 며느리 입장에서 보면 좀 어색할 때가 있었다.

"아버님, 제게 편지를 보내실 때는 되도록이면 엽서로 쓰지 않으셨으면 좋겠어요. 엽서란게 꼭 다른 사람이 읽고 전해주는 것 같아서 느낌이 좀 이상해서요."

그러나 며느리는 또 본전도 못 찾았다.
 "얘야, 엽서가 뭐 어때서 그러냐. 엽서로도 충분히 할 얘기를 다 쓰는 데 뭐하러 그런 낭비를 해."

3. 대통령 면담보다 더 중요한 것

부산 백병원 소아과 정우영 박사는 1980년 지금은 없어진 송도 암남동(현 고신의료원 뒷편)에 자리잡고 있던 아동병원에서 근무했다. 부산아동병원은 그때만 해도 부산시내의 아동 수용시설과 고아원, 그리고 홀트아동복지회에 맡겨진 아이들의 치료를 전담하다시피 했다.

게다가 유일한 소아전문병원으로 일반환자들도 적지않아 외래와 입원실은 언제나 만원이었다.

하지만 실제 근무의료진은 턱없이 부족했다. 외국의 종교단체에서 성금을 보내주기도 했지만 수용시설의 아이들이 적지않은 상태에서 늘 병원의 재정상태는 좋지 않았다.

그래서 인제의대 부산백병원의 TO로 2명의 인턴이 부산아동병원에 파견되어 부족한 인원을 메웠다. 정우영 박사는 당시 현재 일산에서 소아과를 개업중인 김기태 원장과 함께 처음으로 아동병원에서 1년 가까이 근무하게 된 것이었다.

정박사는 1984년에는 소아과 레지던트 과정을 다시 인제의대 부산백병원에서 하게 되었다. 인턴 때의 인연으로 다시 전공의 1년차를 아동병원에서 시작하게 된 것이었다. 김기태 박사도 인턴과정을 마친 뒤 이 병원에서 레지던트 과정을 보내게 되었고 전문의 자격을 취득한 후에도 소아과장으로 근무했다.

당시 정박사는 결혼준비를 하고 있었는데 어느 분을 주례로 모실까 고민하고 있었다.

"이봐요, 장박사님에게 한 번 부탁드리지 그래요."

정박사는 "그거 좋은 생각"이라고 동의하고 장박사를 찾았다. 장박사는 흔쾌히 승낙했다.

결혼식을 한 2주 앞두고 정박사네 부부는 장박사와 저녁약속을 했다. 주례를 맡은 분을 찾아 인사를 드리는게 도리였다.

부부는 30분 정도 일찍 고신의료원 사택으로 찾아갔다. 장박사는 아직 돌아오지 않았다. 약속시간이 20분이 넘었는데도 아직이었다.

이상한 일이었다. 약속시간만큼은 무슨 일이 있어도 지키는 분인데….

장박사의 약속시간과 관련해서는 일화도 많다. 그의 승용차를 모는 성갑득 기사는 장박사의 철저함 때문에 곧잘 곤욕을 치른 사람이었다.

어느 날은 차를 고치다가 한 5분 정도 늦게 차를 댄 적이 있었다. 성기사는 안절부절못했다.

부랴부랴 병원 앞에 차를 댔는데 장박사의 모습이 보이지 않았다. 큰일났다싶어 병원 안으로 뛰어 들어갔는데 장박사가 그 5분을 참지 못하고 택시를 타고 떠났다는 것이었다.

성기사는 '큰일났다'는 심정으로 약속장소로 달려가 장박사의 용무가 끝날 때까지 조마조마하면서 기다렸다. 하지만 일을 보고 차를 타기 위해 걸어나오는 장박사는 마치 아무 일도 없었다는 듯 성기사를 맞아주었다.

정박사가 찾아온 날도 장박사는 노구에 숨을 헐떡거리면서 약속시간이 30분쯤 지나서 나타나면서 미안해서 죽겠다는 표정을 지었다. 도리어 정박사네 부부가 민망했다.

"이게 미안해서 어쩌지, 새 출발하는 부부와 약속한 건데 본의아니게 늦어버렸네…."

몸둘 바를 몰라하는 노의사의 얼굴을 보면서 정박사네 부부는 숙연해졌다.

'보잘 것도 없는 초년병 의사와의 약속인데 저렇게 중요하게 생각하시다니…'

짧은 순간이었지만 정박사는 '저런 점은 반드시 본받아야 하겠다'고 다짐했다. 저녁을 먹으면서 이런저런 이야기를 나누던 가운데 장박사가 대수롭지 않다는 듯 한마디 툭 던졌다.

"사실은 말야. 오늘 다른 약속이 하나 더 있었는데 말야. 정선생과 약속한 게 있어서 취소해버렸어."

"당연하죠. 신랑, 신부가 결혼한다고 주례 선생님께 인사드리는건데요. 아무리 중요한 약속이라도 취소하셔야죠."

정박사 네는 우스갯소리로 맞장구를 쳤다.

"그거야 당연한 일이지. 나에게는 모두 소중한 사람들인데 선약이 있으면 뒤의 약속은 당연히 취소해야지."

장박사는 헐헐 웃으면서 대꾸했다. 정박사의 아내는 죄송스럽기도 해서 조심조심 말을 이었다.

"박사님. 괜찮은 자리였다면 함께 만나시지 그러셨어요."

"그러면 나도 좋겠는데… 그런 자리가 아니라서…"

정박사는 누구인지 궁금했다.

"제가 아는 분이 아니신가보죠?"

"알기야 알지."

장박사는 잠깐 말을 끊더니 깜짝 놀랄만한 이야기를 해주었다.

"전두환 대통령께서 부산에 오셨다네. 비선가 누군가 하는 사람이 대통령을 모시고 오늘 저녁을 몇사람이서 같이 하려 하니까 나더러 참석해달라는 거야. 그것도 오늘 갑자기 전화해서 알려주더구만. 그래서 내가 선약이 있다고 했지. 안 된다고 했더니 그 사람들 할 말을 잃더구만…"

정박사네 부부들도 그 말을 듣고는 갑자기 할 말을 잃었다. 도리어 부부의 얼굴이 하얗게 변했다.

때가 어느 때인가. 그 암울했던 5공시절. 나는 새도 떨어뜨린다는

5공정권, 그것도 대통령의 부름을 선약이 있다는 이유로 일언지하에 거절하다니….
　한참 뒤 부부가 땅이 꺼지도록 걱정했다.
"박사님, 괜히 우리 때문에 무슨 일 당하시는거 아닐까요."
　그러나 장박사는 껄껄 웃고 말았다.
"괜찮아. 아무리 대통령이라도 그렇지. 당일 전화해서 오라가라하는 경우가 어딨어."
　뒤에 들리는 얘기로는 전두환 대통령이 이때 장박사를 보사부장관으로 발탁하려고 했다는 것이다.
　정박사네 부부는 그 일을 평생 잊지 못한다. 아무렇지도 않게 툭 던졌던 장박사의 말과 표정 속에 확고하게 자리잡고 있었던 인간미. 인간에 대한 편견과 가식이 없는 사랑은 절대 잊을 수 없다. 정박사는 지금도 가끔 그 때의 일을 생각하면서 스스로에게 질문을 던지곤 한다.
　'나라면 과연 대통령과의 저녁 약속을 물리치면서까지 소아과 전공의 부부와의 약속을 지켰을까….'
　정박사는 신혼여행을 다녀온 뒤 장박사로부터 받은 성경글귀가 담긴 액자를 지금도 바라보면서 다짐한다.
　인간은 사랑으로 모든 걸 이룰 수 있다는 걸.

4. 네 이웃이 누구냐

언젠가 산골마을로 무의촌 진료를 나갔을 때의 일이다. 어떤 여인이 마을 사람들에 의해 들것에 실려왔다.
"박사님, 이 여자 좀 고쳐주시오."
여자의 발을 본 그는 깜짝 놀랐다. 발은 무언가에 찔린 듯한 상처에 독이 퍼져 시퍼렇게 퉁퉁 부어 있었다.
"아니 어쩌다가 이 지경에 되도록 그냥 두었소."
동네사람들의 말을 듣자 어처구니가 없었다. 여인은 무당이었다. 어느 날 치성을 드리러 나갔다가 아카시아 가시에 발이 찔려 상처가 났는데 상처가 곪아 발등까지 부어오르자 꼼짝도 못하고 집에서 앓고 있었다.
자기가 믿는 신에게 빌고 난리를 떨었지만 상처는 낫기는 커녕 더욱 악화되었다. 그러던 차에 장박사가 동네를 방문하자 동네사람들이 들것에 여인을 싣고 달려온 것이다. 그는 상처가 만만치 않다는 걸 느끼고 치료를 위해 만반의 준비를 했다.
"의사선생님, 하나님은 무당을 싫어한다는데요. 괜찮습니까?"
동네사람들을 치료할 때마다 "하나님을 믿으라"고 전도해왔던 터라 그가 기독교인임을 알고 있었다. 동네사람들이 진지하게 묻자 그는 껄껄 웃었다.
"하나님은 무당도 사랑하십니다. 걱정하지 마십시오."

1972년 6월 복음간호학과 3학년이던 김영자는 마지막 외과병동 실습을 나갔다.

병실에 누워있던 환자가운데 복막염으로 누워있던 청년이 있었다. 경남 함안군의 산골에서 온 19살짜리 앳된 청년이었다.

청년의 상태는 최악이었다. 오랫동안 제대로 먹지 못해 영양상태가 좋지 않아 회복이 무척 더디었다. 수술을 받았으나 수술 창상(創傷)이 감염되어 차마 눈뜨고 볼 수 없는 지경이었다.

드레싱을 할 때마다 생리 식염수가 몇 병이나 들었다. 그래야 간신히 창상의 고름과 구더기를 씻을 수 있었다.

아무리 백의의 천사로 환자들을 위해 평생을 바치겠다고 다짐했지만 그 환자의 참혹한 상처를 보고는 얼굴을 찡그릴 수밖에 없었다.

또 하나 문제가 있었다. 청년은 입원비와 수술비가 없어 장기간 누워있는, 병원의 입장에서 보면 무척 골치아픈 환자였다. 청년은 몸이 아파 고통을 호소하면서 돈이 없다는 죄책감에 더욱 괴로워했다. 그러나 장박사는 늘 자애로운 웃음으로 청년을 위로했다.

"이거 큰 일이군. 수술은 했는데 잘 낫지는 않고… 이봐요 청년. 우선 몸부터 나아야하니까 모든 걱정 다 잊고 회복하는 데만 힘써요."

그리고는 영양사를 급히 불렀다.

"일단은 영양이 좋아야 빨리 회복되는데 큰일이군. 더군다나 여름철인데…."

그는 혼자 중얼거리면서 급히 달려온 영양사에게 청년을 위한 특별 식단을 준비하라고 지시했다.

입원비, 수술비를 낼 능력도 없는 청년을 위해 언제까지 계속될 지 기약도 없는 특별식단을 주문한 것이다.

입원비, 수술비 걱정에 고개를 들지 못하고 있던 청년은 장박사의 끊임없는 배려에 뜨거운 눈물을 흘리며 고마워했다.

김영자를 비롯한 예비 백의의 천사들은 말로만 듣던 장박사의 가없는 환자사랑을 목격하고는 깊은 감명을 받았다.

당시 복음간호학생회라는 써클이 있었고 여름마다 무의촌 진료를 떠났다. 장박사는 일제시대부터 무의촌 진료하면 아무리 바쁜 일이 있어도 짬을 내 다녀왔다.

그 진료에 장박사가 합류한다고 하면 써클회원들이 그렇게 기뻐할 수 없었다. 비록 몸은 피곤했지만 장박사가 환자를 대하는 모습만 지켜보아도 교육효과가 만점이었기 때문이다.

1974년 8월. 장박사를 모신 학생회는 경남 산청군 지리산 언덕 산골마을 초등학교에 진료소를 열기로 했다.

"박사님, 길이 험할 것 같습니다."

당시만 해도 시골길이 제대로 정비되지 않아 육순이 넘은 장박사가 가기에는 만만치 않은 길이었다.

"무슨 소리야. 내가 그런델 한 두 번 다녔나."

하지만 국도를 빠져 나가자 포장도 안 된 꼬불꼬불하고 울퉁불퉁한 길은 끝이 날 줄 몰랐다. 학생들은 장박사의 안색을 살피면서 걱정을 태산같이 했다. 시속 20킬로미터 정도로 10시간을 넘게 달렸으니 생기발랄한 학생들까지 파김치가 될 정도였다.

장박사의 얼굴에도 피곤이 배어있었다. 팔팔한 젊은이들도 흐느적거리는 데 하물며 이순(耳順)을 넘긴 장박사는 어땠으랴. 밤 12시가 다 되어서야 겨우 마을에 도착한 학생들과 장박사는 일단 잠을 청해야 했다.

"애들아, 장박사님 괜찮으실까. 아까 보니까 무척 피곤해 보이시던데…."

"아침에 깨우지 말고 좀 쉬셨다가 나오시라고 하지 뭐."

다음날 아침 피곤이 채 풀리지 않은 몸으로 겨우 일어난 학생들은 깜짝 놀랐다. 이미 장박사가 일어나 새벽부터 밀려드는 환자들을 환한 웃음으로 반갑게 맞이하고 있었다.

그날 그 학교에는 평생 의사 얼굴을 한 번도 못 본 마을의 노인들이 죄다 모인 것 같았다. 8월의 뙤약볕을 마다하지 않고 할머니, 할아버지들은 줄을 서서 차례를 기다렸다. 그런 분들을 위해 평생을 바치겠다고 했던 장박사의 얼굴은 그렇게 평화롭고 아름다울 수 없었다.

"할머니, 어디가 불편하세요?"

할머니들 가운데는 청진기만 가슴에 갖다대도 치료가 끝나는 줄 알고 그냥 일어나는 분들도 많았다. "할머니 아직 끝나지 않았어요"라고 해도 그들은 십년묵은 체증이 다 풀렸다는 듯 해맑은 웃음을 지으셨다.

"난 이것만 갖다대도 가슴의 병이 다 낫는 것 같아."

할머니, 할아버지들은 대개가 어디가 아픈지 제대로 설명하지 못하고 엉뚱한 이야기로 시간을 끄는 경우가 많았다.

그래도 장박사는 "네. 네." "그렇죠." "옳거니" 하면서 장단을 맞춰가며 그들의 한맺힌 이야기들을 다 들어주었다. 저마다 갖가지 기막힌 사연들을 가슴에 쌓아 둔 분들이었다.

어떤 분들의 얘기라도 저마다 책 한 권은 족히 쓸 수 있는 가슴 아픈 삶의 족적들이다.

"할머니, 할아버지, 예수님을 한 번 믿어보세요."

장박사는 그들의 얘기를 모두 다 들어주고는 꼭 차근차근 전도를 하였다. 그렇게 몇 시간이 흘렀을까. 30대 초반의 아주머니가 왼손을 수건에 싼 채 임시진료소로 찾아왔다.

"자 앉으세요. 어디 불편한 곳이라도 있으세요."

아주머니는 수건에 감싼 왼손을 보이지 않은 채 주저했다.

"손이 아프신 모양인데 어디 내 봐 보세요."

아주머니는 할 수 없다는 듯 수건을 폈다. 육손이었다. 왼손 엄지 손가락이 두 개였다.

"선생님, 평생 한인데 이 손을 어쩔지 모르겠습니다. 돈이 얼마나 들지 몰라 병원가기도 두렵고 해서…."

장박사는 잠시 고민에 빠졌다. 병원이라면 그리 어려운 수술은 아니었지만 두메산골 무의촌에 나와 하는 수술치고는 쉽지 않았다.

그러나 이 아주머니는 고민 고민하다가 의사가 찾아왔다는 말을 듣고는 용기를 내어 찾아온 사람이었다. 지금 고쳐주지 않으면 평생 왼손을 내놓고 다닐 수 없는 처지였다. 만약 이대로 보낸다면 이 아주머니의 실망을 뭘로 대신해줄 수 있을 것인가.

"아주머니, 수술합시다. 수술하면 말끔해질테니까."

아주머니는 당장 평생 업보처럼 지니고 다니던 쓸데없는 손가락 한 개를 없애버리는 수술을 받았다. 수술이 끝나자 아주머니는 그야말로 뛸 듯이 기뻐했다.

어릴 때는 동무들로부터 놀림감이 되었고 사춘기 시절에는 좌절감에 빠졌으며 과년한 처녀 때는 총각들의 눈에 뜨일까봐 전전긍긍했던, 끔찍했던 과거가 단번에 묻혀버린 것이다.

그는 어린아이처럼 좋아하는 아주머니의 손을 꼭 잡고는 마치 자기 일처럼 활짝 웃었다.

"아주머니, 이제는 그 손 내놓고 다니셔도 됩니다."

사흘째 되던 날. 일흔살을 넘긴 할아버지가 배를 움켜잡고 자식들의 부축을 받으며 찾아왔다. 탈장이었다. 그냥 두면 큰일나는 병이었다. 그는 서둘러 수술을 마쳤다.

"할아버지, 오늘은 가지 마시고 저와 함께 지내야 합니다."

수술은 성공적으로 끝났으나 수술받은 이는 일흔살이 넘은 고령이었다. 그냥 보내기는 불안했다.

그래서 그는 할아버지를 자신의 숙소인 초등학교 교실에서 함께 주무시게 하면서 밤늦도록 돌보아 주었다.

5. 수술 전에 기도하다가 늦기도

1) 수술 전에 수술에 대한 책을 본다

대한외과학회 평생회원 정원석은 1956년 봄 서울의대 3학년에 다니고 있었다. 당시에는 지금과는 달리 2년간의 기초의학을 마친 뒤 임상의학 강의가 시작되었다.

야릇한 흥분감과 긴장감이 교차된 첫 강의는 외과학 각론 첫 시간이었다. 작은 체구에 안경을 쓴 교수 한 분이 들어서더니 짤막한 인사와 함께 대뜸 강의를 시작했다.

강의 제목은 구강외과였는데 잔기침 한 번 없이 마치 싯귀를 암송하듯 유창한 말투로 물흐르듯 강의를 끝냈다. 당시 40대 중반이었던 교수님은 어딘가 노인티를 풍기는 여느 교수와는 사뭇 달랐다.

홍안에 유난히 활달한 인상이었고 강한 R발음에 음성이 맑고 밝은 게 인상적이었다. 그것은 청년의 목소리였다.

얼마나 유창한 강의였든지 질문으로 강의를 중단할 겨를도 없이 후딱 시간이 흘렀다. 그것이 정원석이 본 장기려 박사의 첫인상이었다.

정원석이 대학원을 마친 뒤 외과를 선택했고 5년간의 군복무를 끝내고 외과의국으로 복귀하면서 다시 장기려 박사를 곁에서 모시게 되었다.

그러던 어느 날이었다. 볼 일이 있어서 장박사의 수술실로 찾아갔다. 마침 장박사는 수술서를 펼쳐놓고 보고 있었다.

한국을 대표하는 외과의사가, 대교수가 수술 직전에 수술책을 본다는 사실은 정말 뜻밖이었다.

"교수님, 이 책은 수술책이 아닙니까?"

정원석이 의아한 표정으로 묻자 장박사는 진지한 표정으로 말했다.

"다 아는 것 같아도 다시 보는 게 좋아요. 의사란 모름지기 최선을 다해야 하니까요."

정원석은 낯을 붉히고 자신의 오만을 깨우쳤다.

만약 수술하기 직전에 집도의가 수술책을 펼쳐놓고 보고있는 사실이 드러나면 환자나 보호자는 틀림없이 "실력없는 의사"라느니 "얼마나 자신없으면 수술책을 펼쳐보고 있느냐"는 말을 들었을 것이다. 같은 의사끼리도 마찬가지였으리라.

하지만 대교수가 다 아는 일도 재확인하는 마당에 다 알지도 못하면서 아는 척 한다면 이것은 위선이요, 오만이 아닌가. 정원석은 장박사의 이 가르침을 평생의 반려로 삼았다.

일반인들은 수술하는 외과의사를 손에 피나 묻히면서 고생깨나 하는 의사쯤으로만 알고 있는게 통념이다. 그러기에 수술 후에 술이나 한 잔 걸치면 온갖 피로는 다 풀리는 것 쯤으로 알고 있다.

하지만 외과의사는 줄타기 곡예사와 같다.

사람마다 얼굴이 틀리고 성질이 다르듯 인체 안도 천차만별이다. 집도의는 시작서부터 머리끝까지 거미줄처럼 신경을 곤두세우고 단 1초라도 집중력을 잃으면 안 된다.

아무리 정신을 똑바로 차리고 최선을 다한다 해도 언제 어디에 복병이 있을지 모른다.

성공하면 본전이고 실패하면 패배자로 낙인찍히면서 매도되는 게 외과의사다. 외과적인 치료는 수술과정에서 대세가 결정되고 그 예후도 좌우된다. 수술이 끝난 후에도 집도의는 늘 긴장을 풀지 못한다.

장박사의 아들 장가용 교수의 전공이 외과가 아닌 해부학이라는 것도 유의해야 한다. 왜일까. 해부학은 외과와 관련이 많은 분야인데 왜 아버지의 외과를 택하지 않고 해부학을 택했을까.

어쩌면 당연한 결정이었는지 모른다. 장가용 교수는 이유를 설명했다.

"아버지는 수술하고 나면 꼭 밤잠을 이루지 못한 채 고민하셨습니다. 그런 아버지의 고민을 매일 보게되니 외과할 마음이 없어졌습니다."

외과가 얼마나 어렵고 스트레스를 받는 분야인지를 대변하는 단적인 사례이다. 한국의 대표적인 외과의사인 장기려 박사도 수술 후 고민을 거듭했는데 하물며 다른 외과의사들은 어떠랴.

2) 수술 전에 기도한다

언젠가 한 번은 수술시간이 다 되었는데도 장박사가 나타나지 않았다. 조금 기다려 보았으나 시간이 너무 지체되었다.

마음이 급했던 정원석은 장박사의 연구실로 뛰어갔다. 연구실 방문을 연 그는 방 한구석에서 무릎을 꿇고 조용히 기도를 드리고 있는 장박사의 모습을 보았다. 가쁜 숨을 몰아쉬던 정원석은 말을 붙이지 못한 채 장박사를 넋놓고 바라보았다. 햇빛이 창문을 뚫고 무릎꿇은 장박사를 비추고 있었다.

그것은 성자(聖者)의 모습이었다. 잠시후 인기척을 느낀 장박사가 문쪽으로 고개를 돌렸다.

"아, 내가 늦었나요?"

그는 홀연히 일어나 수술실로 발걸음을 옮겼다. 그는 수술 전에 반드시 기도를 올렸다. 수술이 잘되기를 간절히 빌었고 환자의 병이 치유되도록 기도드린 것이다. 하나님이라는 든든한 '빽'을 둔 명의가 수술 전에 마음 문을 열고 간절히 기도드리는 모습에 정원석은 깊은 감명을 받았다.

"어디 내가 고치나요? 다 하나님께서 고쳐주는 것이지요. 난 그저 하나님께서 하라는 대로 손만 놀리고 있을 뿐이요."

장박사는 늘 그랬다. 1973년에 김자훈 선생의 회갑을 맞아 제자들이 기념논문을 만들어 출판기념회를 열어주었다.
"장선배가 해주시면 좋겠는데…."
김자훈 선생은 축사를 의뢰할 분을 물색하면서 장박사를 꼽았다. 하지만 제자들은 썩 내키지 않았다. 두 분 사이가 약간은 석연치 않다는 풍문도 들리고 있던 터라 상당히 조바심을 내며 부탁편지를 드렸다. 만약 장박사가 거절한다면 더욱 서먹서먹해질 거라는 노파심에서 좀 불안했다.
그러나 그것은 기우(杞憂)였다. 장박사가 흔쾌히 축사를 써서 속달로 보내주었다.
후배들은 대선배의 마음씀씀이에 다시 한번 놀랐다. 1976년 어느 날 정원석은 『오롱이 조롱이』라는 수상집을 내고는 장박사에게 한 권을 부쳐주었다.
그런데 스승은 예의 그 5원짜리 엽서에 깨알같은 글씨로 가득 채워 과분한 칭찬을 해주었다. 스승의 배려에 감격한 정원석은 그 엽서를 표구하여 벽에 걸어두고 가보로 삼았다.
그는 보통 사람들이라면 무시하고 그냥 넘어갈 세심한 부분까지 일일이 채워주는 빛과 소금이었다. 하나님의 영광을 드러내기 위한 삶이었기에 할 수 있었던 일이다.
막사이사이상 수상자로 결정되기 얼마 전에 어떤 수상자 한 사람이 장박사에 대해 물어보았다.
정원석은 그때 자신있게 대답했다.
"그 분은 성인입니다. 그가 성인이 아니라면 이 세상에 성인은 없습니다."

3) 문하생이라는 것 자체가 영광이요

최중묵은 1970년부터 1975년까지 장기려 박사의 문도(門徒)로 외과학과 외과수술을 전수받았다. 장박사는 새벽부터 저녁까지 학문연구와 환자 진료, 그리고 끊임없는 성경공부로 하루 24시간이 모자랄 정도로 바빴다.

그런 가운데서도 어떤 환자나 어떤 계급의 사람들이라도 차별없이 웃으며 인격적으로 대해주었고 사랑을 베풀었고 심지어는 원수까지도 사랑하는, 초인적인 실천으로 제자들을 감동시켰다.

돈이 없어 퇴원하지 못하는 환자들을 보면 명쾌하게 해답을 내려주었다.

"당신은 이제 완치되었습니다. 이제 자유예요. 직접 걸어나가서 가족과 함께 평화롭게 사시오."

최중묵은 선생의 뜻이 무엇인지를 알아차리고 병원 행정당국과 퇴원절차를 놓고 씨름을 벌여 기어이 퇴원시킨 뒤 보고하면 그렇게 기뻐할 수 없었다.

"참 잘된 일이야. 가난한 사람에게 우리가 베풀면 하나님께서 열 배 백 배로 갚아주실거야."

제자들은 모일 때마다 선생의 마음씀씀이를 두고 한마디씩 하며 감탄했다.

"선생님은 어떻게 유료환자보다 무료환자를 더 신경쓰시는 것 같아. 가난한 환자들을 돌볼 때가 더 즐거우신 것 같으니 참!"

선생의 문도였던 최중묵을 비롯한 제자들의 자부심은 대단했다.

어느날 어느 서울의 유명 의과 대학 외과 주임교수들과 장박사의 외과 수련의들이 모임을 연 적이 있었다.

이런저런 얘기가 나오던 중에 서울의 모대학 주임교수들이 한마디씩 했다.

"당신들이 부러워. 장기려 선생님의 문하생이 되었다는 그 자체만으로도 영광이요, 행복한 의사들이니까."

장박사를 존경하는 의사들의 대화가 끊이지 않고 계속되었다.

"장선생님이 계시기에 부산시 전체가 있는 거고, 우리 한국의 존재가치가 있잖아."

1950년부터 장박사는 무료천막병원에서 수술로 병을 고치는 명의로 소문나기 시작하여 아무도 거들떠보지 않았던 행려병자들을 돌보았고 복음병원, 서울대병원, 카톨릭병원, 부산대의대병원 등을 오가면서 정신없이 바쁜 나날을 보냈다.

특수외과질환을 수술로 다스리는 의사로 맹활약할 때 시중에는 이런 말이 떠돌았다.

"장박사가 못고치면 사형선고야. 장박사는 행려병자까지 찾아가 치료해주는 크리스쳔 의사야."

환자들이 조금만 아프면 장박사를 찾아야 한다고 줄지어 모여들었다.

훗날 외과적 대수술 일만례 기념모임에서 있었던 일이다. 그는 또 한번 후학들을 부끄럽게 만들었다.

"제가 일만례 수술치료를 시행하였지만 이 가운데 단 한 사람도 수술이 만족스럽게 시행되었다고 생각하지 못했습니다."

그 자리에 모인 후배들은 그의 겸손한 말에 숙연해지고 말았다.

6. 하나님께 맡깁시다

풀무원 이사장 원경선이 거창고 이사장으로 있던 1971년의 일이다. 1950년 말 전영창과 함께 천막 병원을 세운 장기려 박사는 1967년부터 1995년까지 거창고 이사의 직분을 갖고 있었다. 전영창은 미국유학 중 전쟁소식을 듣고 귀국, 장박사와 함께 병원을 세웠고 50년대 중반 거창고를 인수한 뒤 교장으로 일하고 있었다.

그런데 1971년 거창고는 위기에 봉착한다. 거창고는 꼿꼿한 전영창 교장의 태도 때문에 미움을 받고 있었다. 당시 관행이던 뇌물을 주지 않아 눈엣가시였던 것이다.

어떻게든 트집을 잡으려한 경남도교육감은 거창고가 정원을 초과했으며 이사장의 승인없이 교장이 200만 원의 공채를 모집했다는 이유로 전영창 교장 승인취소를 이사회에 지시했다.

원경선 이사장과 이사인 장박사가 교육감을 찾아가 상황설명을 하려했으나 교육감은 요지부동이었다. 교육감이 강행방침을 굳히자 이사회가 고민에 빠졌다. 그때의 서슬로 봐서는 교장승인을 취소하지 않을 수 없는 상황이었다.

하지만 장기려 박사는 눈도 꿈쩍 안 했다.

"우리도 법대로 해야 합니다. 만약 저들이 끝내 승인을 취소하면 행정소송을 합시다. 그리고 하나님께 모든 걸 맡깁시다."

평소와 달리 워낙 강경하게 버티는 장박사의 서슬퍼런 주장에 다른 이사들은 이의를 제기하지 못했다. 과연 장박사가 옳았다.

하나님께 맡기자는 그의 말이 통했는지 장박사의 주장대로 행정소송을 벌였고 끝내 승소했다. 뿌리깊던 뇌물관행을 상대로 승리를 거둔 것이다.

1973년의 일이었다.

전영창 교장의 신학교 동창인 로버트 슐러가 정권의 탄압으로 재정난에 허덕이던 거창고를 돕겠다고 나섰다. 전교장은 이때 슐러에게 "정 그렇다면 당신이 미국은행에서 10만 달러를 미국이자로(미국이자는 한국이자보다 훨씬 쌌다) 빌려주면 10년 뒤에 갚겠다"고 제안했다.

전교장은 이를 해결하기 위해 미국으로 건너갈 계획이었고 이사회에 기채(빚) 승인을 요청했다. 워낙 학교의 재정사정이 어려웠으므로 사실 선택의 여지가 없었다.

그러나 장박사가 제동을 걸고 나섰다.

"현재의 법은 한국인은 상업 외에는 달러를 소유할 수 없고 송금도 할 수 없는데 10년 후에 무슨 수로 달러를 만들어 송금합니까? 이 얘기는 결국 불법을 해서 갚겠다는 얘기가 아닙니까?"

그의 주장은 단호했다.

"우리가 어떻게 불법을 전제로 한 처사를 따르겠습니까? 그런 일은 해서는 안 됩니다. 대신 슐러에게 자초지종을 밝히고 그저 주면 받지만 갚는 조건이라면 절대 받을 수 없다고 하는 것이 좋겠습니다."

하도 다급한 나머지 슐러의 제안을 받아들이며 조건을 내걸었던 전교장이 생각하지 못했던 일이었다. 전교장도 장박사의 말을 듣고 불법인 걸 깨달았다. 이사회는 장박사의 의견을 따를 수밖에 없었다.

전교장은 바로 그 내용으로 슐러에게 편지를 냈다.

"그러면 좋습니다. 당신이 와서 우리 방송(Hour of Power)을 통해서 모금하도록 합시다."

슐러는 다른 방법을 일러주었다. 전교장은 그 길로 미국으로 건너갔다.

전교장은 매일 2~3분씩 거창고의 사정을 방송을 통해 널리 알리면서 모금활동을 벌였다.

"이제 그만 가보셔야죠. 당신은 교장선생님인데 학교를 장기간 비울 수는 없으니까…. 당신이 돌아가더라도 우리가 해줄테니까…."

전교장은 뒷일을 슐러에게 맡기고 돌아왔다. 얼마후 원경선 이사장이 미국에 들러 슐러를 방문했다. 슐러는 "아직 100퍼센트는 아니지만 조금만 더 모으면 된다"면서 일단 9만 달러를 원경선 이사장에게 전달했다.

한없이 무르고 부드러운 사람으로만 알려졌던 장박사였지만 불의에 맞서서는 절대 타협하지 않고 하나님께서 가르쳐주신 대로 말하고 행동했던 것이다.

7. 기쁨, 슬픔 그리고 회개

1) 아픈데 돈이 없어요

1957년 어느 날 복음병원에 22살 먹는 청년이 찾아왔다.

"공복 때마다 복통이 일어나 견딜 수가 없습니다. 원장님."

음식이나 소다를 먹으면 금방 낫지만 한 3시간 정도가 지나 소화가 될 때쯤이면 다시 배가 아파온다는 것이었다.

그건 소화성 위궤양의 특징적인 증상이었다.

"어디 사진 한 번 찍어 봅시다."

그는 곧 배 위쪽 위장관의 X선 투시촬영을 했는데 위 소만측에 전형적인 위궤양이 발견되었다.

"증세가 언제부터 시작됐습니까?"

"한 2년 전부터 그랬습니다."

배가 아파 인상을 찡그리는 청년의 얼굴에서 북한에 두고 온 맏아들을 떠올렸다. 그 청년이 오기 전에 이북의 가족들을 생각하고 있어서 그랬는지 맏아들과 생김새도 비슷했고 키도 흡사했다.

청년의 몸은 수술만 하면 금방 나을 병이었다.

"수술하면 완치되는데…."

수술 이야기를 꺼내자 청년은 금방 난감한 표정으로 변했다.

"주사나 혹은 약으로 치료할 수는 없을까요?"

수술비가 없다는 이야기였다. 청년에게는 부모가 없었지만 일찍 결혼해서 아내가 있었고 가까운 친척으로는 숙부가 있었다.

이 청년에게 그냥 수술을 해주고 싶다는 생각이 들었다. 물론 죽을 병은 아니지만 청년이 느낄 고통을 생각해보면 어찌됐든 수술은 해야 완치될 수 있었으니까…. 또 그 나이또래 청년만 보면 왠지 아들생각이 나서 견딜 수 없었다.

"그냥 수술하지. 내가 알아서 다 할테니까 수술비 걱정은 말고…."

곁에 있던 간호원은 '박사님이 또 병이 도지셨다'는 표정으로 빙긋이 웃고 있었다. 장박사가 수술운운할 때부터 예상했던 일이기도 했다.

"자, 이 수술동의서를 줄 테니까 아내와 숙부님한테 가서 도장을 찍어오게."

청년은 하루 이틀이 지나도 동의서를 가져오지 않았다. 수술자체가 두려웠던데다 아무래도 무료수술을 해준다니까 부담스럽게 생각했음이 틀림없었다.

일주일이 지나고서야 비로소 청년이 동의서를 들고 왔다.

"박사님, 정말 이래도 되는 것인지 모르겠습니다. 웬만하면 너무 과분한 말씀이라 그냥 버텨보려고 했지만 너무 아파서요."

장박사는 "잘 왔다"고 청년의 등을 토닥거린다음 수술에 들어갔다. 물론 수술은 어렵지 않았고 수술 후에도 경과가 좋아 10일만에 퇴원했다.

그후 청년의 소식은 듣지 못했지만 그는 가끔 그 청년을 생각하면서 감사의 기도를 드렸다.

2) 의료 사고 환자 평생 뒷바라지

그 역시 사람인지라 의사로서 실수를 한 적도 있었다. 그러나 그는 실수의 책임을 절대 남에게 돌리는 법이 없었다.

의사이자 장로인 이건오의 회고다.

'코람데오'(하나님 앞에서). 이건오 장로의 평생의 신조가 된 이 코람데오는 바로 장박사의 삶을 지탱해 준 일생의 좌표이기도 했다.

고신대학교의 학생배지에 새겨진 말도 역시 코람데오다. 장박사는 이 코람데오라는 말처럼 하나님 앞에서 신실하려고 노력했다. 언제나 하나님 앞에서 자신의 삶이 정당한 지를 스스로 묻고 응답을 받으려 했다.

언젠가 장박사가 척추결핵환자를 수술하다가 의료사고를 낸 적이 있었다. 수술하다가 환자의 신경을 다쳐 하반신 마비가 되었다. 이럴 경우 의료분쟁이 일어나고 의사와 환자는 원수지간이 되어 싸운다. 사실 엄밀히 말해 장박사의 책임이라고 할 수도 없는 정황이었다.

그러나 그는 모든 책임을 뒤집어 썼다. 의사의 몸으로 하나님 앞에서 어찌됐든 사람을 다치게 한 죄는 크다고 생각했기 때문이다.

"내가 부주의해서 일어난 일입니다. 앞으로 이 분을 위해 평생 책임지겠습니다."

그러면서도 괴로워했다. 평생 책임진다해서 마비된 하반신이 다시 정상으로 돌아올 가능성이 희박했기에 "책임진다고 해서 뭐가 달라지는가" 하며 자책하고 하나님께 울며 기도를 드렸다.

그는 죽는 그날까지 봉급에서 얼마간의 돈을 떼어 그 환자의 생활비를 보조했다. 눈코뜰새 없이 바쁜 몸이었지만 틈나는 대로 찾아가 그 환자를 위로하고 또 용서를 빌었다.

처음에는 장박사를 원망하고 좌절했던 환자는 장박사가 지극정성으로 용서를 구하자 굳게 닫혔던 마음의 문을 열었다.

자신을 평생 불구로 만들었다는 원망과 미움으로 가득차 있던 환자의 마음은 하나님 앞에서 한없이 겸손한 장박사의 진실을 믿고 말았다.

"박사님, 이제 저도 예수님을 영접하려 합니다. 장박사님, 저도 처음에는 박사님을 저주했습니다. 저를 용서하십시오."

환자는 장박사의 헌신적인 보살핌에 감명을 받아 독실한 크리스천이 되었다.

그는 다른 의사같으면 쉽게 밝힐 수 없는 '잘못'을 솔직히 털어 놓았다. 여느 의사같으면 꿈도 꾸지 못할 일이었다. 잘못을 밝힘으로써 하나님 앞에 용서를 빌고 다시는 그런 잘못을 반복하지 않겠다는 약속이기도 했다.

3) 오진의 에피소드

'혈관 신경성 부종'이란 의학용어를 처음 사용한 의사는 큉케 박사다. 특별한 원인없이, 또는 원인 모르게 몸의 한 부분에 부종이 생길 때를 일컫는 말이다.

그는 이런 환자를 두 번 경험했는데 한 번은 속았고 또 한 번은 속지 않았다고 솔직히 털어 놓았다. 첫 번째 경험은 57세의 여자였다.

그 여자가 찾아와 오른쪽 유방에 아프지 않은 덩어리가 1년 전부터 나타나 조금씩 커가는 것 같다고 말했다. 조직검사를 했더니 유방전관암으로 판명되었다.

"유방암입니다. 유방을 떼어내는 수밖에는 없습니다."

환자에게 수술을 권하여 근치적 유방절단수술을 시행했다. 수술은 일단 성공적으로 끝났다.

그러나 얼마 후 이번에는 왼쪽 유방에 덩어리가 생기고 왼쪽 쇄골(鎖骨) 윗 부분에도 국소 부종이 나타났다.

'암이 전이된 것일까.'

그는 당황했다.

'수술로 완치되었다고 믿었는데 이게 무슨 일인가.'

할 수 없이 또 근치적 유암절단 수술을 단행했다. 의사의 말이라면 절대적인 신임을 보내는게 환자들이므로 수술에 이의가 있을 수 없었다. 그런데 문제가 발생했다.

임상병리과와 협력하여 떼어낸 부분에서 아무리 암세포를 찾으려 해 보아도 보이지 않았다. 두 번째 수술 후 10년이 지났어도 암재발의 증후는 나타나지 않았다. 결국 그가 수술을 잘못한 것이었다.

두 번째는 다른 병원에서 왼쪽 유방에 생긴 덩어리의 절제수술을 받은 뒤 생검(生檢, 생체검사) 결과 선관암으로 판명된 환자였다.
"선생님, 저는 종교적으로 수혈을 받으면 안 되는데 수혈없이 수술할 수 있는 방법이 없을까요?"
환자는 여호와의 증인 신자였다. 수혈을 거부하는 종교에 소속되어 있으니 수혈없이 수술받는 방법은 없을까 하고 최고의 외과의사인 그를 찾아온 것이었다.
그런데 진찰을 해보니까 아무런 덩어리가 발견되지 않았다. 왼편과 오른편 겨드랑이의 임파선도 마찬가지였다.
더구나 환자는 심한 노이로제에 걸려있어 정확한 판단을 할 수 없었다.
"지금은 암의 증후가 없습니다. 혹시 모르니까 6개월마다 한 번씩 경과를 지켜봅시다."
환자는 고개를 갸웃거리면서도 수술을 하지 않는다는 것에 안도하여 집으로 돌아갔다. 그후 1년반이 지나도록 이상은 발견되지 않았다.
왼쪽 유방과 어깨에 가끔씩 통증을 느낀다고 했으나 아무런 증후군은 없었다. 그런데 2년이 지난 어느날. 왼쪽 겨드랑이의 임파선이 붓고 부종이 생겼다.
그는 그동안 암이 전이된 게 아니냐고 의심하고 곧 수술준비에 들어갔다.
환자도 동의했다. 다음날 수술준비를 끝내고 다시 살펴보았더니 왼편 겨드랑이에 있던 부종이 완전히 없어져 버린 게 아닌가.
하룻밤 사이에 그렇듯 뚜렷하게 나타나 있던 국소부종과 임파선 모양의 덩어리가 햇볕에 눈녹듯 사라져버리다니….
"자 수술 중단합니다. 일단 경과를 지켜봅시다."
그는 예전의 실패를 거울삼아 신중해지기로 마음을 다잡았다. 아무렇지도 않은 가슴을 잘라낸 과거의 전철을 밟지 않기 위해….
그의 판단은 옳았다. '혈관신경성 부종'은 결국 상상임신처럼 아기를 갖지 않았는데도 배가 불러온다는 것처럼 일종의 노이로제였던 것이다.
 첫 번째 환자의 경우도 처음 한쪽 유방암 수술을 받고 집에 돌아간 뒤부터 수많은 사람들로부터 유방암의 재발가능성에 대해 많은 이야기를 전해 들었던 것이다. 하도 좋지 않은 얘기를 듣다보니 '혹시 내가 재발되지 않을까' 하는 조바심으로 아무렇지도 않은데도 부어오른 것이다.
 장박사는 바로 그걸 잘못 판단한 것이다.
 또 하나, 그가 20대였던 1935년에 경험한 일은 의사로서 평생의 좌표가 되었다.
 그해 25살 먹은 청년이 충수염성 복막염에 그람 음성간균의 폐혈증이라는 병까지 겹친 상태에서 입원했다. 매일 고열이 계속되었고 점점 쇠약해졌다.
 당시엔 그람 음성 간염의 항생제가 발견되지 않았던 시대였다. 우선 좌우 하복부를 수술하여 고름을 제거한 다음 생체의 저항력으로 건강이 회복되기만을 바랄 수밖에 없었다.
 그러나 매일 38도의 고열이 계속되었고 환자는 오한 때문에 사시나무 떨 듯 경련을 일으켰다.
 그는 "저 환자는 도저히 견딜 수가 없겠구나" 하면서 포기한 상태였다. 그는 때때로 혼수상태에 빠졌다.
 하지만 환자의 생명력은 놀라웠다.
 "아버지가 살아 계시는 동안에 자식인 내가 먼저 가면 안 됩니다."
 불효를 저지르지 않겠다는 정신으로 육체의 고통을 참고 버티고 있었던 것이다. 그 투쟁은 감동적이었다.
 1주일을 넘기지 못할 것 같다고 생각하고 치료했는데 한 달 이상을 버텼다. 그런데 환자가 하루는 무슨 맘을 먹었는지 장박사에게 물어보았다. 자신의 역량이 다 되었음을 알았을 지도 모르고 아니면 죽음의 신호를 받았는지도 모르는 일이었다.

"선생님, 제가 얼마나 살 수 있을까요. 나을 수는 있는 겁니까?"
그는 그때 무심코 대답했다. 어쩌면 그렇게 버틴 환자가 너무 대견스러워 엉겁결에 대답한 것이었다.
"글쎄요. 의사가 보기에는 도저히 극복할 수 없는 위기를 잘 이겨 왔다고 보입니다. 사실 의사로서는 자신이 없습니다."
환자는 그의 말을 듣고는 눈물을 주르르 흘렸다. 환자는 그 말을 들은지 불과 2시간만에 세상을 떠났다.
그는 환자의 죽음 앞에서 한없이 자신을 자책하고 하나님께 용서를 빌었다.
'내가 무슨 말을 한 건가. 내가 무얼 다 안다고 소망이 없다는 말을 함부로 했을까. 정신적인 영으로 육의 생물학적인 법칙을 지배하고 사는 생명을 도와 드리지는 못하고 육의 생명과 영을 분리시키는데 도움을 주는 말을 했을까.'

4) 약을 끊게 해주는 의사

"병의 약 60퍼센트는 환자의 몸에서 생기는 저항력으로 자연히 낫습니다. 우리 의사들은 그 병의 원인과 증상을 올바르게 지도만 하면 되며 환자는 병이 나을 때까지 의사가 고쳐서 낫게 됐다고 생각하게 됩니다. 의사가 진실로 친절하게 환자들을 대하면 자연히 의사는 유명한 의사가 됩니다."

그는 후배 의사들을 가르칠 때마다 이 말을 되새겼다. 의사가 진실과 동정을 가지고 환자를 대하면 죽을 때까지 남에게 필요한 존재로 일할 수 있을 거라는 믿음 때문이었다. 의사에게 있어 몸의 병도 몸의 병이지만 성심을 다해 마음의 병까지 치료해주는 이야말로 진실한 의사라는 것이다. 별다른 약을 쓰지 않더라고 환자의 몸과 마음상태를 읽고 친절하고 단호하게 해결방법을 제시해야 한다.

어느 날이었다. 건강하게 보이는 경찰서장 한 사람이 찾아왔다.
"어디가 불편하십니까?"

"무슨 병인지 매일 아침에 배가 아프며 곱똥이 나옵니다. 어떤 약을 써야 하는지 좀 가르쳐 주십시오."

그러면서 서장은 자신이 먹고있는 약 보따리를 내보였다.

"그런 증상은 언제부터 나타났습니까? 증상이 어떻게 변했습니까?"

서장은 "무려 20년 전부터 매일 똑같은 증세가 계속되고 있다"고 말했다. 그는 건장한 체격의 서장을 쳐다보며 거의 반사적으로 말했다.

"그런 병이 어디 있습니까? 병은 앓다가 죽든지 아니면 낫든지 하는 게지 20년이나 계속되는 병이 어디있소? 그건 병이 아니고 노이로제입니다. 그런 신경질환은 약을 끊어야 낫습니다."

워낙 단호하고 분명하게 말하자 서장은 함박웃음을 지으며 "알았습니다"고 씩씩하게 대답했다. 서장은 그제서야 의문이 풀린다는 표정으로 진찰도 받지 않고 나가버렸다.

그로부터 2년 뒤 장박사는 제주도립병원 서귀포 분원의 어떤 직원이 '한번 와줍사'고 부탁하는 바람에 제주도를 방문했다. 그 직원 어머니의 위암수술 부탁이었다. 수술을 마치고 돌아오려고 제주공항에 도착했는데 제주 경찰국장이 비행장의 귀빈실에서 기다리고 있다는 전갈을 받았다.

'경찰국장이 웬 일인가. 제주도엔 아는 사람이 없는데….'

의아한 표정으로 귀빈실로 가자 어떤 낯익은 사람이 기다리고 있었다. 언젠가 한 번 만나본 것은 같은데 기억이 분명치 않았다.

"박사님, 저를 기억하시겠습니까. 2년 전에 박사님을 찾아갔던 경찰서장입니다."

그제서야 장박사는 그를 기억하게 되었다. 2년 전엔 서장이었는데 경찰국장으로 승진해서 제주도에서 근무하고 있었던 것이다.

"박사님 덕분에 병이 완전히 나았습니다. 박사님의 명쾌한 말씀이 얼마나 마음에 들던지 그날부터 당장 약을 끊었지요. 아 그랬더니 배

아픈 것도 사라지고 곱똥도 없어져 버렸습니다."

그러면서 서장은 답답한 마음에 여러 병원을 다 돌아다녀봤지만 장박사처럼 진찰 한 번 안 하고 "약이나 끊으라"고 진단한 의사는 한 사람도 없었다고 말했다.

서장의 말을 듣고 있던 장박사는 '이제 약을 끊게 해주는 의사가 되자'고 다시 한 번 다짐했다.

8. 인간적인, 너무나 인간적인 사람

　누군가의 전기나 평전을 쓸 때 가장 경계해야 할 것은 그 사람에 대한 무조건의 추앙이다. 우상화는 도리어 사람의 진면목을 깎아내릴 뿐이다.
　장박사도 마찬가지였다. 생전에, 그리고 소천한 직후 "그는 살아있는 예수"라고까지 말하는 사람들도 있었으나 그 사람들의 말은 장박사의 삶을 단적으로 비유한 것에 지나지 않았다.
　2,500여 년 전 어지러운 춘추시대를 살면서 현자(賢者)로 추앙받았고 지금까지도 성인으로 많은 사람들의 사표가 되고 있는 공자도 역시 어쩔 수 없이 인간적인 측면을 드러냈는데 하물며 장박사는 말해서 뭐하랴.
　사마천의 사기에는 공자의 인간적인 측면을 나타내주는 대목이 있다.
　노나라 정공 14년 때의 일이다. 천하가 혼란했던 춘추시대. 많은 나라와 그 나라 신하들은 공자의 존재를 두려워한 나머지 그의 등용을 꺼렸다.
　오죽했으면 현인을 알아보지 못한 시대를 살던 그를 거리에서 본 길가던 사람이 '마치 상가집 개 같았다'고 표현했을까.
　그런 공자가 56세의 나이에 노나라 정공 14년에 재상으로 발탁되자 얼굴에 화색을 감추지 못하고 좋아했다.
　이런 스승의 모습을 본 제자 안연이 물었다. 안연이 보기에는 스승님답지 않은 희노애락의 표현이었다.

"선생님, 군자는 화가 닥쳐도 두려워하지 않고 복이 찾아와도 기뻐하지 않는다고 했습니다. 선생님은 어이해서 그리 좋아하십니까?"

일침을 맞은 공자였지만 태연히 대답했다.

"맞는 말이다. 하지만 귀한 신분으로 낮은 신분의 사람들을 공손하게 대하는 자리라면 낙이 있는 것이다."

공자는 재상의 자리에서 3개월만에 장사치들이 값을 속이지 않게 하였고 누구도 길에 떨어진 물건을 줍지 않을 정도로 나라가 안정을 되찾았다. 그후 노나라를 떠나 다시 어떤 나라에서도 등용되지 못해 떠돌던 공자는 위(衛)나라에 머물게 되었다.

그때 위나라 군주 영공에게는 남자(南子)라는 부인이 있었는데 그 부인은 사람을 시켜 공자에게 일렀다.

"사방의 군자들은 우리 군주와 친하게 사귀고 싶은 생각이 있으면 반드시 부인을 만납니다. 우리 부인께서 뵙기를 원합니다."

공자는 사양하다가 나중에는 결국 부인을 만났다. 공자가 문에 들어서 북쪽을 향해 절을 했는데 부인도 휘장 안에서 답례했다. 이때 허리에 찬 구슬 장식이 맑고 아름다운 소리를 냈다. 부인을 만나고 돌아온 공자는 말했다.

"난 원래 만나고 싶지 않았는데 기왕에 부득이해서 만났으니 이제는 예로 대접해주어야겠다."

이 말을 들은 제자 자로는 전혀 기뻐하지 않았다. 스승이 이유야 어떻든 벼슬을 위해 군주의 부인을 만났다는 오해를 받을 수도 있었고 그것도 부인의 청에 의해 만났으니 나쁜 소문이 날 수도 있었기 때문이었으리라.

이때 공자는 역시 단호하게 말했다.

"내가 만일 잘못하였다면 하늘이 나를 버릴 것이다. 하늘이 나를 버릴 것이다."

이 사기를 쓴 사마천은 발탁됐을 때 즐거움을 표시하고 위 영공의 부인을 만나는 등 인간적인 측면을 드러낸 공자에 대해 이렇게 평했다.

"역대로 많은 현인과 군왕이 있었으나 모두 생존시에는 영화로웠지만 일단 죽으면 그것으로 끝이었다. 하지만 공자는 포의(布衣)로 평생을 보냈고 그후 10여 세대가 흘렀지만 여전히 학자들은 그를 추앙한다. 천자, 왕후로부터 나라안의 육례(六藝)를 담론하는 모든 사람들까지 다 공자의 말씀을 판단기준으로 삼고 있으니 이는 참으로 성인이다."

어찌보면 공자의 인간적인 측면을 빠뜨리지 않고 기록한 사마천이나 그 밖의 사가들 때문에 공자의 삶이 더 돋보였던게 아니었을까.

어쨌든 여러 차례 인간적인 측면을 드러낸 공자님조차 그랬는데 하물며 장기려 박사에게 흠잡을 때가 없었을까. 그는 물론 예수가 아니었다. 다만 예수의 길을 좇으려 했고 그렇게 살았던 한 사람의 인간일 뿐이었다.

그런만큼 인간의 희노애락이 그대로 다 드러났고 실수도 없지 않았다. 유순안 여사와의 일화 한토막. 청십자 부이사장을 지낸 유순안 권사는 유한양행을 창업한 고 유일한 회장의 여동생으로 말년에 장박사를 곁에서 도와준 사람이었다. 심지어 어떤 이들은 부부로 착각했을 정도였다.

한 번은 장박사가 유권사에게 남이 보기에 민망할 정도로 화를 냈다. 그 모습을 본 주변 사람이 야유섞인 농을 걸었다.

"박사님, 남들은 박사님보고 성인이라고 하는데 성인이 그렇게 화를 내시면 어떻게 합니까?"

장박사의 답변은 걸작이었다.

"이 사람아, 아무리 성인이라 해도 화가 나면 화를 내는 거야. 더구나 내가 성인이 아니니 화를 낼 수도 있지. 화가 나는데 화를 안 내면 그게 바로 위선이야. 화날 때는 화를 내고 그런 다음 나중에 회개하고 기도하는 게 정상이야."

이 일을 계기로 병원에서는 "화낼 때는 화를 내라"는 농담이 화제가 되어 한동안 돌았다.

사회복지법인 청십자 두레마을 박영규 원장의 회고. 어느날 청십자병원을 사단법인에서 사회복지재단으로 전환했을 때의 일이었다. 당시 종신병원장 문제를 두고 갈등이 빚어졌는데 그 와중에서 이사회가 열렸다. 당시 병원 주임으로 일하던 박영규 원장은 실무자의 입장에서 아주 당돌한 발언으로 장박사를 곤혹스럽게 만들었다.

"원장님을 잘못 보필한 분들이 물러나야 합니다."

그는 독설을 퍼붓고는 자리를 빠져 나왔다. 주변사람들은 병원 윗분들이 모인 자리에서 그런 말을 내뱉었으니 큰일났다고 수군댔다. 이사회가 그럭저럭 끝난 뒤 간담회가 다시 열렸고 거기에서 장박사의 화가 폭발했다.

"그 어려운 시기에 사선을 넘어온 내 오른팔 왼팔을 잘라야 속시원하겠나."

박영규 원장도 지지 않았다.

"원장님, 원장님께서는 한국최고의 외과의사이신데 그 팔이 썩어들어가는 걸 모르십니까."

말을 그렇게 했으나 사실 엄청난 도전이었다.

그러나 월요일 간부회의 때 정말 뜻밖의 결과가 나타났다.

당시 주임이었던 박원장이 계장으로 승진한 것이었다. 입사한지 7개월만이었다. 간부회의에서 장박사가 말문을 열었다는 것이었다.

"어제 그 친구, 승진을 좀 시켜야겠네."

간부회의에 참석했던 사람들은 어리둥절했다. 감히 장박사에게 도전장을 내민 새까만 부하인데 그를 문책하기는 커녕 승진이라니….

"젊은 사람이지만 아주 당돌하게 대들더군. 내가 기분에 사로잡혀서 한쪽으로 치우치는 걸 막아주었어."

얼떨결에 승진하게 된 박원장은 구성원들과의 승진기념 회식자리에서 아직까지도 의심스럽다는 승진의 배경에 대해 갖가지 추측을 해댔다.

'정말 대단한 분이야. 젊은 놈이 그렇게 버릇없이 대들었는데….'

장박사를 불과 7개월 정도 겪어본 그로서는 그래도 이해가 안 되었다.

"아니야. 이거 원장님은 엄청난 위선자일지도 몰라. 나같은 친구 하나 승진시켜주고 그 자신은 또한번 '과연 장박사야' 라는 평판을 들을 수도 있잖아."

시간이 흐른 뒤에야 그는 장박사의 진면목을 보았다. 장박사의 성격이 보기보다는 다혈질이라는 것. 그 역시 인간인지라 성질을 참지 못해 실수를 이따금씩은 하지만 하나님께 기도를 드리면서 잘못을 깨닫고 회개하는 사람이라는 걸 알게 되었다. 그는 혹간 잘못한 일이 있으면 잘못을 이야기하거나 말은 하지 않더라도 어떤 방법을 통해서라도 자신의 실수를 인정했다.

주님과의 대화를 통해 깨달음을 얻었기 때문이었다.

또 하나 장박사를 지근 거리에서 돌보는 주변사람들에 대해 너무 칭찬이 인색했던 것도 흠이라면 흠이었다. 사실 주변인들은 때때로 섭섭할 때가 많았다. 장박사를 곁에서 모신 분들이라고 해야 사실 막내아들 격이라 귀엽게 칭찬도 해주고 어깨를 다독거려줄 만도 한데 칭찬은 거의 없었다.

제자들은 세미나나 각종 연구발표 때 조금이라도 미진한 부분이 있으면 "의사가 돼가지고 그것도 못하느냐"는 질책을 듣는게 예사였다.

한 번은 평소에도 철저하기로 유명한 제자 양덕호 박사가 완벽한 발표를 하자 장박사는 싱긋 웃으며 한마디 툭 던졌을 뿐이었다.

"잘했어."

어떻게 보면 꼭 대선배가 후배들을 질투하는 것처럼 칭찬에 인색했다. 하지만 맨날 질책만 당하는 것 같던 직원들은 밖에 나가기만 하면 어깨가 우쭐해지곤 했다.

직원들이 밖에 나가 사람들을 만나 인사를 나누면 "아 바로 당신이 장박사가 그렇게 자랑하는 사람이냐"고 반색하기 일쑤였다.

언젠가 누군가 직원들 좀 칭찬해주면 더 신나서 일하지 않겠냐는 권고에 장박사는 이랬다.

"땅에서 칭찬 받으면 하늘에서 상급이 없네. 땅에서 칭찬받으면 뭐하나 하나님께서 칭찬해줘야지."

어느 때 평생 교분을 쌓았던 함석헌 선생이 어느 교계잡지로부터 혹독한 비판을 당한 일이 있었다. 무슨 스캔들같은 기사가 나오곤 했는데 그렇게 친했고 누구보다도 함석헌 선생을 잘 아는 장박사가 뭔가 반론을 제기할 만도 했지만 일절 그에 대한 언급을 하지 않았다.

주변 사람이 하도 답답하여 말했다.

"박사님, 장박사님께서 좀 해명도 해줘야 하지 않겠습니까?"

장박사는 딱 잘라 말했다. 얼핏보면 너무 냉정하다는 생각이 들 정도였다.

"무슨 소리. 잡지에 따르면 사실이 그렇다는데 뭐. 사람은 사람이야. 실수는 실수고. 사람은 실수할 수도 있는 거야."

그러면서도 장박사와 함석헌 선생과의 인간관계는 전혀 벌어지지 않았고 평생 좋은 반려자로 지냈다.

9. 소외되고 가난한 이웃의 친구

지난 1995년 성탄절 새벽. 이 땅의 수많은 사람들이 아기예수 오신 날을 축복하고 있을 때 우리는 그를 주님께 보냈다. 평생을 주님께 의탁하고 살아온 그는 주님의 부름을 받기 전에 그저 딱 한마디를 남겼다.

"오직 주님을 섬기고 간 사람"으로 기억해달라고….

그 해. 이 땅의 사람들은 쉽게 치유할 수 없는 아픈 상처를 안고 지냈다. 삼풍백화점 붕괴로 무려 522명이 땅속에 묻혀 비명 한 번 제대로 지르지 못한 채 목숨을 잃었으며 추악한 비자금 파동으로 전직대통령이 구속되는 비극을 지켜봐야 했다.

해가 지나가고 있었으나 사람들의 상처는 영원히 지울 수 없는 아픔으로 다가왔다. 이미 불의가 정의를 지배해버린 세상이 되었고 도덕의 불감증으로 사회는 시퍼렇게 멍들어 있었다. 어떤 일을 저질러도 "높은 놈들은 더 해먹는다"는 한마디 말로 정당화할 수 있는 세상이 되었다.

하긴 언제는 안 그랬나. 우리의 역사를 되돌아보며 사람들은 절망하며 자조했다.

그가 온몸으로 부딪치며 살아온 여든 다섯 해조차도 그야말로 가시밭길의 역사였으니. 단 하루도 편할 날 없었고 단 하루도 두 다리 쭉 뻗고 잘 날이 없었던 세월들이었으니.

시대의 아픔을 온몸으로 짊어지고 십자가를 진 채로 예수의 길을 그대로 걸었던 장기려 박사. 형극의 역사와 세월이 바로 그를 원했는지 모른다.

　세상에 참 인간이 없다고 한탄하고 절망하고 있던 사람들은 그의 죽음에 이르러 비로소 우리가 잃어버렸던 인간의 진정한 모습을 그나마 깨달으며 무너진 가슴을 추스릴 수 있었다.

　너무나도 가까이 있었기에 도리어 곁에 있는 걸 느끼지 못했던 참사람의 체취를 우리는 그가 죽음으로써 비로소 알아차릴 수 있었다.

　언론은 그를 '한국판 슈바이처'로 부르며 애도를 나타냈다. 하지만 어찌 슈바이처와 단순비교할 수 있을까.

　중앙일보 의학담당기자 홍혜걸은 그를 슈바이처의 아류쯤으로 폄하하는 언론의 태도에 '부당한 평가'라고 딱 잘라 말했다.

　"그가 그런 호칭을 얻은 것은 서로 닮은 점이 있었기 때문이다. 둘 다 독실한 크리스천 의사였고 가난하고 병든 이들을 위해 전 생애를 봉사로 헌신했다. 슈바이처는 1952년 노벨평화상을, 장기려 박사는 1979년 막사이사이 상을 받았다. 각각 90세와 85세로 장수한 점이나 음악을 사랑했다는 점도 서로 비슷하다. 슈바이처가 이름난 파이프 오르간 연주가였던 데 비해 장박사는 '산타마리아'를 즐겨 부르는 테너가수였다. 하지만 두 사람의 일생을 살피면 아주 다르다. 슈바이처의 삶은 유럽제국의 식민통치로 착취받아 온 아프리카인들에게 가해자로 속죄하는, 그것도 일방적으로 베풀기만 한 봉사였다. 반면 장박사는 스스로 분단민족의 피해자로 소외된 이웃들과 고통을 함께 나누었던 진정한 의미의 봉사였다."

　그는 "슈바이처가 서른이 넘어 의학공부를 시작, 최소한의 과정만을 끝낸 햇병아리 의사였다면 경성의전(서울의대 전신)을 수석졸업하고 국내최초로 초기 간암환자를 대량 간절제 수술로 완치시킨 장박사는 학문적으로도 당대 최고의 외과의사였다. 하지만 무엇보다도 결정적인 차이는 무려 45년간이나 북에 두고 온 아내를 그리며 평생 수절하면서 숨겨간 인간 장기려의 애틋한 고뇌일 것이다. 반면 슈바이처는 아내 엘레느와 함께 평생을 살아왔다."

채규철이 그를 위해 쓴 묘비명도 그이의 삶을 함축하고 있다.

"1909년 평북 용천에서 태어나고 1995년 서울에서 승천한 의학박사 장기려. 그는 모든 것을 가난한 이웃에게 베풀고 자기를 위해서 아무 것도 남겨놓지 않은 선량한 부산시민, 의사, 크리스천, 이곳 모란공원에 잠들다."

의사이자 크리스천인 그는 히포크라테스의 충실한 제자이기에 앞서 예수님을 섬기며 예수님의 사랑을 묵묵히 실천한 사람이기를 원했다. 오재길은 "하나님과 인간관계에서 겸손을 터득하고 실천했고 십자가에 달리신 예수, 그 부활의 예수를 그 삶에서 증거하신 분"이라고 표현했다.

1979년 막사이사이상을 받았을 때 그는 상을 영예로 여기기보다는 도리어 마음의 교만함을 경계했다.

"도대체 제가 이 상을 받을 자격이 있습니까. 저는 오로지 의사로서 직분을 잃지 않고 인술을 베풀어왔으며 또한 하나님의 충실한 아들로 당신의 말에 귀를 기울여 온 평범한 소시민이며 인생을 대과없이 살아온 것일 뿐입니다. 이런 일로 저를 자꾸 시련의 벌판에 서게 하지 말아주십시오. 교만의 구렁텅이에 빠지지 않게 하옵소서."

그는 '교만은 패망의 선봉이요, 거만한 마음은 넘어짐의 앞잡이라'라는 성경구절을 되새기며 날마다 기도했다.

물론 그이처럼 산다는 게 쉽지는 않을 것이다. 청십자 사회복지회 이사 유기형은 말했다.

"하루를 장박사처럼 살라고 하면 할 수 있다. 아니 1년을 그렇게 살라고 해도 할 수 있을 것이다. 아니다 10년을 그렇게 살라고 해도 어쩌면 할 수 있을 것이다. 그러나 평생을 그렇게 살라고 하면 아마 못할 것이다."

그러나 마냥 이대로 있어야 하는가. 그 앞에서 우리는 그의 삶에 푹 빠져만 있으면 안 된다는 걸 느껴야 한다. 그의 삶은 진정한 인간의 삶이었다는 걸 뼈저리게 느껴야 한다.

그의 삶은 사실 아주 보통의 삶으로 인식돼야 정상이 아닌가. 가장 사람다운 삶이기에, 인간은 본래 그렇게 살아야 하기에 그렇다. 그의 삶이 특별하게 느껴지면 느껴질수록 세상은 그만큼 어지럽다는 얘기다.

우리는 정말 사람답게 살아가고 있는가. 반성의 거울로 스스로를 비쳐봐야 하지 않을까. 만약 그처럼 하나님을 믿고있는 사람들은 더하다. 과연 하나님의 가르침을 얼마나 성실하게 배우고 따르고 있는가. 그를 단순히 '성자'로 평가하고 불러도 좋지만 그의 삶 자체를 우리가 감히 따를 수 없는 '성인의 삶'으로 우러러 보기만 한다면 너무나 희망없는 세상일 것이다.

그가 하나님의 부름을 받고 떠나자 장미회 회원들(1968년부터 장박사가 돌봐온 간질환자들의 모임)이 달려와 하나둘씩 부산시 토성 2동 기독교종합사회복지관으로 모였다. 그들은 하염없이 눈물을 흘렸다.

"그 분은 살아있는 작은 예수였습니다. 우리는 그 분을 통하여 삶의 의미를 배웠습니다."

1968년 모임을 만든 이래 8,000여 명을 진료해왔고 그가 세상을 떠나기 직전까지도 매월 한 번씩 내려와 간질환자들에게 꿈과 희망을 불어넣어 주었다. 그들은 30년 가까이 단 한차례도 치료를 거르지 않은 장박사를 기리며 통곡했다. 박순옥 사회복지관 관장은 목이 메었다.

"생전에 고인은 장미회원들을 북에 두고온 자식같이 여겼습니다. 바쁘신 와중에도 시간가는 줄 모르고 치료하셨고 신앙이 바탕이 된 인생상담에도 적극적이셨죠."

"세상의 먹을 양식을 위해 걱정하지 말고 예수의 마음을 본받으라고 하셨어요."

"모든 불행은 욕심과 사치에서 비롯된다고 하셨죠. 이웃에게 나눠주면서 살라고 하셨죠."

장박사로부터 10년이란 긴 세월 동안 치료를 받아 결국 완치된 박모씨의 가슴은 더욱 미어졌다.

"병세가 심해 성질이 급해지고 화가 머리끝까지 날 때가 되면 박사님은 저의 두 손을 꼭 잡고 온몸이 땀으로 흥건해질 때까지 기도를 해주셨어요. 그 분은 부모님보다 더 날 아끼고 걱정하셨어요."

"1991년인가요. 장미회원들의 꽃꽂이 전시회를 둘러보시고는 외로운 표정으로 시를 읊으셨어요. '고목나무에 꽃이 피면 님이 오시려나' 하고…. 북한에 두고 온 부인을 그리는 시였죠."

장미회 회원들은 하나 둘씩 고인이 즐겨 부르던 찬송을 부르기 시작했다. 찬송은 곧 합창이 되었다.

"내 영혼이 은총입어 중한 죄짐 벗고 보니 슬픔많은 이 세상도 천국으로 화하도다…."

"이제 박사님이 좋아하셨던 빈대떡과 오이 김치, 강낭콩도 더 이상 먹을 수가 없군요."

장미회원들의 통곡은 끊일 줄 몰랐다. 아마도 어떤 겉이 번드르르한 추모모임보다도 장박사가 기꺼이 받아들였을 추도였을 것이다. 낮은 곳에서 낮은 이들과 살아왔던 사람, 장기려 박사이기에….

제2부 한 사람이 "예비" 되었다

◀ 고보시절의 장기려(오른쪽 아래)

경성 의전 시절의 장기려 박사 ▼

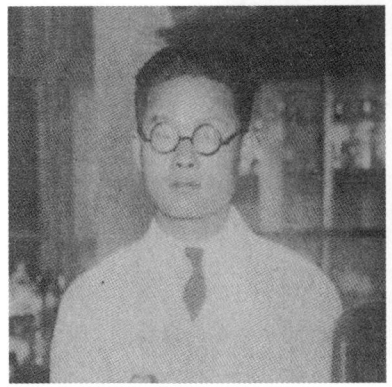

1. 병치레 심했던 약골

1911년 음력 7월 15일 그는 평안북도 용천군 양하면 입암동에서 태어났다. 호적에는 1909년생으로 돼있는데 그것은 동장으로 일하고 있던 둘째 삼촌(장일섭씨)이 조금이라도 빨리 장가를 보내기 위해 나이를 높인 것이었다.

아버지 장운섭(張雲燮)씨는 글씨를 잘 쓰고 한학에 소양이 있었다. 고향사람들은 그런 아버지를 장향유사(張鄕有司)로 불렀다. 아버지는 전형적인 한량이었다. 1년 365일 모두 술에 취해 살았다. 친구를 좋아한 탓도 있었지만 도대체 희망이라고는 없는 시대였으므로 술에 취하지 않고는 견디지 못했을 지도 모른다.

어머니 최윤경(崔允卿)씨는 그런 아버지가 못마땅했다. 역시 1년에 360일 정도는 얼굴을 잔뜩 찌푸리고 있었다. 아버지는 어머니의 짜증을 아무 말없이 감당하고 계셨다.

"왜 차심(此心)을 못하나?"

어머니는 늘 약골인 둘째아들이 못마땅했다. 병치레가 심하고 의지가 약했다. 창가에 어른거리는 달 그림자에 놀라 오줌을 지리는가 하면 허구헌날 감기나 배앓이를 해서 어머니의 속을 썩였다. 얼마나 배탈이 잦았는지 배꼽에 뜸을 뜬 흉터가 성인이 되어서도 남아있었다.

원인도 모르게 가끔씩 까무러치기도 했다. 그럴 때면 어머니는 소스라치게 놀라 한의사를 부르고 숨구멍과 쌍가마에 뜸을 뜨곤 했다. 그 흉터가 늙어서도 남아있었다. 또 감기는 얼마나 자주 들었던지 오죽했으면 교회의 권사님이 일부러 집에까지 와서 기도를 해주곤 했을까.

어머니는 가끔 엿을 사주곤 했는데 그 엿이 문제였다. 엿을 먹고 찬물을 먹지 말라는 게 어머니의 경고였다. 찬물을 먹으면 배탈이 났으니까.

그러나 순식간에 엿을 먹어치우면 금새 목이 말랐다. 그는 견디지 못하고 어머니 몰래 부엌에 들어가 물 한사발을 벌컥벌컥 마셨다. 그러나 금방 들켰다. 영락없이 배가 부글부글 끓어 방바닥에 뒹굴었기 때문이었다.

그러면 어머니는 "왜 그리 차심을 못하는가" 하면서 회초리를 들고는 사정없이 내리쳤다. 그가 의지가 약하고 피영향성이 강한, 순종형의 성격이라는 건 청년이 다 되어서도 여실히 입증된다.

송도고보 2학년 때의 일이다. 체육교사가 서울에 다녀와서는 폐병에 관한 강연을 했다. 그 강연을 들은 그는 마치 진짜 폐병에 걸린 것처럼 숨이 막혀 견딜 수가 없었다. 숨을 내리 쉬고 들이마셔도 호흡이 제대로 되지 않자 고려의원이라는 병원을 달려갔다.

"이놈아 그건 병도 아니야."

의사로부터 질책을 듣고서야 그는 제대로 숨을 쉴 수 있었다. 그 정도였다.

천성적으로 약골로 태어난 그는 '금강석'이라는 아명을 받았다. 아명이라도 굳세게 지어 클 때는 좀 씩씩하고 건강하게 자라라는 뜻이었다.

주로 야단만 치는 어머니, 늘 술취한*모습으로 세상을 살았던 아버지…. 그의 어린 시절, 아니 전생애에 결정적인 영향을 끼친 이는 어머니도, 아버지도 아닌 할머니였다. 어머니에게 호된 꾸지람을 받을 때마다 할머니는 "내 새끼" 하면서 잡아채 안고는 "그만두라"고 어머니를 되레 꾸짖곤 했다.

그는 할머니 이부자리에서 7살 때까지 잤다. 할머니는 독실한 크리스천이었다. 할머니는 매일밤 잠자리에 들기 전에 꼬마 장기려를 무릎에 뉘이고는 간절한 기도를 드렸다.

"아버지 하나님. 이 금강석이 자라 하나님의 나라와 현실 나라에서 크게 쓰여지는 일꾼이 되게 하소서."

그도 훗날 할아버지가 되었을 때 손자들에게 어릴 적 할머니가 했던 기도의 내용을 그대로 전했다.

할머니는 늘 그에게 '무용담'을 늘어놓으셨다.

"우리 금강석이 갓 태어났을 때 목에 물혹이 있었잖아. 그래서 내가 기도드렸더니 없어졌어. 우리 금강석은 나중에 크게 쓰임받을 거야."

실은 그 물혹은 그냥 내버려두어도 낫는 임파관종이었을 것이다.

할아버지는 당시 서울사람 소유의 땅을 대신 농사짓는 마름이었는데 당대에 400석의 타작을 했다. 때문에 어린 시절은 비교적 유복하게 지냈다. 그는 남의 마름을 지낸 할아버지가 400석을 했다는 데 대해 "할아버지가 좋게 번 것은 아니었을 것"이라고 짐작했다.

훗날 그는 할아버지가 뭔가 잘못해서 해놓은 400석지기를 아버지가 별 잘못을 하지 않았는데도 다 날려버린 것이 결국 하나님의 뜻이라고 해석했다.

집에 돈이 있었던데다 총기가 있었던 덕분에 그는 이웃어른들의 귀여움을 독차지했다. 숫기가 없었던데다 약골이어서 집안에만 틀어 박혀있던 그는 공부밖에는 할 일이 없었고 또 머리도 좋아 7살 때 이미 천자문을 다 떼었다.

아버지 친구 김광환 씨는 늘 어린 장기려를 데리고 놀았다. 예배당에 다니려면 그 아저씨의 집을 지나야했는데 꼬마가 지날 때마다 불러세우고는 자기바지를 살짝 내려 배를 가리키고는 "이걸 어떻게 쓰냐?"고 물었다.

"배 복(腹)자요."

그러면 아저씨는 "잘한다. 그놈 참 신통하단 말이야" 하면서 머리를 쓰다듬어 주었다. 그 칭찬을 듣고싶어 늘 아저씨 집을 지나쳤다.

그가 비록 스스로를 나약하고 비겁한 성격이라고 말했지만 그렇지만도 않았다. 뭐든지 아니다싶으면 그 일은 평생 반복하지 않았고 한 번 하나님 앞에 맹세한 것은 하늘이 두 쪽이 되어도 지켰다.

유년주일학교 때의 일이다. 친구와 팽이치기를 하면 맨날 졌다. 속이 상했던 그는 어느날 교회의 신발장에 돌을 갈아서 만든 크고 튼실한 팽이가 놓여있는 걸 보고는 슬쩍했다.

팽이주인이 와서 달라고 떼를 썼으나 그는 "내가 주웠으니 내 것"이라고 우겼다. 며칠을 그 팽이를 갖고 놀았으나 어린 마음에도 양심의 가책이 있었는지 전혀 즐겁지가 않았다. 결국 찝찝한 마음을 달랠 수 없어서 팽이를 버렸으나 마음이 편치않은 건 여전했다.

어느 날 부흥회가 열렸는데 목사님이 설교 끝에 갑자기 "도적질한 자는 회개하라"고 소리쳤다. 마치 목사님의 손 끝이 그 자신을 가리키는 것 같아 심장이 멎고 말았다.

그는 어린 마음에도 큰 충격을 받고 밤잠을 이루지 못했다. 결국 다음날 꼬마는 팽이 주인을 찾아가 사과를 하고는 팽이값으로 2전짜리 동전을 주고 돌아왔다.

이런 일은 소학교 때도 있었다.

아버지는 한학자였는데도 신교육에도 지대한 관심을 보였다. 아들에게 천자문만 가르친 뒤 여섯 살 때 아버지 스스로가 설립한 의성(義聖)학교에 입학시켰다. 소학교 1학년 때인가 2학년 때인가.

친구들이 담배를 말아 피우는 게 너무 신기했다.

"야, 나도 좀 피워보자."

친구의 담배를 빼앗아 머리가 어지러워 핑핑 돌 때까지 피우다가 그만 사촌형이자 교사인 장기원 선생(전 연세대 부총장)에게 들키고 말았다. 기원형은 선천의 신성중학교를 졸업하고 한때 의성학교 교사로 재직하고 있었다.

"손바닥 내놔."

사촌형은 자로 손바닥에 피멍이 들 정도로 때렸다. 그는 기원형의 꾸지람을 받고는 평생 담배를 피우지 않았다.

어렸을 때의 각오와 다짐은 보통 나이가 들면 연기처럼 사라지는게 보통인데 그는 한 번 옳은 일이라고 결심하면 하늘이 두 쪽이 나도 지켰다.

아버지가 설립했던 의성학교는 처음에는 4년제였다가 6년제로 바뀐 뒤 얼마 안 되어 5년제로 바뀌었다. 김치묵 목사와 김병화 전대법원 행정처장, 테너 이인범씨 등이 당시 의성학교 동기들이다.

1923년 5년제를 졸업한 그는 당대의 명문 신의주 고보에 입학시험을 쳤다.

산술을 잘했던 그는 합격을 낙관했다. 소학교에서 줄곧 1등을 빼앗기지 않았던데다 졸업도 1등이어서 합격은 따논 당상인 것 같았다.

하지만 그는 보기좋게 낙방하고 말았다. 기독교계통의 학교인 의성학교는 성경공부를 중심으로 한 문과학과는 있었으나 이과를 가르치지는 않았다. 그런데 신의주고보 입학시험에 이과과목이 있었으니 그로서는 풀 길이 없었다.

일제시대 때인지라 필수과목이던 일본어에서도 그는 점수를 따지 못했다. 의성학교에서는 일본어에 그리 중점을 두지 않았기 때문이었다.

수재소리를 듣던 그가 뜻밖에 낙방을 하자 동네어른들은 물론 학교에서도 난리가 났다.

"개성으로 가라. 거기에 기수가 있으니까, 도움도 좀 받고…."

아버지는 막내삼촌(張竹燮씨)의 아들인 기수형님이 다니고 있던 송도고보 시험을 보라고 권했다. 기수형님을 찾아 속성으로 입학준비를 한 그는 산술을 잘 본 덕에 기어이 합격증을 받았다.

2. 방탕한 고보시절

　그의 고향 평북 용천은 의주와 가까워 일찍부터 기독교 복음을 수용한 지역이었다. 용천과 인근 의주일대는 유명한 미작지로 자작농이 많고 부유하여 문화수준도 높았으며 기독교인들이 몰려있었다. 통계에 따르면 일제시대 60만의 기독교신자 가운데 3/4은 북한에 있었고 그 가운데 대부분이 평안남북도와 황해도에 집중되어 있었다.
　그중에서도 평안도 선천일대는 '한국의 예루살렘'으로 일컬어졌고 도청 소재지이자 인구도 많은 신의주는 일종의 종교도시 같았다. 중국과 맞닿아 선교사들의 출입이 빨랐던 이곳에서 기독교가 번성한 것은 당연한 일이었다.
　이미 1882년 만주 봉천에서는 J. 로스(羅約翰), J. 매킨타이어(馬勤泰) 선교사와 조선의 젊은이들이 함께 성경을 번역, 출판하여 비밀리에 의주쪽으로 들여왔다.
　이들은 이 지역에서 복음의 씨앗을 뿌렸고 1893년 미국 북장로교회 한국선교부는 S. A. 마펫(馬布三悅)을 비롯, 그래험 리(李吉咸), W. L. 스왈론(蘇安論) 등을 평양개척교회 선교사로 임명하여 선교에 나섰다. 이어 1897년에는 N. C. 휘트모어(魏大模) 선교사가 평북지역 순회선교사로 나서 평북에서 의주교회를 설립했다. 1년 뒤인 1898년 의주의 인근지역인 용천에도 동문외교회와 신창교회가 문을 열었다.
　이처럼 장기려 박사가 태어난 용천은 우리나라 기독교의 관문이었다.

따라서 이 고장사람들의 대부분은 기독교에 입문, 신실한 신앙생활을 하고 있었다. 장박사의 할머니를 비롯한 그의 집안은 바로 이 기독교 집안이었다.

특히 할머니의 신앙은 장박사 평생의 나침반이었다고 해도 과언은 아니다. 장박사가 12살 때의 일이다. 아버지가 주무시고 있던 방에 벼락이 떨어졌다. 벼락은 방의 재봉틀을 지나 땅으로 들어갔다. 그때 아버지의 왼팔도 감전되었으나 치명적이진 않았다.

건넌방에서 병으로 누워 계시던 할머니는 그 말을 듣고는 "하나님께서 도와주신거야. 우리 향유사(아버지)가 믿음이 깊고 효자니까…." 하시면서 기도를 올리셨다.

이 말씀은 장박사의 집에서 3대째 내려왔고 이 말씀을 통해 집안식구들의 효성과 믿음을 강조해왔다.

이처럼 독실한 기독교 집안에서 태어나고 교육받았지만 사춘기 봄바람은 어쩔 수 없었다. 송도고보에 들어간 이후 왠지모를 반항감에 쓸데없는 짓으로 하루하루를 보냈다. 아마도 난생 처음 부모를 떠나 있게 된 탓에 해방감에 도취되어 있었는지 모른다.

수업을 마치고 집에 돌아와서는 동무들과 화투놀이를 하느라 정신이 팔렸다. 낮에는 정구를 치고 밤에는 날새는 줄 모르고 화투놀이…. 몸집이 작은데다 운동신경조차 둔해 학교에서는 후보선수도 못되었지만 뭐가 그리 좋은지 목판을 라켓 삼아 지겹도록 테니스를 했다. 밤에는 친구들과 4백이며 6백을 치면서 밤을 새웠다.

사춘기 춘삼월이었던 탓에 그보다 1년 위인 사촌형인 기수형과 어울려 다니면서 채하동(彩霞洞)을 거닐기도 했고 지나가던 여학생에게 실없이 꽃을 던지고는 "한 번 사귀어 보자"고 말을 붙인 적도 있었다. 휘파람을 휘익휘익 불면서 부르던 노래는 수십년이 지났어도 잊지 않았다.

"님의 악수를 꼭 부여잡고 이리로 저리로 다녀 수작함이 비길 데 없는 자미는 이것뿐이로다."

호수돈고녀에 다니고 있었던 그와 동년배인 모윤숙이 호수돈고녀 학예회 때 얼마나 연기를 잘하는 지 그녀에게 혼을 뺀 적도 있었다. 그러나 원체 마음이 약한 그는 그 이상 진전시킬 주변머리도 없었다. 그저 하릴없이 세월만 보내고 있었던 것이다.

공부를 하는 아무런 목적도 희망도 없는 것 같았다. 그런 방탕하고 목적없는 생활로 2년을 보냈다.

3학년이 되던 어느날. 그날도 역시 새벽이 다 되도록 화투를 치고 있었다. 용돈도 이미 다 잃은 상태였다. 빈 호주머니가 된 그는 밖으로 나와 처연한 새벽달을 바라보았다. 생각할수록 처량했다.

문득 고향의 어머니 아버지가 떠올랐다. 최근들어 사업이 안 돼 한숨이 늘었다는 아버지와 궁색해진 집안을 꾸려가느라 손가락 마디가 부쩍 굵어진 어머니. 그리고 '우리 금강석' 하면서 늘 감싸주시던 할머니의 얼굴이 떠올랐다.

'어머니, 아버지가 학비를 대려고 무진 애를 쓴다는데…. 요즘엔 집안형편이 예전같지 않아 학비를 20원, 40원씩 꾸어서 보낸다는데….'

갑자기 고향의 집이 생각나면서, 집안어른들의 얼굴이 나타나면서 눈물이 울컥 쏟아졌다.

'하나님이 주신 시간을 내가 도둑질하고 있는게 아닌가. 게다가 어머니, 아버지가 보내주신 학비를 이렇게 낭비하다니…. 내가 정말 나쁜 놈이구나.'

그는 그제서야 회개하고 정식으로 책을 잡았다. 하지만 2년간이나 책을 놓고 딴 짓에만 열을 올려서인지 도대체 집중이 되지 않았다. 이해력과 기억력이 떨어져 성적이 답보상태를 면치 못했다.

3. 빈자(貧者)를 위해 평생을 바치겠습니다

　그는 세례를 통해 돌파구를 열었다. 밤새워 기도하는 중에 "인간은 참으로 죄인이다. 그리스도의 구원을 받지 않고는 하나님 앞에 설 수 없다"는 응답을 받았다.
　사실 어렸을 때는 아버지의 영향을 받아 "내가 자라면 요셉과 다윗 같은 인물이 될 것"이라고 했다. 아버지로부터 성경인물에 대한 이야기를 들었기 때문이었다.
　일곱 살 때는 야곱의 아들 요셉처럼 꿈을 갖고 순결의 생활로 세상을 살아갈 것이고 하나님께서 허락하시면 정치가가 되어 우리 동포를 구할 수 있으면 얼마나 좋을까 생각했다.
　세례받기 전까지는 다윗왕처럼 천하를 호령하면서 블레셋과 같은 적의 나라를 물리치고 우리나라의 독립을 위해 싸울 꿈도 꾸었다.
　그러나 세례를 받고부터 꿈은 바뀌었다. 다윗이 후에 교만해져서 간음과 살인죄를 저질렀던 것과 또 그의 마음속에도 그같은 무서운 죄가 은연중 내포되어 있음을 깨닫게 된 것이다.
　더욱 완전하시고 죄를 대속해주시는 예수 그리스도를 사모하고 그분에게 삶의 전부를 바치겠다는 마음이 충만하게 되었다.
　'예수님은 내 죄를 대속해주셨다. 앞으로는 예수님의 길을 따라 살아야겠다.'
　"주여! 주님께서 저를 하나님의 자녀로 삼아주셨습니다. 이제는 저의 전 인격을 바쳐 주님의 뜻대로 살아가겠습니다."

그는 뜨거운 눈물로 주님께 약속했다. 그의 인생관이 확고하게 자리잡히는 순간이었다.

그리스도께 몸과 마음을 바친 그는 진로문제를 두고 고민을 거듭했다. 세례를 받고나서는 교육자가 되기를 원했다.

교육자의 인격이 가장 고상하고 또 유익한 인물을 길러내는 훌륭한 직분이라고 느꼈기 때문이었다. 4학년 2학기가 되어 다시 마음을 바꾸었다.

우리나라가 일본에 의해 강점된 이유는 바로 선진문물을 받아들이지 못했기 때문이라고 여겼다. 그의 나이 9살 때인 1919년 3월 1일부터 한반도를 대한독립만세의 물결로 뒤흔들었던 만세운동은 어린 그에게도 가슴 찡한 감동으로 다가왔다. 어린 나이에도 여름이 시작될 때까지 동무들과 함께 뒷동산에 올라 '대한독립만세'를 외쳤던 기억도 있었다.

송도고보에 입학하고서도 고종황제가 승하하신 것을 떠올리고 때때로 개성 만월대 옛터에 올라 조국을 생각하고 혼자 눈물 흘리며 기도했다. 어린 마음에도 우리 민족이 너무 문약(文弱)하여 결국 일제의 침략을 받았다고 느꼈다.

그는 공업이야말로 국가사회를 유익하게 하고 나라의 독립을 앞당기는데 초석이 된다고 생각하게 되었다.

그래서 4학년을 마치고는 여순(旅順) 공과대학 예과시험에 응시했다. 하지만 그건 하나님의 뜻이 아닌 것 같았다. 그의 '고매한 뜻'에도 불구하고 낙방하고 말았다. 실력이 부족했기 때문이었다.

당시 여순공대는 내로라 하는 수재들이 대거 몰려와 시험을 봤다. 심지어 시험장에서 만난 서울의 제1고보 학생을 만났는데 송도고보 선생보다 더 실력이 좋다는 인상을 받았으니 붙을 리가 없었다.

당시 그의 집은 가세가 기울대로 기울어 있었다. 5학년이 되자 집안형편은 최악의 상태로 빠져들고 있었다. 아버지는 이미 고향의 논과 밭을 다 정리하고 김포에 수십만평의 땅을 사 놓았다. 말하자면 땅

투기를 한 셈이었다. 만약 60, 70년대에 그랬다면 떼부자가 되었을지 몰랐다. 어찌보면 아버지는 50년 앞을 내다보았던 것이다. 그러나 당시에는 허황된 꿈이었다.

김포땅이 묶여버려 일이 잘 풀리지 않자 아버지는 농장을 저당잡혔던 수리조합에 빼앗겼다. 아버지는 만주에도 이틀갈이 땅을 사놓았지만 그 또한 무슨 영문인지 묶여버린 탓에 하루아침에 집안이 영락해 버린 것이다. 이틀갈이 땅이란 땅 전체를 한바퀴 도는데 무려 이틀이나 걸린다는 뜻이니 아버지의 만주 땅이 얼마나 넓었는지 짐작할 수 있다.

아버지는 서울 문리대 자리에도 5,000평이나 되는 땅을 갖고 있었으나 자금사정이 악화되자 평당 5리(厘)라는 헐값에 팔아버리고 말았다.

다시 한번 공대진학을 목표로 했던 그는 집안형편이 어려워지자 결단을 내려야 했다.

고향으로 돌아가 아버지 학교인 의성학교에서 교편을 잡을까도 생각해봤지만 상급학교 진학의 꿈을 버릴 수 없었다.

'어딜 갈까. 여순공대는 힘들다. 설혹 된다해도 수업료가 너무 비싸다. 아버지는 괜찮다고 하지만 집안이 너무 어렵다.'

여러 궁리 끝에 수업료가 싼 대학을 찾았다. 그렇게 찾은 대학이 경성의전(서울의대 전신)이었다. 경성의전은 수업료가 불과 1년에 35원이었다. 사학이었던 세브란스의전의 수업료가 100원이었음을 감안하면 1/3 수준밖에 안 됐다.

'그래. 의전이 좋다. 하나님께서 길을 열어주실 거다. 병든 자를 치료하는 의사야말로 하나님께서 나를 위해 준비해 놓으신 길일 거야.'

경성의전으로 진로를 정한 그는 매일 밤 기도를 올렸다.

"주여, 주님께서 만약 합격만 시켜주신다면 평생 의사를 한 번도 못보고 죽어가는 사람들을 위해 일생을 바치겠습니다."

사실 진로는 정했으되 불안했다. 방탕한 생활을 끝내고 3학년 때부터 공부를 시작했으나 늘 부족했다. 성적이 세브란스에 들어갈 수준인 7~11등 사이를 왔다갔다 했으므로 마음을 놓을 형편이 못되었다.

물론 졸업은 1등으로 했다. 이것도 운이라면 운이었다. 졸업을 얼마 남겨두지 않은 시점에서 그보다 공부를 잘하는 학생들이 친구 결혼식에 가서 술을 마셔 모두 정학처분을 받았기 때문이다.

당시에는 중학교 재학 중에도 결혼하는 이른바 꼬마신랑이 많았다. 친구 결혼식에 몰려간 학생들이 술을 마셨고 술취한 김에 개성시내를 떠들썩하게 돌아다니다가 적발되었던 것이다. 그도 결혼식에는 참석했으나 예수를 믿는 자가 술판에 끼기도 뭣하고 해서 슬그머니 빠져나왔다.

대학입학시험을 앞둔 고보생들이 술을 마시고 돌아다니면서 고성방가했다는 사실은 큰 충격이었다. 학교징계위원회는 학교의 명예를 더럽힌 학생들을 중징계했다. 입학시험이 얼마 남지 않았고 적발된 학생들 가운데 대부분이 공부를 잘하는 이른바 모범생들이어서 웬만하면 경징계로 끝낼 법했지만 분위기는 강경했다.

퇴학처분이 내려지지 않은 것만 해도 불행 중 다행이었다. 이들은 결국 1년 유기정학처분을 받았고 그는 덕분에 수석으로 졸업하게 된 것이다.

성대(城大) 의학부를 졸업하고 훗날 미국유학을 간 김종인씨가 2등이었고 70년대 북한의 부수상을 지낸 정준택이 3등으로 졸업했다. 김종인씨와 정준택은 사실 그와 비슷한 수준으로 그들을 제치고 1등을 차지하기도 사실은 어려웠다.

하지만 수학시험 4문제 중 풀기 힘든 응용문제가 하나 있었는데 그 문제가 마침 그가 알고있는 문제였다. 시험이 끝나고 친구들끼리 말하는 걸 보니 그 문제를 푼 친구는 아무도 없었다.

혼자 정답을 썼으니 25점을 벌고 들어간 것이나 다름없었다.

결국 그는 송도고보를 1등으로 졸업하게 되었고 하나님께 열심히 기도한 덕택인지 경성의전에도 덜컥 합격했다.

4. 촌뜨기 공부벌레

"나는 남들처럼 멋있게 살 줄 모르는 원체 촌뜨기였다. 경성의전 시절을 통틀어도 재미있고 유익한 이야기 거리가 별로 없다."

그는 소극적이고 여린 성격으로 인상적인 대학시절을 보내지 못했다고 회고한 바 있다.

사실 기차도 송도고보에서 입학시험을 치를 때 처음 타보았다. 기차가 덜커덩 거리며 흔들린 탓에 어지러워 토했으며 전화도 전문학교 1학년 때 처음 받아보았다.

대학병원에 친척이 입원해서 문병을 갔을 때 어디선가 전화벨소리가 들렸다.

"전화 좀 받아봐라."

친척어른의 말에 그는 가슴이 두근거려 혼났다. 처음보는 기계를 어떻게 다룰지 몰랐기 때문이었다.

'혹시 실수라도 하면 어쩌나.'

부들부들 떨리는 손으로 처음 쥐어본 수화기…. 너무 긴장해서 소리도 제대로 들리지 않았다.

당시만 해도 대학생이라면 선택받은 계층이었다. 학사모에 교복까지 잘 차려입고 거리를 활보하는 대학생들은 뭇 여성들에게 선망의 대상이었다. 하지만 그는 여느 학생들과 달랐다.

대학 4년을 통틀어 술집이라고는 단 한 번도 안 갔고 대학생들이 폼잡고 앉아 고담준론을 풀어헤치던 다방도 가지 않았다.

3학년 때 배재고보에 다니던 고향후배가 찾아와 함께 활동사진이라는 걸 봤는데 그것이 처음이자 마지막이었다.

당시 기원형님 집에서 학교를 다녔던 그가 기원형님에게 "활동사진 보고 왔다"고 자랑하자 기원형님은 "망할 자식…"이라고 야단쳤다. 마음이 여린 그는 그 꾸지람을 듣고는 다시는 영화관 근처를 얼씬거리지 않았다.

2학년 때까지는 축구를 했다. 당시 축구 선수는 선망의 대상이어서 1학년 때 축구부에 들어갔다. 일제의 탄압아래 조선민족이 일본인을 이길 수 있는 분야가 없었다. 일제가 아무리 내선일체를 떠들었지만 조선인이 출세하려면 철저한 친일파가 되어 일본인의 발바닥을 핥아야 했다. 출세에 혈안이 된 친일파들은 일본인보다 더 우리민족을 괴롭혀야 인정받을 수 있었으니 더욱 더 악질 노릇을 해야했다. 하지만 아무리 일제에 빌붙어 성공한다해도 민족적인 차별을 뚫고 고위직에 안착하기는 낙타가 바늘구멍을 통과하는 것과 비슷했다.

하지만 스포츠에서만큼은 달랐다. 이 땅의 젊은이들은 공을 매개로 마음껏 나라잃은 한을 풀었다. 정해진 룰에 따라 경쟁을 벌이는 분야가 스포츠였으니 그 분야만큼은 질 수 없었다.

특히 축구는 내셔널리즘이 가장 극명하게 나타나는 종목으로 우리네 젊은이들의 한풀이 스포츠였다. 축구의 기술이나 정신력 또한 압도적이어서 일본인들은 축구만 하면 꼬리를 내렸다.

맘껏 나라잃은 설움을 풀어버리는 모습…. 강인한 조선민족의 상징이 되었던 스포츠, 특히 일본에 비해 월등 우세했던 축구기술로 일본인들을 유린하는 모습에 조선인들은 대리만족을 느꼈다.

이런 자신감 넘치는 축구부 선배들에 반해 덜컥 축구부에 들어갔다.

하지만 소질은 없었다. 1학년 때는 골대 뒤에서 공만 줍다 말았고 2학년 때 후보선수가 되었으나 정작 경기에는 나가지 못했다.

언젠가 한 번 주전 선배 한 사람이 큰 부상을 당했다. 마침 서울운동장(동대문운동장)에서 연희전문과 연습경기를 벌일 참이었다. 연희전문이라면 사학의 명문으로 특히 스포츠에 관한 한 전통을 자랑하는 대표주자였다.

"장기여(고보때 그렇게 불렸다), 너 한 번 뛰어봐."

2년이 다 되도록 단 한 번도 출전하지 못했던 그는 설렘 반 불안 반으로 밤잠을 이루지 못했다.

그는 라이트 이너로 뛰었다. 라이트 이너는 상대방의 레프트 풀백과 상대해야 했다.

연희전문의 레프트 풀백은 송도고보 선배이면서 조선 투원반 기록까지 갖고 있던 유요한이었다.

"어이 기여, 니가 축구하냐."

유요한씨는 작달막한 키에 몸도 왜소한 그를 보고는 장난을 쳤다.

경기에 들어가니 정말 상대가 안 됐다. 당시에는 한 사람이 여름철에는 축구를 하고 겨울철에는 빙상도 하는, 그야말로 만능 스포츠맨이 많았다. 운동에 소질있는 선수는 보통 2~3종목을 넘나들며 학교의 대표선수로 뽑혔던 시절이었다.

180센티미터에 가까운 거구로 투원반 선수이기도 했던 유요한은 정말 빨랐다. 그와 유요한이 나란히 공을 쫓아가는 모습을 지켜본 동료들은 깔깔 댔다. 경기가 끝나자 한 친구가 그를 보고 놀려댔다.

"어이, 꼭 군함에 보트가 따라가는 것 같더라."

가뜩이나 주눅이 들어있는데 그런 놀림까지 당하니 창피하기만 했다.

사실 그와 축구는 애시당초 어울리지 않았다. 그 사건 이후 축구부를 나왔다.

15살 때 세례를 받고 진정한 크리스천의 길을 걷게 된 그는 YMCA에 나가 한국인 학생들과 교류하면서 신앙을 키웠다.

당시 경성의전에는 한국인 학생이 전체의 1/4 정도였는데 한국인끼리 모일만한 장소는 YMCA밖에 없었다. 당시 연희전문 교수였던 조병옥 박사와 빈링스 목사 등이 나와 민족의식을 고취시키기도 했다.

1926년 어느날, 조박사는 한국학생들을 모아놓고는 "가까운 시일 내에 반드시 민족운동이 일어난다"고 역설한 적이 있었다. 학생들은 울분을 토로하며 민족의 장래를 걱정하고 우리 민족은 절대 그냥 쓰러지지 않는다고 비장한 얼굴로 역설하는 조박사의 말을 듣고 가슴 뭉클한 감동을 느꼈다.

그런데 얼마 후 조박사의 말대로 광주학생운동이 일어났다. 비록 일제의 무시무시한 탄압으로 좌절됐지만 매일매일 전해지는 광주의 소식에 일희일비했다.

'YMCA 출입' 외에는 학창시절 내내 공부에만 전념했다. 가정형편이 최악이었지만 아버지는 "무슨 수를 써서라도 대학만은 보낸다"는 우리네 여느 부모님과 똑같았다. 우리네 교육열만큼은 그때나 지금이나 둘째가라면 서러워하지 않던가.

아버지는 없는 돈을 꾸어서라도 매달 30원의 학비를 꼬박꼬박 부쳤다. 그런 부모님을 위해서라도 공부에 심혈을 기울이지 않을 수 없었다.

3학년이 되자 고향에서 보내주는 학비만으로는 견딜 수 없었다. 공부를 위해서는 전문서적도 사봐야 했는데 책값이 만만치 않게 들었기 때문이었다.

그는 기원형님 집으로 옮길 수밖에 없었다. 하숙비라도 절약해야 했다. 대신 기원형님 집에서 장작도 패주고 집안 일도 거들면서 밥값을 했다. 형님 댁에서는 "괜찮다"고 했으나 공짜밥을 먹을 수는 없었다.

어릴 때부터 총명하다는 소리를 들었고 공부까지 열심히 했으므로 성적은 줄곧 상위권을 달렸다.

1학년 때 4등으로 출발해서 2학년 때 3등, 3학년 때 2등으로 학년마다 1등씩 올랐고 4학년 때는 드디어 톱으로 마무리했다. 송도고보를 1등으로 나와 경성의전에서도 수석졸업을 한 것이다.

하지만 그는 훗날 이 대목을 크게 후회했다. 성경공부는 꾸준히 했지만 그외에는 학과공부밖에는 몰랐던 스스로를 '공부벌레'에 불과했다면서…. 사회과학이나 문학서적과 같은 교양서적을 읽지 않아 종합적인 인간으로서 실력이 없는 공부기계에 불과했다는 것이다.

그러나 의학이라는게 사람의 목숨을 좌우하는 분야로 어디 한눈을 팔아가며 공부할 여력은 없는 것. 요즘도 6년을 꼬박 공부해야 될 정도로 공부하기 어려운 게 의학이니 다른 데 관심을 쏟을 여유는 없었을 것이다.

5. 운명의 여인 만나다

　졸업이 다가왔으므로 이제 전공을 선택해야 했다. 졸업 후에는 조수로 부속병원에 남기로 작정하고 처음에는 안과를 지망했다.
　"자네가 안과를 지망하다니…. 우리로서는 뜻밖이야. 어쨌거나 고마워. 자네처럼 공부 잘하는 사람이 안과를 온다고 하니까…. 하지만 왜 하필이면 안관가. 왜 조그만 곳을 택하는 거야. 아마 자네가 후회하게 될테니 잘 생각해보라구."
　안과교실의 사다케 교수는 부정적이었다. 그때만 해도 공부를 잘하는 의학도가 0순위로 안과를 치지 않았기 때문에 그가 비록 온다하더라도 금방 마음을 바꿀 것이라고 여겼기 때문이었다.
　정말 그랬다. 그는 얼마 후 내과로 방향을 돌렸다가 다시 최종적으로는 외과로 전공을 정했다.
　성적이 월등했던 그는 사실 어느 과목에서도 대환영이었다. 내과의 경우는 나리타 교수가 특히 그에게 좋은 인상을 갖고 있었다.
　당시 독일의 '클렙페레러 진단학'이라는 의학서적이 있었는데 그 책에 새로운 술어들이 있었다. 이를테면 체표면의 부위를 지적하는 선을 말할 때 종래의 '마밀라르 리니에'(乳線)는 그것이 이동을 하니까 '메디오클라리쿨라르 리니에'(鎖骨中央線)이라고 부르는게 타당하다는 등이었다.
　나리타 교수가 그 명칭과 관련된 질문을 했을 때 마침 그 책을 보고 있던 그가 명확하고 자세하게 대답했다. 이것을 계기로 나리타 교수가 그를 애제자로 키울 생각도 갖고 있었다.

하지만 결국 그는 백인제 교수의 외과를 택했다. 백교수는 당대 조선의 최고 외과의사여서 그로서는 존경의 대상이었다. 3.1운동 때 만세를 부르다가 투옥돼 갖은 고문을 당하기도 한 백교수는 장기려 박사가 평생을 두고 잊지못한 인물이었다.

곧 장인이 될 김하식씨도 '외과'를 권유했다. 장인은 내과의사였다.

"백교수 밑에서 제대로 수련을 쌓고 자네랑 나랑 같이 개업하세."

그는 1932년 3월 20일 졸업했는데 졸업직전에 약혼하고 한 달 후인 4월 9일 식을 올렸다.

사실 졸업이 다가오자 혼담이 더러 있었다. 조혼습성이 남아있던 당시만 해도 우리 나이로 22살이 된 그는 이미 노총각 소리를 듣고 있었다. 친구들 가운데는 벌써 애를 둘이나 셋을 두고 있을 정도였다.

공부에만 온 신경을 쓰고 있던 그에게 결혼이란 다른 나라얘기로 들렸지만 부모님이나 주위 어른들은 "빨리 결혼하라"고 아우성이었다.

어느날 기원형님은 최이순이라는 여성이 어떠냐고 떠보았다. 최이순이라는 여성은 당시 젊은 남성들 사이에서 미모와 실력을 갖춘 당대최고의 재원으로 꼽히고 있었다.

"야. 한 번 도전해봐라. 너처럼 머리좋은 남자라면 좋아할 지도 모르잖아."

사실 뭇 남성들의 시선을 한 몸에 받고 있는 여성이 색시라면 얼마나 좋을까. 하지만 대시할 용기가 나지 않았다. 집안이 영락해있었던 데다 외모 또한 자신이 없었다. 내세울 것이라고는 학교성적 뿐이었으므로 자신이 서지 않았다.

차일피일 미루고 있는데 어느 날 대학 동기동창인 백기호가 찾아와 "맞선 한 번 보라"고 잡아끌었다. 백기호는 훗날 5.16쿠데타와 함께 군사혁명위원회 의장이 된 장도영 중장의 장인이 된 사람이다.

그가 여태껏 장가도 못가고 공부만 해온 쑥맥 친구가 불쌍해보인다면서 맞선을 주선한 것이었다.

"야. 장가가야지. 좋은 여자가 바로 가까이에 있다는 걸 내가 왜 몰랐는지 몰라. 너 김하식 선배님 알지. 그 분 따님이 서울에 왔다고 하는데…. 너무너무 좋은 여자라는 거야. 그리고 선배님을 보면 알잖아. 좋은 집안에서 교육받았으니 얼마나 조신하겠어."

그 여성은 평양서문고녀를 나와 피아노를 전공했고 유학을 준비하고 있었다. 아버지 김하식씨는 평북 영변 개천 근방 사람으로 신의주에서 개업하고 있다가 당시 성대(城大)에서 약리학을 가르치고 있던 스기하라 교수의 지도를 받으며 학위공부를 하고 있었다.

친구의 호들갑 속에 얼떨결에 난생처음 다방이라는 델 가서 문제의 여자를 만났다.

하지만 부끄러워 어쩔줄 모르고 고개를 푹 숙인 채 의자에 앉은 여자를 힐끔 훔쳐보고는 실망하고 말았다.

그때까지만 해도 여자는 최이순처럼 미모와 실력을 겸비한 문자그대로 천하일색이어야 한다고 생각하고 있었는데 막상 맞선자리에 나온 여성은 평범하고 수수한 보통의 처녀에 불과했다.

가냘프고 작은 몸매…. 용모는 그렇다치지만 저 몸으로 아기를 어떻게 낳고 또 시부모를 어떻게 모실까.

맞선을 대충 끝내고 집에 돌아오자 친구가 궁금해서 죽겠다는 듯 꼬치꼬치 묻느라 정신이 없었다.

"기려야. 어땠어. 괜찮았어. 그만하면 좋지?"

폭포처럼 떠드는 친구를 향해 차마 "마음에 안 들었다"고 말할 용기가 나지 않았다. 또 원체 다른 사람을 놓고 얘기할 때 절대 나쁘게 평한 적이 없던 그는 어정쩡하게 '노'의 뜻을 나타냈다.

"뭘 어때. 그냥 그렇지 뭐."

하지만 친구는 그 말의 뜻을 승낙으로 알아들었는지 아니면 쑥맥 친구가 지금이 아니면 영원히 결혼하지 못할 것이라고 보았는지 끈질기게 찾아와 "빨리 날짜를 잡으라"고 성화를 부렸다.
 "기려야, 내가 알아봤는데 그쪽에서는 마음에 든다고 하더라. 그 여자 정말 괜찮다더라. 장인자리를 보면 잘 알잖아. 시간 끌지 말고 빨리 편지보내."
 친구는 편지지와 봉투까지 사다가 안기며 "빨리 구혼하라"고 닥달을 했다.
 "원 그 놈 참…."
 견디다못한 그는 결국 구혼의 편지를 쓰고야 말았다. 곰곰히 생각해보면 여자라는게 얼굴로만 살 것도 아니지 않는가. 결국은 부모님 잘 모시고 집안을 알차게 끌어가는 게 가장 중요한 덕목이었다. 그는 친구에게 떠밀려 구혼편지를 썼으나 편지에 3가지 조건만은 달아놓았다.
 첫째가 예수님을 믿고 예수의 길을 따라야 하며 둘째는 부모님을 잘 섬겨야 하고 셋째는 공부하는 동안 생활비를 대지 못해도 살림을 꾸려야 한다는 조건이었다.
 사실 마음에 확 끌리는 상대는 아니었으므로 그같은 조건까지 내걸 수 있었던 것이다. 특히 세 번째 조건은 당분간 가장의 구실을 못하니 당신이 알아서 살림하라는 소리였으므로 어찌보면 무리한 요구였다. 안 받아들이면 그만이라는 생각이었다.
 며칠 뒤 온 답장은 "무조건 승낙"이었다. 처가 쪽에서도 비록 집안에 돈은 없지만 똑똑하고 신실한 남자라는 걸 알고 승낙해버린 것이었다. 장인 역시 의사였으므로 공부를 계속하겠다는 사위의 청을 어떻게든 들어주고 싶었다.
 구혼편지와 승낙답장을 주고받으면서 혼사가 무르익어 서둘러 약혼식과 결혼식을 올렸다.

 장인 김하식씨는 그가 결혼한지 얼마 후 박사학위를 땄다. 그때만해도 한국인 의학박사는 4~5명밖에 되지 않았으니 장인도 대단한 분은 대단한 분이었다.

결혼을 했으나 근근히 살림을 꾸려나갈 정도로 궁색했다. 아버지는 아들이 졸업과 함께 결혼식을 올리자 김포에 남아있던 임야 3만여평을 팔아쓰라고 하셨다.

임야는 평당 2전5리였다. 780원을 받았으나 그걸 다 쓸 입장은 아니었다.

가뜩이나 어려운 아버지 형편을 고려하지 않을 수 없었다. 아버지에게 600원을 드리고 나머지 180원만을 챙겼다.

30원으로는 양복을 맞춰 입었고 나머지를 가지고 이것저것 필요한 것을 마련하니까 금방 돈이 없어졌다.

백인제 교수의 조수가 되었으나 조수의 초봉은 불과 10원이었다. 각오는 했으나 첫 월급봉투를 받고서는 한숨만 나왔다. 몇 달 뒤가 돼서야 40원으로 올랐는데 그 40원은 강사가 될 때까지 변동이 없었다.

강사가 된 게 6년 뒤인 1938년이었으니 근 6년 동안 매달 40원으로 생활을 꾸려가야 했다. 강사가 되어서는 월급이 80원이 되고 반년마다 15원씩 올랐다. 조교나 시간강사는 예나 지금이나 춥고 배고픈 것이다.

장인이 학위를 받고 다시 지방에 내려가 개업할 때까지 그는 처가살이로 생활비를 절약해야 했다. 그래도 매달 10원씩은 고향의 부모님에게 꼬박꼬박 부쳐 드렸다.

부모님을 모시지 못한 게 죄송스러웠고 아무리 박봉이지만 아들노릇은 해야 했다.

장인이 개업을 하게 되면서 그는 고향의 어른들을 모시기로 했다. 어른들은 용천의 2층 기와집을 처분하고 곧바로 올라오셨다. 형편은 어렵지만 자식으로서 부모님을 모실 수 있다는 게 좋았다. 처가살이할 때보다 더 힘들었지만 마음만은 편했다. 그때만 해도 처가살이를 한다하면 왠지 덜떨어진 사람으로 치부되었으니 당연했다.

얼마 안 되는 푼 돈이지만 월급을 타면 봉투째 아버님께 드렸다. 할 수 없었다. 부모님에 대한 당연한 예우이기도 했지만 어차피 모자란 생활비였기에 아내가 감당할 수는 없었다.

콩나물을 5전어치씩 사는 시절이었으며 한 달에 외상 반찬값이 12~13원이나 되었으니 어려운 사정이야 이루 말할 수 없었다.

시아버지에게 끼니마다 손을 벌려야 하는 아내는 별 불평없이 가정을 화목하게 꾸려나갔다.

문제는 시어머니였다. 어머니의 성격은 좀 히스테리컬했다. 우리네 시어머니가 대충 그러했듯이 며느리가 하는 일을 늘 못마땅하게 여기셨다. 어머니는 어릴 적부터 엄하게 키웠고 온갖 어려움 속에서도 자식을 의사로 만들어 놓았으니 그 위세가 대단했다.

천금같은 아들을 젊은 여자에게 빼앗겼다는 느낌이 들어 며느리를 닦달했을 것이다. 어머니 스스로가 골라준 며느리가 아니고 아들이 혼자 맞선을 봐서 결정한 며느리였기에 곱게 보일 리 없었을 것이다.

생활고에 시달린데다가 시어머니의 짜증을 온몸으로 감내해야 했던 아내였지만 그가 퇴근해서 들어올 때는 늘 웃음으로 맞아주었다.

가끔씩은 고부간의 갈등이 드러나는 적도 있었다. 그럴 때면 누구 편을 들 수 없는 난처한 입장에 빠질 수밖에 없었다. 그럴 때마다 재판관처럼 누가 옳다고 판정할 수도 없고 가만있자니 그 갈등의 골은 더욱 깊어질 수밖에 없는 일.

묘안을 찾던 그는 기막힌 방법을 찾아냈다.

'할 수 없다. 하나님께 의지할 수밖에.'

고부간 힘겨루기가 시작되면 그는 점심도 저녁도 먹지 않았다. 몇 시간이고 방안에 틀어박혀 기도를 올렸다. 아들이자 남편이 점심 저녁을 거르며 기도를 드리는 데야 견딜 재간은 없었다.

고부간의 갈등은 그의 간절한 기도와 함께 슬슬 사라지고 말았다.

6. 백인제 선생과 만남

　두 번씩이나 마음을 바꾼 끝에 백인제 교수 휘하에 들어간 것은 정말 하나님의 역사였다. 당대 최고의 외과의사 밑에서 수련을 받았다는 건 평생의 자랑이었다. 외과의로도 명성을 떨쳤을 뿐 아니라 민족정신이 투철한 분이었고 장안의 명필로도 이름을 날린 분이었다.
　수술은 물론 백교수를 따를 사람이 없었다. 다른 대학 교수의 교실 출신인 모씨가 맹장수술을 집도하다가 환자가 복막염을 일으켜 백교수의 도움을 받으러 온 적이 있었다.
　백교수는 여유있게 수술을 마친 뒤 "역시 백교수님"이라는 찬사를 듣자 자신있는 입담을 늘어놓았다.
　"이 사람들아. 100예를 수술한 사람과 1,000예를 수술한 사람이 같을 수 있나?"
　실패담을 하든 성공담을 자랑삼아 얘기하든 구수한 입담은 듣기에도 편하고 시원했다.
　"학교다닐 때 실습을 나가면 내 진단이 이와이 교수님(백교수의 스승)과 똑같았어. 그런데 자네들은 뭐야. 자네들은 아직 멀었어."
　백교수는 3.1운동 때 만세운동에 나섰다가 붙잡혀 온갖 고초를 겪기도 했다.
　"10개월이나 고문받고 감옥에 있다가 풀려나니까 이 땅이 정말 싫어지더군. 그래서 상해로 가려고 했지. 정주(고향)를 떠나서 양시에 있는 친구집을 찾아나서는데 배가 너무 고프더라구. 그래서 길가에 있는 주막에서 주발뚜껑으로 소주를 두 잔 먹고 신작로를 걸었더니 길이 좁아 못걷겠더라구."

백교수는 1936년부터 2년간 독일유학을 마치고 돌아온 뒤 독일에서 느꼈던 소감을 묶어 기행문을 써서 동아일보에 기고했는데 그 기행문이 장안의 화제가 될 정도로 필력 또한 일품이었다.

백교수와의 사연은 너무도 많다. 그가 스승에 대한 추억이 얼마나 애틋했는지 기회있을 때마다 스승과 관련된 일화를 떠올렸으니까.

경성의전 조수시절이던 1935년 그는 평생 처음으로 사람을 때린 일이 있었다. 외과조수로 남은지 4년째 되던 해였다. 하루는 후배 조수들과 축구를 하고 돌아와 실컷 떠들며 의무실로 돌아와 소독해놓은 거즈로 코를 풀었다. 이를 본 하노라는 30대 주임간호원이 "마아 이야라시이와네, 센세이(아이 난 싫어요, 선생님)"하면서 얼굴을 찡그렸다.

이 말은 들은 그는 마치 "조선사람은 저렇게 야만스럽다"고 하는 것 같았다. 사실은 거즈로 코를 푸는 건 잘못된 행동이었는데도 괜히 그런 생각이 드는 건 어쩔 수 없었다.

'왜놈들. 한 번 걸리면 가만두나 봐라.'

마음속에 벼르고 있던 그에게 다른 간호원이 걸려들었다. 예쁘장한 일본 간호원이 언짢은 표정으로 베드의 레저깔개를 접어 찢어진 곳을 꿰매고 있다가 그가 펴놓자 다시 개켜버렸다.

'잘 걸렸다.'

그는 "선생을 뭘로 보느냐"면서 간호원의 따귀를 힘껏 때리고 말았다. 그리고는 문제의 하노 주임간호원에게 가서 "당신은 어떻게 간호원들 교육을 시켰길래 의사가 환자를 보기 위해 깔개를 펴는데 간호원이 개켜버리느냐"고 면박을 줄 참이었다.

하지만 그 간호원이 흐느끼면서 얼굴을 감싸고 주저앉는 모습을 보자 금세 후회하고 말았다.

'이게 무슨 짓인가. 저 간호원이 무슨 엄청난 잘못을 했길래 때렸

나.'

평정을 잃은 그는 백인제 교수에게 달려가 자초지종을 풀어놓고는 사표를 제출하겠다고 말했다.

"자네답지 않은 짓을 저질렀군. 다음부터는 조심하게. 그 간호원에게 가서 사과하게. 사람이 살다보면 감정이 치우칠 때가 있어. 자네같은 사람도 그런 실수를 저지를 수 있단 말이네."

백교수는 그를 꾸짖지 않고 도리어 위로를 해주었다. 백교수의 다정다감한 위로에 그는 간신히 평정심을 되찾았다. 그에게 뺨을 맞은 문제의 간호원은 다음날 입원했다. 장티푸스였는데 깔개를 꿰매고 있었을 때에는 이미 병세가 악화된 상태였고 그 때문에 언짢은 표정을 짓고 있었던 것이다. 그 간호원에게 사과를 했지만 1주일만에 죽고 말았다.

"장군, 너무 괴로워하지 말게. 의사로서 큰 공부한 셈 치세. 평생 이 일을 교훈으로 삼아야 되네." 백교수는 괴로워 어쩔줄 모르는 그에게 다가가 어깨를 토닥거리면서 위로해주었다. 죄책감에 빠져 헤어나지 못했던 그는 그날 밤 하나님께 기도를 드렸다.

어느 누가 무슨 짓을 한다해도 절대 원한을 품지 않겠다고 하나님께 서약했다.

어느날 백교수의 막역한 친구인 유일준 교수가 돌아가시자 스승은 몹시 외로워하셨다. 경성의전에는 백교수와 유교수 등 한국인 교수가 두 분만 계셨는데 유일한 벗인 유교수가 한강에서 수영을 하다가 심장마비로 돌아가신 것이었다.

백교수는 인생의 무상함을 느꼈는지 그를 애써 데리고 다방같은 데 데려가 시간을 보내곤 했다. 따지고 보면 의학밖에는 모르는 무미건조한 제자를 데리고 다닐 정도로 친구의 죽음을 비통해했다. 그가 평생 다방이라는델 한 20번 정도 갔는데 이 때 집중적으로 백교수를 따라 간 것이다.

그러나 백교수를 그렇게 존경했지만 스승의 뜻과 업적을 잇지 못한 것에 대해 평생을 두고 가슴아파했고 죄책감을 느꼈다.

우선 무엇보다도 스승의 뛰어난 업적을 사장시켜버린 걸 평생의 한으로 간직했다. 대한외과협회 평생회원인 정원석의 회고는 장기려 박사의 한이 얼마나 컸는지를 단적으로 말해준다.

장박사는 "훌륭한 스승을 두고도 제자가 못나서 업적을 발전시키지 못했다"고 한탄했다.

스승이 뛰어난 두뇌를 가졌을 뿐 아니라 의학자로서도 세계적인 업적을 남겼으나 제자들이 어리석어 그 명예를 미국의 왕게스틴 교수에게 빼앗겼다는 것이다.

"정말 통탄할 일이지요. 우리가 영어실력이 부족하고 세계의학계 정보가 어두워 그만…."

사연을 짚어보면 정말 아까운 일이었다. 제2차 대전을 계기로 의학계는 장족의 발전을 거듭한다.

정원석에 따르면 특히 외과부문에서는 두 가지 세계적인 연구가 있었다. 하나는 비경구액 수액(링거주사)이 가능해진 것이었다.

이전에는 수액공급방법이란 주사액을 강제로 대퇴부 피하에 주입하고 퉁퉁 부어오른 다리를 하루종일 찜질하고 주물러주는 것이었다. 실효는 있었지만 무척 아팠고 공급하는 양이 제한되어 있었다.

그런데 비경구액 수액이 가능해지자 그동안 미미했던 수혈이 활발해졌다. 그러나 치명적인 약점은 수혈로 인한 사망사고가 빈발한다는 것이었다. 이때 수혈 직전에 혈액간 교차검사를 실시하면 다른 형 혈액의 수혈을 미연에 방지하여 수혈사고를 막을 수 있었다.

백인제 교수는 혈액연구에 혁혁한 업적을 남긴 사람인데 마침 수혈 전 검사에 남다른 관심이 있어 연구중이었는데 6.25가 일어나 납북되었고 연구 또한 중단되었다. 그것이 제자로서 부끄러운 일이었다.

또 하나는 이른바 '내장외과(內腸外科) 발전의 기초적인 10대 기여' 중 하나로 꼽히는 연구를 세계최초로 보고했는데도 이를 왕게스틴에게 넘겨주었다는 것이다. 1935~1936년 무렵, 의학계에서는 장폐색증 연구가 붐을 이루고 있었다. 장폐색증이나 또는 수술 후 특히 복부수술 후에 수동운동이 정지된 상태가 될 때 위액 등 소화액의 과다 분비로 위장관 내압이 상승하여 생명이 위협받는 경우가 있는데 이에 대한 연구가 활발하게 벌어지고 있었던 것이다.

성대(城大) 오가와 교실팀은 "장폐색증으로 사람이 죽는 원인은 하부장관(下部腸管)에 독소가 발생, 인체에 대량으로 흡수되기 때문"이라는 주장을 하고 있었다. 반면 동경대학에서는 '상부장관(上部腸管) 독소발생설'을 주장하고 있었는데 어느 한 쪽도 이렇다 할만한 치료 방법이나 치료성공사례를 보고하지 못하고 있었다.

그런데 백교수가 지도하는 경성의전 팀(장기려, 이재복, 김희규)은 상부장관을 복벽(腹壁)에 유착시켜 장루(腸瘻)를 형성시켜줌으로써 장관을 감압시켜 폐색된 부분을 통하게 한 성공사례를 7사례나 보고한 것이었다. 즉 가느다란 고무관을 입이나 코를 통해 위 내에 삽입시켜 트림을 시키는 방법이 고안됨으로써 위기에 처한 인명을 구한 것이었다.

백인제 교수가 착안한 이 삽관을 통한 감압법은 사실 엄청난 업적이었다. 하지만 백교수가 보고한 지 3년이나 지난 후에 당시 악스너 교수와 함께 미국의 2대 의학교수로 평가받던 왕게스틴 교수(미네소타 대)가 위 안에 고무관을 넣어 장관을 감압시켜줌으로써 다시 장관을 개통시킬 수 있다는 보고를 했다.

3년 전에 백교수가 성공사례를 보고한 것과 같은 원리였다. 이 보고가 앞서 말했듯 '내장외과발전의 기초적인 10대 기여 중 하나'로 꼽히고 있으니 정말 기막힌 일이었다.

스승의 뜻을 받들지 못한 사례는 또 있었다.

"장군, 학교에 남아야지. 내 연구를 도와야 하지 않겠나."

백교수는 성실하고 두뇌가 뛰어난 그를 후계자로 생각하고 계셨다.

1940년 학위 획득이 내정되었지만 백교수는 당연히 그가 학교에 남아 스승의 일을 거들 줄 알았다.

그러나 그는 매정하게 돌아섰다. 당시 그의 나이는 서른 살이었다.

'나이 서른이면 삼십이립(三十而立)이라고 했는데 내 갈 길을 가야지.'

의과대 시험을 볼 때 뭐라고 기도했는가. 의사가 되면 의사 한 번 만나지 못하고 죽어가는 가난한 사람들을 위해 평생을 바치겠다고 하나님께 약속했지 않았는가.

스승의 말을 거역할 수도 없었지만 하나님께 서약한 걸 저버릴 수는 없었다.

"선생님, 서울은 싫습니다. 이제 시골로 내려가 가난한 환자들을 돌보겠습니다. 이건 하나님께 약속드린 겁니다."

백교수도 제자의 간절한 뜻을 꺾을 수 없었다. 그래도 스승은 아끼던 제자를 너무 사랑한 나머지 고등관인 대전도립병원 외과과장 자리를 마련해주었다. 하지만 그때도 대답은 '노'였다.

"선생님, 전 일본인 사이에서 일하기 싫습니다. 교수님께서 일본인 틈에서 고군분투하고 있는 걸 지켜봤는데 얼마나 외로우십니까. 저는 조선인이 많은 데서 마음껏 환자들을 돌보며 살겠습니다."

결국 그는 스승의 뜻을 저버리고 평양 기홀병원으로 갔다.

"장기려 그 녀석은 고약한 녀석이야."

백교수는 자신이 그토록 사랑했던 제자가 끝내 평양으로 떠나자 서운한 마음을 쉽게 털어내지 못했다는 후문이다. 가뜩이나 외로운 판에 애제자가 자신의 품을 떠났으니 얼마나 허전했을까.

그런데도 막상 그가 평양기홀병원에 부임하자 동아일보에 '입지전중(立志傳中)의 인물'이라는 기고까지 해서 그를 '초지(初志)를 잃지 않은 사람'으로 칭찬해주었다.

과연 참스승의 면모를 보여준 것이다. 처음 세운 뜻을 끝내 잊지 않은 그의 마음을 이해해준 것이었다. 평양에 있을 때도 한 번 더 스승의 사랑을 배반한 적이 있었다. 스승의 생전에 제자들이 다 모인 자리가 있었는데 그는 '환자를 돌보는 게 참된 제자의 도리'라는 알량한 마음으로 불참했다.

그랬는데도 백교수는 "그 친구 좀 묘한 구석이 있는 녀석이야" 하고 껄껄 웃으셨다는 후문이다.

"하긴 녀석이 올 수가 없었겠지. 돌봐야 할 환자들도 많은데 기차 타고 뭐하고 하면 하루 이틀은 금방 가니까…."

괘씸하게 생각할 수도 있었는데 스승은 제자의 참 뜻을 알아준 것이었다. 훗날 해방 후 백교수는 장박사가 반드시 남하할 줄 알고 서울 의대교수 자리를 차지한 채 기다리고 있었다. 그 자리를 그토록 사랑했던 제자에게 물려주는게 소원이었던 것이다.

"그 녀석이 와야 하는데. 기려에게 물려줄 자린데…" 하며 손꼽아 그를 기다렸다는 것이다.

하지만 전쟁이 나자 스승은 그만 납북되어 버렸다. 그렇게 아꼈던 제자는 내려왔는데 그 제자를 평생 기다리던 스승은 다시는 돌아올 수 없는 곳으로 떠나버리고 말았다.

7. 춘원의 『사랑』 모델

경성의전 부속병원시절이던 1935년 무렵 백교수는 '충수염 및 충수염성 복막염의 세균학적 연구'라는 테마를 그에게 주었다. 270사례의 세균을 배양해서 실시한 실험은 1936년에 끝났고 그 후에는 '알레르기성 위궤양에 관한 연구'를 하고 있던 후배 김희규의 연구를 도왔다.

춘원 이광수가 경의전 부속병원에 입원한게 바로 그 무렵이었다. 춘원은 이미 1927~1928년쯤 신장결핵으로 백교수의 수술을 받은 적이 있었는데 이 때는 척추결핵으로 반년쯤 입원해 있었다.

바로 이 인연 때문에 훗날 춘원의 『사랑』이 바로 장기려 박사를 모델로 한 것이라는 말이 널리 퍼지게 되었다. 장박사는 뒤에 『사랑』의 주인공 안빈(安賓)의 모델이 바로 장기려 박사라는 소문에 '와전된 것'이라고 술회했다.

소설 『사랑』은 춘원이 1937년 6월 수양회 사건으로 구속되어 반년간 감옥생활을 한 뒤 병보석으로 출감, 경성의전에 입원해 있던 도중, 작품을 구상한 뒤 자하문 밖 산장으로 나와 1938년 4월에서 1939년 4월까지 완성한 전작소설이다.

그는 지난 1990년 8월 11일 경향신문과의 인터뷰에서 '안빈 모델설'에 대해 해명했다.

"이 이야기가 왜 나왔는가 하면 1970년 김희규 박사의 고희 때 여러 사람이 있는데서 전종휘 박사가 김박사가 바로 춘원소설의 모델이란 애길 꺼냈어요. 김박사가 당시 개 위장절제 실험을 하고 있었거든. 그런데 그 얘기가 돌고돌아 얘기가 나한테까지 미쳐서 그런 모양이요. 한 작가가 이상적인 의사상을 그린게 뭐 그리 대단한 얘기거리람. 다만 그때 춘원이 나쁜 호르몬, 좋은 호르몬 얘길 꺼내고 거기다 자기가 이름을 붙이고 했던건 사실이요."

안빈 모델설을 부정하고 있었던 것이다. 하지만 1973년 11월 9일자 부산일보 기사는 '안빈의 모델은 장기려 박사가 틀림없다.'는 사실을 알려주고 있다.

"카톨릭의대 김희규 박사의 고희연에는 의료계 인사 70여 명이 참석했다. 친구인 장기려 박사도 그 축하객의 한 사람이었다. 이 자리에서 장박사의 3년 후배인 카톨릭의대 전종휘 박사가 소설 『사랑』속의 안빈은 바로 장기려 박사라고 발설했다. 그때 같이 의국(醫局)생활을 한 김희규 박사와 서울의대 해부학 교수인 나세진 박사도 이 사실을 시인했다고 한다."

사실 장박사가 바로 그 '안빈'이었냐는 건 춘원이 직접 진술하지 않았기에 뭐라 말할 수는 없다. 다만 『사랑』속의 안빈은 실제 장기려 박사와 너무도 닮은 점이 많다는 점을 주목해야 한다. 전종휘 박사나 나세진 박사는 "장박사는 성인" "돈을 모르고 진실만으로 사는 사람"으로 평했고 김희규 박사 또한 "무저항주의자로서 온갖 시련을 조용히 참는 사람"으로 칭찬했다.

"완전히 '나를 위하여' 라는 욕심을 버리고 오직 '그를 위하여' 사랑할 때 그것이 자비심의 황금색을 띤 '사랑'"이라고 한 춘원은 장기려 박사에게서 바로 그 사랑의 본 모습을 보았을 것이다.

장박사는 환자를 돌보기 전에는 늘 기도를 드렸다. 자신으로 하여금 환자에게 최선을 다할 수 있도록 온갖 은혜를 베풀어 달라는 기도였다. 아플 때나 괴로울 때나 또한 환자의 신분이 높거나 낮거나 가리지 않고 웃으며 치료해주는 장박사를 보고 '안빈'을 생각했을 것이다.

치료비가 없는 환자들에게 돈을 털어 대주는 장박사의 모습도 춘원은 보았을 것이다. 춘원이 말한 '중생중의 중생' '중생중의 나'가 바로 장박사일 가능성이 많다.

춘원은 당시 장박사에게 "내가 구상중인 소설에 인간 감정의 교차를 실험하는 결과를 쓰고자 하는데 가능한가" "내 소설의 주인공을 찾고 있다"고 넌즈시 묻는 등 이미 『사랑』의 집필을 염두에 두고 그를 세심히 관찰했음은 분명하다.

춘원이 입원하고 있었을 때 그는 김희규 박사의 연구를 도와 개를 대상으로 위와 알레르기에 대한 동물실험을 하고 있었다. 소설 『사랑』속 안빈도 개, 토끼, 고양이를 대상으로 해서 공포의 감정실험으로 이른바 '안피노톡신 제1호'를 발견했다는 구절 등 장박사의 당시 모습과 유사한 부분이 너무 많다.

춘원의 말처럼 『사랑』이 춘원의 인생관을 솔직하게 고백한 예술작품이라고 하지만 장박사의 삶에서 이상적인 인간상을 찾았을 것이라는 게 당시 장박사와 함께 일했던 김희규 박사 등의 한결같은 고백이다.

춘원은 언젠가 언제 어느 순간에도 웃음을 잃지 않고 환자들을 돌보는 장박사를 보고는 감탄에 가까운 한마디를 던졌다.

"장군, 장군은 성인이야 아니면 바보야."

춘원은 당시 서춘(徐椿), 김억(金億) 등과 함께 '정주(定州)출신 3재사'로 이름을 날렸다. 이 3재사의 등급을 매기는 일화가 있다. 이 세 사람이 주역(周易)을 외기 시합을 벌였는데 이광수는 한 번 읽고 외었고 서춘은 세 번 읽고도 못 외었고 김억은 처음부터 "난 못외워" 하고 포기했다는 것이다.

장박사가 춘원을 알게 된 것은 정확한 연대는 기억하진 못했으나 경성의전 학생시절부터였다고 한다. 스승 백인제 교수도 역시 평북 정주 출신이어서 백교수를 통해 알게 된 사이였다.

장박사는 생전에 "같은 정주출신인 백인제 교수가 왜 '정주 3재사'에 들지 않았는지 모르겠다"고 의문을 가졌다. 하지만 당시의 풍토에서는 당연했다. 앞에서 거론된 3재사는 모두 문필가들이었고 당시만 해도 문필가들을 최고의 지성인으로 쳤기 때문에 그랬을 것이다.

아무튼 백교수와 춘원은 같은 오산고 출신이었고 춘원이 3년 선배였으나 백교수의 스승이었다.

나이차이가 얼마나지 않은 사제사이였으므로 둘은 친구처럼 지냈다. 자연히 그는 백교수를 따라 춘원의 집으로 놀러가는 경우가 많았다.

또한 도산(島山) 안창호(安昌浩) 선생의 양아들이자 춘원의 친구인 유상규가 경성의전 재학 중에 학생운동으로 망명한 뒤 돌아와 학업을 계속할 때 장박사와 같은 반 친구가 되어 그 인연으로 더욱 가깝게 지냈다.

춘원과 유상규씨, 그리고 장박사는 모두 당시 명륜동 한동네에 살고 있었고 춘원은 장박사의 일거수일투족을 관찰할 수 있었다. 사실은 병원에 입원했을 때 춘원의 나이는 46살이었고 장박사는 불과 26살이었으므로 당시로 봐서는 아버지와 아들 뻘이었다.

춘원은 작은 체구였던 장박사와 술판을 벌일 때마다 곧잘 농을 걸었다.

"장군은 모든 게 작아서 오단(五短)일 거야. 발, 손, 키, 몸, 그리고 XX도…."

이럴 때면 술을 한모금도 못먹는 그는 마치 만취한 사람처럼 얼굴이 홍당무가 되곤 했다.

비록 20년의 세대차가 나는 사이였지만 둘은 기독교와 불교, 그리고 의학에 대해 토론을 벌였다. 기독교와 의학은 장박사의 '전공'이었고 이광수 역시 불교를 포함한 다방면에 박식해서 토론은 새벽이 될 때까지 계속되었다.

병원에 입원하고 있던 어느 날 춘원은 회진 온 장박사에게 톨스토

이의 『이완의 바보』를 읽어보라고 권했다. 그리고는 며칠 뒤 읽은 소감을 물어보았다.

"어때. 독후감을 한 번 말해보지."

"예. 참으로 진실한 인간입니다."

그러자 춘원은 의미심장한 웃음을 띠며 장박사를 칭찬했다.

"역시 자네는 내가 생각했던 진실하고 성실한 사람이야. 바로 그 사람이야."

그러더니 눈을 감고 사색에 빠지더라는 것이다.

장박사는 춘원의 웃음과 사색이 무엇을 뜻하는지 짐작하지 못했다. 그때가 춘원이 『사랑』을 구상하던 때였다는 걸 알 리 없었다.

춘원은 1932년 장남 봉근을 복막염으로 잃고는 큰 충격에 빠졌다고 한다. 그걸 염두에 둔 듯 장박사에게 "누군가 복막염에 대해 연구해야 돼…" 하고 중얼거리기도 했다. 바로 『사랑』의 안빈 장남도 복막염으로 사망한다.

그걸 알아차렸는지 몇 년 뒤 장박사가 '충수염 및 충수염성 복막염 연구'로 박사학위를 받았으니 인연치곤 기묘한 인연이었다.

춘원은 그를 만날 때마다 '사랑하는 형제자매 / 모든 사람 내 몸같이…' (찬송가 '사랑하는 주님 앞에')의 한 구절을 인용해서 장박사를 칭찬하곤 했다.

"자네가 바로 그렇게 사는 어진 사람이야."

장박사는 훗날에도 이 찬송가를 부를 때면 춘원을 떠올리곤 했다.

그는 언젠가 춘원에게 '의사가 병을 고치는 데 세 가지 요긴한 것'이 있다고 했다.

"첫째가 섭심(攝心)입니다. 즉 마음을 가다듬어 흐트러짐이 없게 하는 것입니다. 둘째는 간병, 즉 병구완입니다. 셋째는 의약입니다."

그런데 이 말은 『사랑』에서 안빈의 말을 통해 그대로 묘사되었다.

장박사는 늘 "부부의 참사랑이란 건 육(肉)으로 있을 때 뿐 아니라 떠나있을 때도 영원히 살아있어 이것은 영원한 생명의 사랑"이라고 밝혀왔는데 이 또한 『사랑』의 안빈이 부인과 사별한 뒤 측근의 재혼 권유에도 눈 하나 깜짝 안 하고 거절하는 말 속에 그대로 표현돼 있다.

이는 장박사가 훗날 6.25전쟁통에 생이별을 한 뒤 끝끝내 수절하면서 아내를 기다리며 수없이 해왔던 말 그대로였다.

그의 옛 모습을 본 뒤 훗날 다시 만난 사람들은 "아직도 안빈 같은 생활을 하고 있군요"라고 입을 모았다.

장박사의 회고에 따르면 "마음만 먹으면 춘원은 조금만 공부하면 의사시험에도 합격했을 것"이라고 밝힌 바 있다.

실제로 이광수는 "나도 의사시험을 한 번 쳐볼까" 하고 농담하기도 했다는 것이다.

"그 분 같으면 될 거다."

백교수는 장담했다. 당시에는 학교에서 의학공부를 안 해도 의사시험에만 합격하면 의사가 될 수 있었다.

입원하고 있던 춘원은 내과의사가 모르고 있던 환자의 병명을 정확하게 진단한 적도 있었다. 춘원은 어느 날 어느 환자의 병명에 대해 확실한 진단을 내리지 못한 채 내과에서 붙들고 있는 환자를 물끄러미 바라보더니 한 마디 툭 던졌다.

"저 사람은 맹장염같은데…. 한 번 백선생에게 가보시오."

환자는 긴가민가해서 백인제 교수를 찾아가 진단을 받은 결과 정말로 맹장염이었다. 내과의사는 백교수의 진단이 내려진 뒤에도 고개를 갸우뚱거렸다.

"야, 대단한 분이야. 우연치고는 너무 정확해. 역시 천재는 천재야."

백교수는 한바탕 춘원을 추켜세우고는 특유의 입담으로 고개를 갸우뚱거린 내과의사를 비아냥거렸다.

"장군, 그 내과의사 꼴이 마치 사루마네같더군."

원숭이처럼 흉내만 낸다는 뜻이었는데 고개를 갸우뚱거리는 폼이 꼭 원숭이의 흉내를 내더라는 것이었다.
 하루는 이광수가 장박사를 부르더니 진지하게 물어보았다.
 "이보게. 화를 내거나 그러면 나쁜 호르몬이 나오는 건 아닌가?"
 "글쎄요. 그럴 법도 하지만 아직 그런 연구실적은 보고되지 않았는데요."
 그는 그런 연구보고는 없어도 의학에는 문외한인 춘원이 그렇게 그럴 듯한 얘기를 꺼낸다는 자체가 놀랍고 신기하기만 했다.
 그런데 춘원의 말은 정확했다. 그때만 해도 미국의 캐넌에 의해 부신(副腎)의 수질(髓質) 호르몬 분비는 알려져 있었다. 그 연구는 1924년 보고되었다. 하지만 춘원이 얘기한 피질(皮質) 호르몬 분비는 그로부터 24년 뒤인 1948년이 되어서야 캐나다의 셀리에 의해 증명되었으니 기가 찰 노릇이었다.
 더욱 놀라운 것은 그가 퇴원한 후에 낸 『사랑』에 '아우라몬' 이니 '아모로겐' 이니 하는 용어가 나왔는 점이다. 춘원에 따르면 아우라몬은 자비심의 사랑에서만 나오는 황금소(黃金素)이며, 아모로겐은 육정(肉情)에서 나오는 애욕소(愛慾素)라는 것이었다.
 발상자체가 기막힌 것이었다. 빼어난 불교사상가이기도 했던 춘원은 당시 의학적으로 증명되었건 말았건 지고의 사랑을 설명하기 위해 이같은 '아우라몬'과 '아모로겐'을 창조해낸 것이다.
 하지만 그 천재가 대표적인 친일파로 전락해버린 것은 너무도 안타깝다. 친일파연구 서적인 『친일파2』(학민사)에 따르면 그와 함께 정주 3재사의 한 사람으로 꼽히던 서춘 역시 2.8독립선언에 참여하는 등 초창기에는 독립운동을 주도했으나 일제 말기 친일잡지 「태양」을 창간(1940년)했고 친일 방송선전협의회 강사(1937년), 경성배영(排英)동지회 평의원(1937년), 국민총력조선연맹 참사(1940년) 등 적극적인 친일활동을 펼쳤다.
 김억의 경우도 마찬가지였다. '조선의 서조팔십(西條八十)'으로 일컬어졌던 김억은 중일사변 발발 직후부터 왜정을 찬미하는 글을 남겼

다. '종군간호부의 노래'를 작사했고 '만엽집'을 조선어로 발표하기도 했다.('친일파 죄상기', 학민사)

그러나 이광수의 경우는 도가 심했다. 이는 1919년 3.1운동이 실패로 돌아가자 조선독립은 이제 불가능한 것으로 느꼈던 모양이었다. 이것도 두뇌회전이 너무 빠른 천재의 실족인지도 모른다.

창씨명 '가야마 미쓰로(香山光郎)'가 어쩌면 그의 본모습이었는 지 모른다. 초기에는 2.8독립선언서 기초하는 등 상해에서 나름대로 독립운동을 펼쳤으나 1921년 민족개조론을 발표하면서 슬슬 사이비의 탈을 쓰고 활동했고 급기야는 명실상부한 일제의 주구로 활동하게 된다.

이광수가 경성의전 부속병원에 입원할 무렵이 바로 적극적인 친일 활동으로 돌아서던 때였다. 수양회사건은 이광수의 무죄로 결말지어졌다. 그는 법정에서 눈물을 흘리면서 "나는 천황폐하의 적자입니다"라고 무죄를 애원했다고 한다. 보다못한 일본인 검사가 "이놈아, 네가 어째서 일본 천황폐하의 적자란 말이냐. 러시아사람 앞에서는 공산주의자라고 하겠지. 이놈아, 이때까지 민족주의자로 행세하지 않았느냐. 네가 그렇게 지도한 청년들에 대한 책임을 보더라도 어떻게 뻔뻔스럽게 천황폐하의 적자라고 하느냐"고 윽박질렀다고 한다.

그는 1940년 창씨개명을 한 뒤 그 작명의 변을 다음과 같이 썼다고 한다.

"지금으로부터 2,600년전 신무천황께서 어즉위(御卽位) 하신 곳이 구원이라는 곳인데 이곳에 있는 산이 향구산(香久山)입니다. 뜻깊은 이 산 이름을 따서 향산이라 한 것인데 그 밑에다 광수(光洙)의 광(光)자를 붙이고 수(洙)자는 내지식의 랑(郞)으로 고쳐 이름을 향산광랑(香山光郞)이라고 한 것입니다."

1941년부터는 친일순회강연에 나서고 이듬해 12월에는 최남선 등과 함께 다시 동경으로 날아가 학병권유 연설을 한다. 사람들 가운데는 "당시의 상황으로 보아 이광수의 친일행적은 어쩔 수 없는 게 아니냐"고 동정하는 이도 있을 것이다. 하지만 안중근 의사를 비롯한 수많은 독립투사들의 넋을 생각한다면 이광수의 친일은 도저히 묵과할 수 없는 것이다. 장삼이사(張三李四)가 살기위해 일제의 탄압에서 순응했다면 모르되 당대에 조선민족의 마음을 사로잡은 대표적인 지식인이 적극적인 친일활동에 나서고 민족을 기만한 사실은 묵과할 수 없는 일이다.

장박사가 훗날 자신을 이광수의 소설『사랑』속의 주인공 '안빈'의 모델설을 부정한 것도 말은 안 했지만 이광수의 친일행적과 연관이 있을 지도 모른다.

이는 또 독실한 크리스쳔인 그가 '안빈'으로만 한정되어 표현되는 것 자체가 마땅치 않았을 것이다. 그는 훗날 "춘원이 이상적인 의사상을 그린 것일 뿐"이라면서 "예수님을 본받고 예수님께 인정받으려는 의사가 되려는 내가 그(안빈)보다는 더 나아야 하지 않겠소"하고 반문한 데서도 드러난다. 그러면서 그는 "예수님의 자녀로서 안빈의 이미지에 얽매어 있는 건 불만"이라고 농담을 던졌다.

8. 박사학위 취득과 기홀병원 부임

앞서 밝혔듯 그가 1940년에 박사학위가 내정된 뒤 스승 백인제 교수의 뜻을 저버리고 평양 기홀병원으로 갔다.

학위를 받기 전인 경성의전 조수와 강사시절의 연구로는 '후복막봉과직염'으로 패혈증을 일으켜 사망한 시체를 해부, 8사례를 일본 외과학회지에 보고한 것이었다.

이 보고의 이면에는 춘원과의 친분을 두텁게 해주었던 도산 안창호 선생의 양자인 유상규가 있었다. 경성의전 출신인 유상규는 1933년쯤 상해에서 돌아와 오자와 교실에서 목솔(Moxsol)에 관한 연구를 하고 있었다.

그런데 절친한 친구 유상규는 1937년에 무좀으로 균이 들어가 '후복막봉과직염'으로 그만 '패혈증'을 일으켜 별세하고 말았다. 참으로 어처구니없는 죽음이었다.

이때 그는 슬퍼할 틈도 없이 고인의 유지를 받들어 유상규의 시신을 해부한 게 계기가 되어 그후 7구의 시체를 더 구해서 해부해 보았다.

1932년 백교수가 준 박사학위 테마인 '충수염 및 충수염성 복막염의 세균학적인 연구'는 이미 4년만인 1936년에 270예의 실험이 끝나 있었다. 그때만 해도 맹장염은 위험한 병으로 치부되고 있었고 실제로 그 병으로 사망하는 사례가 많았다. '충수염 및 충수염성 복막염'은 맹장에 염증이 생겨 그 부위가 자꾸 곪아 들어가 급기야 복막에까지 염증이 생길 수 있는 병이었다.
 백교수는 그에게 "세균학적으로 접근해보라"는 지도를 해주었다. 어떤 세균이 맹장에 모여들어 치명적인 염증을 일으키는지를 규명하라는 것이었다.
 충수 속에 염증을 전문으로 일으키는 세균을 규명하려면 잘라낸 충수를 구해 세균을 꺼내어 배양해야 했다. 270예를 실험하려면 최소한 300명분의 충수를 구해야 했다.
 이 연구는 그 세균을 죽이는 약품을 개발하는데 결정적인 단서가 될 수 있었다. 연구를 대충 끝냈지만 학위를 탈 때까지는 4년 여의 시간이 흘렀다. 백교수가 독일유학을 다녀오는 등 공백기가 있었기 때문이었다.
 그러나 그 공백기에 모자란 부분을 보충연구할 수 있었고 1940년 3월에야 나고야 대학에 논문을 제출, 9월에 학위를 받았다. 나고야 대학은 장박사에게 '당신의 연구는 의학사에 매우 커다란 도움이 될 것'이라는 내용의 편지를 보냈다. 백교수는 그의 논문을 독일의 동기동창에게 보냈다. 약품개발을 서두르라는 편지와 함께. 그의 연구덕분인지 그후 충수치료제가 개발보급되었다.

 1940년 3월 스승의 간곡한 청에도 아랑곳 하지않고 평양 기홀병원으로 떠났다. 학위논문을 제출, 통과가 내정되어 있던 시점이었다. 스승이 추천한 대전도립병원 외과과장자리는 사실 선망의 대상이었다. 당시 의료계에서 일류병원으로 손꼽히고 있던 데다 의료진 대부분이 일본의 내로라는 의사들이 즐비한 병원이었다.
 하지만 일본인 사이에서 일하기 싫었던 데다 '봉사하는 기독의사상'의 실천을 위해 미련없이 평양행을 선택했다.
 평양 기홀(紀忽)병원(Hall Memorial Hospital)은 기독교 연합병원의 전신이었다. 1891년 캐나다 출신의 미국 감리회 소속 의료선교사로 온 홀(J. Hall. 허을 1860~1894년)을 기념하기 위해 1897년

문을 연 병원이었다.
　1923년 장로교, 감리교 연합의 평양연합기독병원으로 통합되었으나 기홀병원으로 더 잘 알려져 있었다.
　'온갖 어려움 속에서 열심히 공부해서 급기야 박사학위까지 받았으니 이제는 가난한 사람들을 위해 일해야겠다.'
　청운의 뜻을 품고 설레는 마음으로 평양에 도착, 병원외과과장으로 부임했으나 상상하지 못한 시련이 기다리고 있었다. 사실 외과과장자리는 세브란스병원 외과 창설자인 이용설 박사가 소개시켜 준 것이었다.
　몇 안 되는 박사학위 소유자였기에 사실 과장자리는 당연한 것이었다. 백교수도 일류병원인 대전도립병원의 외과과장자리를 마련할 정도였으니까.
　하지만 당연한 자리인줄 알았던 과장자리가 문제였다는 건 부임한 지 몇 달만에 드러났다. 그는 유박사가 그를 추천했을 때 기홀병원 실행위원회가 두 번이나 장박사의 외과과장 승인에 대해 '비토권'을 행사했다는 사실을 전혀 몰랐다.
　'비토'의 첫 번째 이유는 기홀병원의 의사들이 모두 세브란스 출신이라는 점이었다. 경성의전 출신이 단번에 과장으로 온다는데 대한 거부감 때문이었다. 또 하나 대우문제가 문제였다.
　이용설 박사가 처음 학위가 내정되었던 그를 추천할 때 당시 앤더슨 원장에게 "월급은 300원 정도는 주어야 한다"고 했던 모양이었다.
　"학위가 있으면 300원은 줘야 합니다. 그 사람은 학위 통과가 내정되어 있으니까 우선 250원을 주고 박사를 따면 300원을 주십시오."
　그것이 문제였다. 세브란스 출신들의 반발이 컸던 것이다.
　"아니 그(장기려 박사)보다 1년 위인 유기원 선배도 월급이 215원 밖에 안 되는데 아무리 박사학위를 받는다 해도 300원은 너무 많지 않습니까?"
　집행위가 그보다 1년 먼저 세브란스를 졸업한 유기원씨(전 서울대

총장 유기천씨 맏형님)를 걸고 넘어진 것이다. 이용설 박사가 기홀병원의 봉급체계를 모르고 있었던 것이다. 장박사를 위해 말을 해준다는게 도리어 역효과를 빚은 것이다.

"여러분, 당신들의 스승인 이용설 박사님께서 추천한 분입니다. 아무리 못마땅해도 그렇지 어떻게 스승님이 추천한 분을 거부한단 말입니까?"

집행위는 앤더슨 원장이 세브란스 출신인 이용설 박사를 거론하고서야 겨우 장박사의 취임을 승인하고 말았다.

사실 그의 입장에서는 학위라는 게 공부를 하는데 있어 하나의 이정표에 불과했다. 250원을 받아도 그만이었다. 조수나 강사시절에 비해 몇 배의 봉급을 받는 셈이니 불만이 있을 턱이 없었다.

유기원씨는 그가 외과과장으로 부임한 직후 선천(宣川) 미동병원장으로 갔고 처음에는 멋도 모르고 환자 돌보는 일에만 신경썼다.

다른 동료의사들과 마주칠 때마다 왠지 싸늘한 분위기를 느낄 수 있었지만 그것은 아직은 낯이 설어 그러려니 했다.

6개월이 흘러 9월이 되어 학위를 받았고 10월이 되자 병원측은 모든 의사들에게 25원씩의 물가수당을 붙여 주어 월급이 275원이 됐다.

11월이 되자 곪았던 상처가 슬슬 터지기 시작했다. 당시 앤더슨 원장이 개인사정으로 귀국하면서 장박사를 불렀다.

"닥터 장, 이제부터는 닥터장이 원장직을 맡아주셨으면 합니다."

장박사는 난색을 표했다. 병원에 부임한지 불과 8개월밖에 안 됐는데 무슨 원장인가.

"원장님, 제가 어떻게 원장이 됩니까? 다른 훌륭한 분들도 있는데…."

앤더슨 원장의 뜻은 단호했다.

"안 됩니다. 원장직은 박사학위 소지자가 맡아야 합니다."

그는 엉겁결에 원장직을 맡게 되었다. 원장이 되자 봉급도 300원으로 올랐다. 그때까지도 심상치 않은 분위기는 감지하지 못하고 있었다. 새로운 인물이 원장이 되어 다소 생소한 느낌은 들겠지만 그저 모든 일을 민주적으로 처리하면 밑의 사람들이 다 따라올 줄 믿었다.

 그런데 당시 부원장이던 조모씨(산부인과)와 회계 양모씨(소아과)는 무슨 회의가 있을 때마다 사사건건 싸웠고 의견충돌이 잦았다.

 원장으로서 보기가 너무 볼썽 사나웠다. 어느 날에도 앙숙인 그들이 또다시 자기의견을 굽히지 않고 말다툼을 벌이고 있었다. 환자들 보는 앞에서 싸우는 그들이 하도 밉살스러워 한마디 한다는게 그만 말실수를 하게 되었다.

 "그만 좀 싸워요. 당신네 세브란스 출신은 왜 그렇게 의견이 맞지 않습니까?"

 학교 얘기가 나오자 열심히 싸우던 그들의 안색이 확 변했다.

 '아차 내가 실수했구나.'

 앙숙관계이던 둘은 장박사의 그 한마디 말실수를 계기로 정말로 의견일치를 보았다. 둘은 저간의 사정을 잘 모르고 있던 다른 세브란스 출신들을 규합하더니 장박사 배척운동을 펴기 시작했다. 원장이 된 지 두 달도 채 안 된 1941년 1월 어느날 이사회의 고문장로인 베이커 박사가 원장실로 찾아왔다.

 "닥터 장, 정말 어려운 말씀을 드려야겠군요. 사표를 내셔야겠습니다."

 병원운영과 관련, 특별히 잘못한 것도 없는 그는 어리둥절했다.

 "제가 무슨 잘못이라도 했습니까?"

 "잘못이라고 하기보다는 의사들 사이에서 의견이 잘 맞지 않는 게 문제가 있는 것 같습니다."

 그는 슬며시 화가 났다. 원장노릇도 하고 싶어서 하는 것도 아니요, 병원운영도 민주적으로 별 무리없이 하고 있다고 생각해왔는데 그만 두라니….

 그리고 두 달 만에 그만둔다면 분명 불명예 퇴진이었다. 그는 단호하게 거절했다.

"그렇게는 못합니다. 모든 일을 민주적으로 처리하고 있는데 의견이 맞지 않다니요. 그리고 내가 원장을 하고 싶어서 하는 것도 아니고 하라고 해서 하는 것 뿐인데 나무에 올려놓고 흔드는 것 아닙니까?"

생각할수록 부아가 나서 견딜 수 없었다. 곰곰이 되짚어보니 부원장과 회계의 짓인 것 같았다. 수소문해서 알아보니까 정말 그랬다.

장박사가 거부의사를 밝혔지만 그 다음 이사회는 원장교체를 결정하고 말았다. 한마디로 잘린 것이었다. 배척운동을 벌인 사람들의 주장이 곧 드러났다.

"장박사는 모든 의사를 경성의전 출신들로 바꾸려 한다."
"그가 신사참배를 하려고 한다."

대충 이런 모함이었다. 모함은 한마디로 터무니 없었다.

어느날 원장이 된 직후 경성의전 출신의 선배가 평양에 온 김에 그를 찾아온 적이 있었다. 당시 기홀병원에서는 내과의사가 부족한 상태였다. 그래서 "선배님, 어디 좋은 내과의사 없습니까?" 하고 부탁한 적은 있었으나 병원 전체를 경성의전 출신으로 채운다는 생각은 해 본적도 없었다.

신사참배도 마찬가지 모함이었다. 그는 이 시기에 장로교회에 적을 두고 있으면서도 무교회주의자의 가르침을 수용했고 더욱이 당시 신사참배를 거부한 평양 산정현교회를 다니고 있었다.

그런 그가 신사참배라니 참 어이가 없었다. 결국 그는 다시 외과과장으로 강등되었다. 사표를 낼 까도 생각해보았으나 그것은 자신의 잘못을 인정하는 꼴이 됐다.

그 정도의 시련도 버티지 못하면 결국 인생의 낙오자가 되는 것이며 하나님께도 죄를 짓는 것이었다. 곰곰이 생각해보면 환자들과 호흡하는 외과과장자리가 적임일 지도 모른다는 생각도 들었다. 후임원장은 김명선 박사였다.

'하나님의 뜻이다. 원장자리는 내가 잘못 올라간 자리야. 하나님께

서 예비하신 길일 게야.'
 그는 끊임없이 마음을 달래며 강등을 감수했다. 동료직원들의 눈길은 차가웠고 냉소적이었다.
 어떻게 저런 수모를 당했으면서도 사표를 내지 않는지 모르겠다는 표정들이었다. 하지만 그는 묵묵히 환자를 보면서 하루하루를 버텼다.
 하지만 끈질기게 남아있는 그에 대한 보이지 않는 집요한 공격은 계속되었다. 아마도 그가 사표를 낼 때까지 끝장을 볼 기세였다. 월급을 원장이 되기 전보다 25원이나 깎아 자존심을 무참히 짓밟아 놓았다.
 그뿐이 아니었다. 순사를 시켜 괴롭히기도 했다. 그가 병원으로 출근하고 나면 순사가 집으로 찾아와서는 마당을 휘휘 둘러보며 식구들을 불안에 떨게 했다. 그때만 해도 순사는 공포의 대상이었다. 우는 아이도 "순사가 온다"고 하면 울음을 그칠 정도였다.
 순사는 그의 집에 가끔씩 들러 "이 집이 아직도 안 나갔나보군" 하며 흰소리를 하고 돌아가곤 했다. 가뜩이나 좌절감에 빠져있는데 부모님은 물론 아내, 자식들까지 불안에 떨게 만든다는 건 정말 견디기 힘들었다.
 "그후의 열 달은 내 평생을 통해 가장 밀도있는 신앙생활을 한 시기였습니다."
 훗날 그는 완전히 사면초가(四面楚歌)에 빠져 있었던 그 때는 오로지 예수님 만을 상대로 영적인 생활을 하여 그를 모함한 사람들을 신앙으로 깨우쳐 주려고 했다고 회고했다. 그 열 달의 신앙생활을 통해 그는 내세를 부인할래야 부인할 수 없는 체험을 얻었다.
 수많은 기도와 성경공부에 몰입하면서 다시 한번 예수 그리스도의 뜻대로 살 것을 다짐하였고 주님이 주시는 사명을 끊임없이 되새겼다.
 어느날 그가 도저히 못 견디어 무릎을 꿇고 "주여! 주님이라면 이럴 때, 저처럼 되었을 때 어떻게 하시겠나이까?" 하고 기도하며 매달린 적이 있었다.
한참을 울며 간구하자 예수님께서는 그를 꾸짖으시며 응답해주었다.
"뭘 어떻게 하느냐. 네게 맡겨진 일을 충실히, 성심성의껏 하라. 그러면 모든 걸 이룬다."
하나님과 환자만을 위해 지내는 동안에도 그를 모함해서 결국 원장직에서 물러나게 한 조씨와 양씨 두 사람은 이번에는 방향을 바꾸어 새 원장인 김명선 박사 배척운동을 펼쳤다.
"돈은 의사들이 버는데 원장이 쓸데없이 서울을 오가며 번 돈을 마구 쓴다"는 게 배척의 이유였다. 그러나 세상물정을 몰랐던 장박사에 비해 김명선 박사는 훨씬 고단수였다. 세상을 잘 아는 김박사는 그들의 모함에도 쫓겨나지 않았고 그로부터 열 달 후 보너스를 줄 때 특별히 장박사에게만 250원을 더 주었다.
"장박사, 힘들지요. 고생하는 것 아는 사람은 다 압니다. 일을 많이 하는 사람에게 보너스를 더 주는 게 당연한거니 받으시오."
김원장도 환자를 돌보는데만 몰두하는 장박사에게 깊은 감명을 받은 듯 했다. 가난한 환자들을 대하면 그냥 있지 않는 그의 천성은 어디서나, 어느 곳에서나 변함이 없었다. 당시 평양시립병원장이었던 권창정은 훗날 "장박사는 수술비가 없는 사람만 보면 참지 못했다"면서 "월급을 털어 피를 사서 수술해준 예가 이루 헤아릴 수 없으며 그 일은 평양 의료계에서는 널리 알려진 얘기였다"고 밝힌 바 있다.
김원장과 동료의사들도 모르는 바가 아니었을 것이다.
"장박사, 그리고 이것은 절대 달리 생각하지 마시고 꼭 들어주시오."
김원장은 자신이 살려고 구입해놓은 집을 선뜻 내주면서 "이 집에 들어가 살라"고 당부했다. 원장까지 지낸 외과 과장의 집이 제일 초라했던게 보기에도 딱했기 때문이었다.

사필귀정(事必歸正)이라 했던가. 온갖 모욕을 기도와 성경공부, 그리고 환자를 돌보는 것으로 극복하자 1년도 못가 텃세를 부린 쪽이 도리어 창피를 당한 꼴이 되었다.

조씨와 양씨 두 사람의 선동에 부화뇌동했던 동료들은 장박사의 참모습을 알고는 모두 고개를 숙였다. 반면 조씨와 양씨는 "쓸데없이 모함했다"는 따가운 눈총 속에 도망치듯 시골병원으로 가고 말았다.

사실 위기는 곧 기회이기도 했다. 위기를 어떻게 잘 극복하느냐가 사람의 성패를 좌우한다는 말은 맞았다. 갖은 모욕적인 대접을 받으면서 그가 병원에서 할 수 있는 일은 환자를 돌보는 것과 실험실에 파묻혀 연구에 몰두하는 것 외에는 없었다. 늘 기도하며 일에 전념하는 생활이 계속되자 하나님께서는 또 한번 은혜를 베풀어주셨다. 결국 하나님께서는 그를 더욱 온전히 키우기 위해 그토록 엄청난 시련을 주신 것이다.

9. 첫 승전보, 간설상절제 수술 성공

1942년부터 2년 동안 의학도로서 뚜렷한 연구성과를 거둘 수 있게 되었다. 그가 데리고 있던 민광식(전 세브란스 부총장)이 거의 유일한 말동무이자 연구파트너였다.

조씨와 양씨가 병원을 떠날 무렵 이미 그는 민광식과 함께 공동으로 '농흉(膿胸 : 화농균의 전염으로 늑막강 안에 고름이 든 병)에 관한 세균학적인 연구'라는 논문을 써서 조선의학회지에 발표했다.

연구에 탄력이 붙은 그는 1년 뒤에는 단독으로 '근염(筋炎)의 조직학적인 소견'을 주제로 일본외과학회에와 조선의학회에서 잇달아 발표했다. 이것은 근육에 생기는 염증을 다룬 것이었다. 말하자면 근육에 염증을 일으키는 균이 무엇이냐는 연구였다.

근염연구의 경우 에어진을 좋아하는 호산성 백혈구가 조기에 다량으로 침윤되어 있으며 포도상구균이 많이 나온다는 소견이었다. 이는 의학교과서에도 나오지 않은 연구로 의학계의 주목을 받았다.

그러나 아마도 간 연구에 관한 한 최고라는 명성은 바로 1943년 그 해에 실시한 간암환자 수술로 얻었다고 볼 수 있다. 당시에는 간암환자를 수술한다는 것은 꿈도 꾸지 못한 시절이었다. 간농염(肝膿炎)은 당시에도 수술을 할 수 있었지만 간암은 도저히 극복할 수 없을 것처럼 보였다.

그런데 그가 바로 간암 극복을 시도한 것이다. 그가 맡은 간암환자는 운이 좋았다고 볼 수 있다.

환부를 열어보니 암세포는 간 위쪽에서 자라고 있었다. 당시만 해도 그냥 죽음만을 기다리고 있어야 할 환자였다. 다행히 간 전체로는 퍼지지 않았다.

잘만 하면 수술할 수 있을 것 같았다. 간은 여러 가지 조각이 몇 개의 핏줄로 연결되어 있는데 암세포가 있는 조각을 떼어낸다면 된다는 판단이 섰다.

"주여! 저에게 용기를 주옵소서. 이 죽어가는 환자를 위해 저에게 힘을 주소서."

그는 간절히 기도한 다음 서서히 칼을 들었다. 간의 윗조각을 떼어내는 이 수술을 설상절제수술(楔狀切除手術)이라고 한다. 장박사보다 3년이나 전에 성대(城大) 오가와 교수가 똑같은 수술을 한 적이 있었는데 그만 환자가 죽어 발표하지 못했던, 당시로서는 엄청난 수술이었다.

주변에서는 "장박사가 만용을 부린다" "오가와 교수조차 실패한 수술인데 뭘 믿고 다시 시도하는가" 하며 우려하는 목소리들이 컸다. 김명선 원장도 무척 신중한 태도였다.

"장박사, 무리하지 말고 잘 판단해보시요."

이렇게 많은 의사들이 걱정하는 만큼 기대와 관심도 컸다.

수술실의 분위기는 비장했다. 요원들은 장박사의 반짝이는 눈초리와 섬세한 손길을 지켜보며 손에 땀을 쥐었다. 메스가 자칫 빗나가기만 하면 간이 손상을 입어 피가 분수처럼 나온다. 영양분을 받아 저장하고 혈액속에 있는 노폐물과 독성물질을 분해, 해독하는 간에는 혈액이 꽉 차있기 때문이다.

집도의가 웬만한 강심장이 아니면 생각도 못할 수술임이 분명했다. 마취술이 발달하지 않았던 당시만 해도 마취한 뒤 3~4시간정도가 지나면 마취가 풀렸다. 불가능이라고 여겼던 간 수술을 4시간이내에 끝낸다는 것은 어쩌면 미친 짓이었다. 게다가 여러 조각으로 되어있는 간을 분리하는 작업을 3~4 시간 안에 할 수 있을까. 그는 온 정신을 집중해서 암세포가 붙어있던 간조각을 떼어냈다. 단 1밀리미터의 오차만이라도 쏟아져 나왔을 피는 흐르지 않았다.

수술이 완전히 끝나자 수술요원들의 온몸은 승전보를 알리는 마라토너처럼 땀범벅이 되어있었으면서도 얼굴엔 기쁨이 가득차 있었다. 온 신경을 다 집중하느라 모두들 기진맥진했으나 어느 누구도 피곤한 표정을 짓지 않았다.

"아직 두고봐야지. 속단하기는 아직 이르잖아."

장박사는 혹 나타날지도 모를 부작용이나 합병증을 우려했다. 아직 기뻐하기는 일렀다. 환자의 상태를 체크해가며 조마조마한 하루하루를 보냈다. 그 뿐 아니라 온 병원이 그 환자의 상태를 예의주시하게 되었다.

환자는 하루가 다르게 호전되어 갔다.

"박사님 덕분에 새 삶을 찾았습니다."

일주일이 지나자 화장실 출입을 혼자 하더니 온전히 음식을 먹기 시작했다. 물론 합병증도 없었고 혈압과 체온도 정상이었다. 드디어 환자가 밖의 세상을 보러 뜰로 나가는 정도까지 되었다.

"장박사, 외과의사는 그렇게 무식해야 되는 모양이군."

김명선 원장은 눈물을 글썽거리며 그에게 농담섞인 칭찬을 해주었다. 사실은 도저히 불가능한 것으로, 아니 쓸데없는 만용으로 여겨졌던 수술을 거침없이 해냈으니 그런 농담도 나올 만했다.

최초의 간설상절제수술은 의학계로서는 최고의 뉴스였다. 수술환자가 드디어 퇴원하게 되자 기자들이 몰려와 장박사를 에워쌌다.

"박사님, 소감 한 말씀 해주십시오."

기자들이 몰려와 소감을 묻자 그는 쑥스러운 얼굴로, 그러나 단호하게 말했다.

"제가 한 일은 없습니다. 다 하나님께서 하라는 대로 수술 칼을 잡았고 그 분의 명령에 따라 수술하게 된 것입니다."

뭔가 자기업적을 기사가 되게끔 그럴듯하게 포장해서 말할 줄 알았던 기자들은 "하나님의 뜻대로 했다"는 그의 말이 너무 무미건조했던지 환자에게 몰려갔다.

장박사 만큼이나 화제를 뿌렸던 그 환자는 기다렸다는 듯이 장박사 칭찬을 늘어놓았다.

"그 분은 하늘이 내린 분입니다. 저도 그런 하나님을 믿게 됐습니다."

장박사는 환자의 그 말을 듣고는 다시 한번 감사의 기도를 올렸다.

'주여! 당신이 저 사람의 육신과 영혼을 다 구했나이다.'

10. 투옥, 그리고 해방

일제가 급기야 태평양 전쟁을 일으켰던 1942년. 중일전쟁이 장기전의 양상으로 빠지자 일제는 독일, 이탈리아 등과 함께 3국동맹을 맺고 소련과는 중립조약을 체결, 소련의 간섭을 피한 뒤 서서히 세계 전쟁을 일으킬 야심을 드러내고 있었다.

그해 초부터 조선에서도 일제의 마지막 발악이 한창이었다. 태평양 전쟁을 은밀히 준비하고 있던 일제는 기독교인에 대한 대대적인 탄압에 돌입한다. 조선에는 당시에도 선교사들이 다수 들어와 있었다. 그들은 전쟁을 준비하는데 걸림돌이 되었다. 이들이 찍는 사진이나 필름 등이 분명 미국 등 연합국 측으로 빠져나갈 것이 두려웠고 무엇보다도 기독교라는 종교는 전쟁광인 군국주의자들에게는 눈엣가시였다. 이들 선교사들은 그들이 보기에는 '선량한 조선인'들을 '불령선인(不逞鮮人 : 불평불만을 늘어놓는 조선인)'으로 만들어 일제가 조선을 통치하는데 방해가 된다고 생각했다.

전쟁을 앞두고는 자유와 평등, 사랑을 내세우는 기독교인들을 몰아내야 했다. 공산주의자들도 일제가 싫어하는 부류였다.

어느 여름날. 그는 여느 때와 같이 가벼운 마음으로 슈바이처처럼 반바지를 차려입고는 무의촌 진료를 다녀오는 길이었다. 의사라고는 평생 단 한 번도 만나보지 못한 벽촌의 촌로들로부터 대환영을 받고 그들을 정성스레 치료해주고 돌아오는 길이어서 기분도 상쾌했다.

"당신이 장기려라는 사람이지요?"

일본 순사가 길을 막고는 물었다.
그가 맞다고 하자 순사들은 그의 양팔을 잡고는 "따라오라"며 험악한 인상을 썼다. 주재소에 들어서자 순사는 취조하기 시작했다.
"당신 김교신이란 자를 아나?"
물론 알고 있는 분이었다. 김교신 선생은 기독교인으로서 무교회주의자의 창시자이다. 그가 평생을 통해 가장 영향을 받은 사람중의 한 분이었다. 그 김교신 선생을 통해 함석헌 선생까지 알고 지내게 되었다. 1940년 1월 1일부터 3일까지 김교신 선생의 방에서 집회를 갖고 있었는데 그 자리에서 함석헌 선생을 소개받았다. 김교신 선생과 동경고사 동기동창인 함석헌 선생은 그때 계시록을 강의했는데 그 명강의는 사람의 심금을 울렸고 그 강의에 감동한 나머지 평생 친교를 맺게 되었다. 특히나 '사회를 구원함으로써 자신도 구원받을 수 있다'는 함선생의 말은 진정한 크리스천의 태도라고 생각하며 그의 삶에 또 하나의 지표가 되었다.
"물론 압니다. 그게 잘못됐습니까?"
"그리고 당신「성서조선(聖書朝鮮)」을 보나?"
"네. 정기구독하고 있습니다."
순사는 더 이상 심문할 것도 없다는 듯 그를 유치장에 집어넣었다. 당시 김교신 선생이 펴내고 있는「성서조선」이라는 잡지를 정기구독하고 있다는 자체가 범죄행위라니…. 김선생은 당시「성서조선」에서 '조와(弔蛙)'라는 글을 실었는데 이게 문제가 되었다.
일제는 선생이 쓴 이 '조와'가 '일본의 탄압정치와 조선의 독립을 암시한 글'로 낙인찍고「성서조선」을 폐간시켰으며 그 잡지사에서 정기구독자 명단을 입수, 구독자들을 일제히 검거한 것이었다.
처음 맡아보는 퀘퀘한 유치장 특유의 냄새…. 제대로 씻지 않은 사람의 땀과 발냄새, 그리고 화장실 냄새까지 혼합된 악취가 머리를 아프게 했다.
유치장에는 장박사처럼 별다른 죄목없이 영문도 모른채 끌려온 사람들이 눈을 멀뚱멀뚱 뜬 채 앉아 있었다.

"야, 기여."

쭈볏쭈볏 서있는데 누군가 등을 툭 쳤다. 어릴 때 고향사람들은 그를 '기네'라고 불렀고 고보시절엔 '기여'라고 불렀으니 '기여'라고 불렀다면 고보때 친구가 분명했다.

"야, 반갑다. 나 석목이야."

처음에는 알아차리지 못했는데 자세히 바라보니 옛 친구였다.

"야, 너 김석목이 아니냐?"

"그래 내가 석목이야. 그런데 어떻게 여길…. 너도 「성서조선」 읽었냐."

무려 16년만에 만나는 친구. 송도고보 시절 3학년 때까지 함께 다녔던 친구였다. 넋놓고 홀로 맥없이 감옥에 앉아있을 운명이었던 그는 덕분에 친구와 만나 회포를 풀 수 있었다.

"탄압이 시작됐나봐. 특히 선교사들은 수난이야. 간첩행위로 몰려 잡혀가고 고문당하고 벌금내고 추방당하고…."

이에 견디지 못한 미국, 영국, 캐나다의 선교본부는 탄압이 심해지자 결국 참지 못하고 속속 선교사들을 소환했다. 전쟁의 기운이 감돌고 있다는 낌새를 이미 알고 있었던 것이다.

그가 비록 잡혀왔지만 일본순사들도 험하게 대하지 못했다. 이미 환자들을 성심성의껏 대하는 그의 명성을 순사들도 잘 알고 있었기 때문이었다. 비록 독실한 기독교 신자였지만 가난한 환자들을 돌보고 연구에만 몰입하는 그에게 어떤 정치색은 전혀 없다는 걸 그들도 알고 있었기 때문이었다.

그는 12일간 감옥에서 지낸 뒤 풀려났다. 돌이켜보면 쉴사이 없이 일에 몰두해온 자신을 돌아본 좋은 시간들이었다.

1945년. 도저히 끝날 것 같지 않던 어둠의 터널은 이제 빛을 향해 달려가고 있었다. 최남선이나 이광수 등 지식인들이 절망한 것처럼,

그래서 조선의 광복은 불가능한 것처럼 예단하고 급속히 친일파의 대열에서 앞장서 전쟁의 나팔수로 전락하고 만 치욕의 나날들. 그러나 그 절망에 빠져있던 조선반도는 서서히 독립을 향해 한걸음씩 걸어가기 시작했다.

태평양 전쟁의 말기. 일제의 마지막 광분이 계속되었지만 전세는 이미 연합국측에게 급속하게 기운 때였다. 의식있는 사람들은 귀엣말로 "해방이 얼마남지 않았다"고 소곤대기 시작했다. 태평양과 남지나해까지 석권했던 일본이 이제 그 점령지를 거의 잃고 본토까지 위협받기 시작했다는 은밀한 소문이 슬슬 퍼지기 시작하고 있었다.

이렇게 조선은 칠흑의 어둠속에서도 다가올 새벽을 준비하고 있었지만 장박사의 1945년 전반기는 그야말로 악몽 그 자체였다.

"왜 이리 몸이 피곤하지."

일에 몰두하면서 살아온 십수년간의 세월이 쌓은 스트레스는 이미 한계점을 넘어서고 있었다. 수술을 하느라, 연구에 신경쓰느라 밤을 하얗게 새우기 일쑤였다. 그런 가운데서도 틈이 약간이라도 나면 무의촌 진료다 뭐다 해서 연일 파김치가 되었다.

더욱이 돈벌이는 전혀 의식하지 않고 입원비가 없는 환자들에게 돈을 대주느라, 부족한 혈액을 마련하느라 가세는 조금도 나아지지 않았다. 고부간의 갈등도 그의 스트레스를 더욱 부추겼다.

1945년 5월에 접어들면서 그의 몸은 급격히 자정능력을 잃고 있었다. 인내의 한계점을 넘은 몸상태는 결국 탈이 나고 말았다. 왠지 모르게 극심한 피로감을 느껴 견딜 수 없었던 그는 5월 16일 끝내 쓰러지고 말았다.

"몸이 이 지경이 되도록 뭐했습니까?"

간염(황달). 과로와 영양부실, 그리고 쌓일대로 쌓인 스트레스가 겹치고 겹쳐 생긴 병이었다. 돌이켜보면 어릴 때부터 워낙 약골로 어머니의 걱정 속에 성장한 그였으나 병 때문에 자기 할 일을 못한 적은 한 번도 없었던 터였다.

아내를 비롯한 집안식구들은 그가 갑자기 쓰러지자 큰 충격에 빠진 듯했다. 그들은 자기 몸을 돌보지 않고 무리해온 자식과 남편이 원망스럽기만 했다.

그 스스로 느낀 충격은 더했다. 왠지 죽을 지도 모른다는 강박관념에서 헤어나지 못했다. 수없이 보아온 환자들, 그 가운데 많은 환자들이 그의 정성스런 보살핌에도 불구하고 기어이 세상을 뜨고 말았다.

고통스런 비명 속에 죽어간 환자들의 환영이 자꾸 그의 머리를 파고 들어와 메아리를 냈다. 아무리 평생 착한 일만을 하며 살아온 사람이라도 병과 죽음 앞에서는 아무 소용없다는 걸 누구보다도 잘 알고 있었다.

'에이, 죽으면 하늘나라로 갈텐데….'

사실은 하나님의 자녀로서 죽음을 두려워한다는 자체가 우스웠다. 하지만 '나도 죽을 수 있으며 지금이 그 죽을 시기인지 모른다'는 강박관념이 떠나지 않았다.

이웃에 사는 박소암 박사(이비인후과)가 찾아와 성심성의껏 치료해주었고 한 달 만에 간염은 나았지만 죽음에 대한 공포는 사라지지 않았다.

"장박사! 하나님을 믿는 사람이 왜 그래요. 마음을 다스리십시오. 이제 황달은 다 났습니다."

'그래, 죽을 생각으로 열심히 일하면 되지 뭐, 그러면 병도 낫겠지.'

마음을 다스리려 안간힘을 써보았지만 그럴수록 '곧 죽을 지 모른다'는 강박관념의 늪에 깊이 빠지고 있었다. 밤을 하얗게 새는 불면증에 시달리게 되었고 강박관념은 끝내 신경쇠약으로 발전하고 말았다.

'죽는 몸이 무슨 밥'이냐는 절망적인 생각에 식욕도 사라졌다. 누워 천장을 물끄러미 바라보면 천장에 '마귀'들이 들끓어 '어서 오라'고 유혹했다. 죽음의 신(神)들이었다. 아무리 손사래를 치고 '안 된다'고 소리쳐도 소용없었다.

'저들이 이제는 나를 끌고 가겠지.'

악몽을 꾸고 처절한 비명을 질러 집안식구들을 온통 깨우는 일이 반복되었다. 식구들도 함께 신경쇠약에 걸릴 지경에 이르렀다.

"안 되겠구나. 무슨 수를 내야지."

7월 하순이 되자 아버지가 고통속에서 헤어나지 못하는 자식을 그냥 볼 수 없다는 듯 결단을 내리셨다.

"애야, 요양 좀 해야겠다."

세상의 고통이 없는 곳, 공기 좋고 물 좋은 곳에 가서 기분전환이라도 하면 나을 것 같다는 아버지의 판단이었다.

"아버님, 어머님. 저희 고향(개천) 부근에 묘향산에다 있을 곳을 정해놓으면 좋을 것 같습니다."

아내가 추천한 요양지는 묘향산 부근의 조용한 약수터였다. 아내의 고향과 가까운 곳이어서 아내와 장모님의 병수발이 쉽겠다는 판단이 들었기 때문이었다.

부모님은 병마에 시달린데다 제대로 먹지못해 빼빼 마른 아들이 길을 떠나는 모습을 바라보면서 하염없는 눈물을 흘렸다. 자칫하면 다시는 영영 보지 못할 수도 있는 아들이 아닌가.

묘향산 약수터 옆에 초가집 하나를 빌려 거처로 삼은 그와 아내는 세상과의 인연을 일절 끊고 치료에만 전념했다. 절세의 명산 묘향산(해발 1,909m). 얼마나 경치가 좋았으면 단군할아버지가 강림했을까. 보현사를 비롯, 서산대사, 사명대사의 원당은 물론 많은 명승고적이 자리 잡고 있으며 특히 물이 좋아 수많은 사람들이 수양소, 요양소로 이용했던 곳이다.

신경쇠약은 단번에 낫는 병은 아니었다. 길을 걸으면 머리끝까지 쿵쿵 울려 제대로 걸을 수도 없는 병이며 온 몸이 쑤시고 아파서 견딜 수 없게 만드는 병이다.

누워있으면 쓸데없는 잡념에 시달리고 그렇다고 앉거나 걸으면 온 몸이 아파 견딜 수 없고….

일단은 집안 일, 병원 일에서 완전히 해방되고 일체의 세상 소식을 듣지 않는 게 상책이었다.
보름쯤 지났을까. 세상소식을 일절 끊고 있던 아내가 인근 동네에 나가 들었다면서 "이 소식만은 알려야겠다"면서 깜짝 놀랄 이야기를 전해주었다.
"우리나라가 해방되었다고 하네요."
힘없이 누워있던 그는 벌떡 일어났다.
"뭐라고요. 해방?"
"왜놈들이 무조건 항복했다는데요."
믿을 수 없는 일이었다. 물론 그해 들어와서 "왜놈들이 지금 곤경에 처해있다"는 소리는 입소문을 통해 몰래 들어서 짐작하곤 있었지만 이렇게 빨리 손을 들리라고는 상상도 못한 일이었다.
"헛소문 아닌가요? 괜히 헛소문 믿고 떠들면 큰 일나니까 좀더 있어 봅시다."
다음날이 되자 사실로 판명되었다. 지나가던 사람들이 모처럼 환한 얼굴로 "우리나라가 해방되었다"면서 이야기 꽃을 피우며 걷고 있었다.
"히로히토란 놈이 라디오 방송에서 무조건 항복한다고 했습니다."
"지금 어디를 가나 만세를 부르고 난리가 났답니다."
갑자기 병이 다 나은 것 같았다.
'이게 꿈인가 생신가.'
그는 아내에게 몇 번이나 "정말이냐?"고 묻고는 자리를 털고 일어났다. 굴욕적인 한일합병(1910년)이 이뤄진 뒤 1년 후에 태어나 지금까지 왜놈들의 천하에서 살아온 34년. 조선인이라는 이유로 마음껏 행동하지 못했던 지난날의 기억들이 주마등처럼 지나갔다.

'주여! 이제 해방의 날이 왔습니다. 병들어 죽음의 공포에 떨고 있는 이 어린 양을 구해주소서. 이제 저에게 생명수를 주시고 길을 열어

주소서.'

'이제 털고 일어나자. 우리 민족에게 광복의 날이 다가왔는데…. 여기서 시간을 낭비할 수는 없다.'

"안 됩니다. 아직 몸이 정상이 아닌데 어딜 나가려고 하십니까?"

아내는 당연히 말렸다. 이제 간신히 호전의 기미가 보이는 병세인데 여기서 잘못된다면 큰일 난다는 걱정때문이었다.

"여보. 아무리 아프다해도 해방이 되었는데 그냥 있을 수 있나요. 곧 죽는다해도 건국하다가 죽어야지요."

아내도 "건국하러 간다"는 남편의 뜻을 꺾을 수는 없었다. 8월 17일 그는 3개월 여의 병상생활을 걷어치우고 일어나게 되었다. 해방은 시름시름 앓던 그의 몸과 영혼을 일시에 회복시켜준 약이 되었던 셈이다. 아직은 완쾌되지 않아 10분 걷고 쉬고 다시 10분 걷고 쉬고 하면서 겨우겨우 아내의 부축을 받으며 걸어 내려왔다.

묘향산 부근의 간이역에서 기차를 탔다. 차창 밖 모든 사물들이 생명을 얻은 듯 기뻐 날뛰고 있었다. 기차가 탄광촌인 개천역에 이르자 더욱 해방을 실감하게 되었다.

탄광에서 강제노동을 하고 있던 노동자들이 새까맣게 몰려들었다.

"기차다."

"고향으로 가자. 대한민국 만세."

역은 온통 춤추듯 들썩거리고 있었다. 탄가루에 절어 꾀죄죄한 얼굴들이었지만 눈동자가 반짝반짝 빛났다. 그들은 평상복으로 갈아입을 시간도 아깝다는 듯 까만 때가 덕지덕지 묻은 작업복 차림으로 기뻐 날뛰며 기차를 에워싸고는 한꺼번에 승강기로 몰려 들었다.

승강기는 사람의 물결로 이내 막히었다. 승강기를 놓친 광부들은 창문으로 하나 둘 기어오르기 시작했다.

이윽고 기차는 아수라장이 되고 말았다. 좌석에는 4명 이상이 좁혀 앉았고 통로마다 사람의 물결을 이뤄 기차는 포화상태인 채로 달렸다. 때는 바야흐로 8월 중순이었고 여전히 기차는 찜통이어서 사람들

틈에 선 키작은 이들은 숨이 막혔고 때와 탄가루에 찌든 작업복에서는 고약한 땀냄새가 피어 나왔다.
 그러나 어느 누구도 불평불만을 터뜨리는 사람이 없었다. 해방이 사람들의 온갖 시름을 다 씻어준 것이다. 얼굴에는 웃음꽃이 피어올랐고 서로 동정하면서, 서로 양보하면서 '해방여행'을 마음껏 즐겼다.
 평양역에 도착하자 해방의 분위기를 온몸으로 느낄 수 있었다. 시민들은 왜놈들의 압제에서 벗어난 걸 실감하기 위해 거리를 쏘다니며 만세를 불렀다. 여전히 걷기가 힘들었던 그는 조심조심 아내의 부축을 받으면서 길을 걸었다.
 미처 피하지 못한 일본인에 대한 린치가 가해지고 한복차림으로 변장한 일본여자에 대한 모욕이 행해지고 있었다. 어쩌면 35년동안 온갖 수모와 모욕, 그리고 죽음까지 당해왔던 조선인들의 한을 생각한다면 곧 죽여도 시원치 않을 일본인들이었다.
 1923년 관동대지진때 '조센징이 반란을 일으킨다'고 소문을 퍼뜨리면서 시작된 관동대학살사건, 하나의 예만 들어보더라도….
 '저 모욕당하는 일본인들 가운데도 양심이 있는 사람도 개중에는 있을게다. 전쟁광 군국주의자들의 헛된 광기가 일본을 저렇게 만들었을텐데…. 원수를 사랑하고 일흔 번의 일곱 번이라도 용서하라는 성경의 말씀을 되새기기엔 너무 우리 민족의 아픔과 한이 많은 것일까.'

 정신은 이제 완전히 정상으로 돌아왔으나 몸은 아직 신경쇠약의 후유증에서 벗어나지 못한 상태였다. 여전히 15분 이상 걸으면 힘이 떨어져 주저앉고 싶을 때였다.
 집으로 간신히 돌아왔으나 당분간은 몸을 추스를 요량이었다.
 그러던 어느 날. 어떤 사나이들이 집으로 그를 찾아왔다.
 "박사님, 박사님께서 편찮으시다고 들었습니다만 우리도 너무 급해 찾아왔습니다."

그들은 평안남도 건국준비위원회 관계자들이었다. 그들은 여전히 자리를 보전하고 있는 그를 보고는 잠깐 놀라는 기색이었으나 "사정이 워낙 다급하니 가능하면 좀 도와달라"고 간청했다.

"박사님, 건준위 위생과장직을 좀 맡아주셨으면 합니다."

그가 초청받은 곳은 민족지도자 조만식 선생을 위원장으로 해서 구성된 민주주의 건국준비위원회였다. 그때 보사부장으로 추대된 이종헌씨가 김명선 기홀병원 원장의 추천을 받아 그를 위생과장으로 청한 것이다.

해방직후엔 북한쪽 지도자로는 조만식 선생 같은 분은 사실 없었다. 당시 북한 땅에 진주한 소련군은 민족지도자 조만식 선생의 영향력이 엄청나다는 걸 깨닫고 있었다. '한국의 간디'라고 일컬어지는 조만식 선생은 3.1운동 때 투옥되어 옥고를 치르는 등 끊임없이 일제와 맞서 싸워온 민족지도자로 1923년부터 산정현교회 장로직을 맡기도 했다. 그 산정현교회는 일제말기에 주기철 담임목사가 신사참배를 거부하다가 투옥되어 옥사하게 되자 폐쇄되기도 했다. 산정현교회라면 장기려 박사가 해방직전부터 다니기 시작한 교회였고 주기철 목사나 조만식 선생 같은 분도 그가 일생을 두고 존경해온 분들이었다.

조만식 선생은 해방이 되자 외세의 간섭없는 순전히 자발적인 의지로 민족주의자들과 기독교인들의 추대로 평남 건준위를 결성했으나 훗날 소련과 소련군의 지원을 받는 김일성 일파에 의해 1946년 초 제거되고 말았다.

민족의 입장에서 보면 통탄스러운 일이었다. 북쪽의 조만식 선생과 남쪽의 김구선생이 힘을 합해 통일국가를 건설했다면 우리의 역사는 어찌 되었을까.

어쨌든 조만식 선생이 제거된 건 나중의 일. 그는 조만식 선생이 하는 일이라면 뭐든지 돕고 싶었다. 민족의 스승이 그를 필요하다는데 몸이 좀 아프다고 해서 마냥 누워있을 수는 없었다.

"하겠습니다. 조만식 선생님을 좇아 뭐든 열심히 하겠습니다."

그는 몸은 비록 괴로웠지만 자리를 털고 일어났다. 평남건준위 사무실은 대동강변에 자리를 잡고 있는 '백선행(白善行)기념관'에 마련되어 있었다.

위생과장의 일을 수행하기엔 몸이 완전하지는 않았으나 '건국을 위해 한몫 담당한다'는 자부심으로 버텨나갔다. 당시에도 사람들의 삶은 특별히 나아진 것도 없었고 도리어 일종의 무정부상태가 되어 세상이 혼란했으나 별다른 유행병이나 신경질환은 발견되지 않았다.

해방으로 인해 시민들의 마음에 기쁨이 충만하고 희망이 넘쳐 병에 걸릴 틈도 없었던 것이다.

대신 탐심에 의한 살인사건이 빈발, 시체를 치우는 일이 위생과에 부과된 일처럼 되어 있었다.

소련군이 진입하기 전에는 평남과 평북지역에서는 기독교인을 중심으로 한 민족주의자들이 평남 건준위원회 혹은 평북 자치위원회 등을 만들었으나 함경도 지역에서는 토착 공산주의자들이 중심이 되어 함경남도 공산주의 협의회를 결성하고 있었다. 이것도 극복해야 할 과제였다.

하지만 소련군이 8월 24일 평양에 진주하면서 더욱 양상이 복잡해졌다. 소련군이 김일성을 내세워 본격적인 공산정권 수립공작에 나서면서 혼란을 더했다.

"도대체 어떻게 흘러가는 거야?"

"잘못 어느 한쪽으로 기울었다가는 큰일나는 거야."

정치질서가 우왕좌왕하게 되자 시민들은 정치정세를 관망하면서 자신의 앞길을 가늠하기에 바빴다. 우리 민족은 다른 세력에 휩쓸려 들어가지만 않는다면 지혜있는 백성들이어서 능히 서로 양보하고 협조하여 그야말로 이상국가를 세울 수 있다고 생각했는데….

그런데 이북에는 소련군이, 이남에는 미군이 점령해버렸다.

그는 마음이 착잡해졌다. 일제의 압제에서 벗어나자마자 다시 외세의 간섭아래 놓이게 되는 처지에 빠진 것이다.

그 혼란기에 더욱 견고한 신앙생활로 스스로를 다져야 했다. 산정현교회를 택한 건 일제시대때 신사참배를 거부한 그 교회야말로 환난과 핍박을 당할 때 그리스도의 믿음 위에 굳게 서서 이 세상 정치와 타협하지 않는 게 올바른 교회라고 생각했기 때문이었다.

그러나 산정현교회도 그 혼란기의 소용돌이에 빠지게 되었다. 평남 건준위 결성의 핵심인물이 산정현교회 장로였던 조만식 선생과 오윤선 등이었으니 그럴만도 했다. 소련의 야욕이 가시화되고 조만식 선생이 힘을 잃어가자 역시 산정현교회 장로였던 최초의 기업가(평안고무 공업주식회사) 김동원의 경우는 9월초 월남, 서울에서 한국민주당 결성에 참가하기도 했다.(『분단전후의 현대사』, 부르스 커밍스 저)

기독교인들, 민족주의자들이 공산주의자들과의 싸움을 벌이고 있었던 상황이었다. 북한내 기독교계는 1945년 11월 4일 평양에서 평안도, 함경도, 황해도의 노회 대표가 모여 이북5도 연합노회의 조직을 결성하였다. 연합노회는 전 조선 프로테스탄트 교회의 잠정적 총회를 대행하면서 전국의 교회에 대해 과거의 죄를 회개할 것을 촉구하고 교역자는 2개월 간 근신할 것과 전국적으로 독립기념 전도를 진행할 것으로 결의했다. 이는 북한을 중심으로 한 기독교인들의 적극적인 활동이 시작되었음을 알린 것이다.

산정현교회도 이 연합노회 가입문제로 분쟁이 일어났다. 장로로 구성된 당회의 의견이 둘로 갈라졌던 것이다.

장로들의 반수는 교회가 연합하여 공산주의자들과 싸워야 한다고 주장했고 다른 반수는 교회가 솔선하여 정권과 싸울 게 아니고 집권자가 교회를 핍박할 때는 순교를 각오하고 믿음을 지킬 것을 강조하면서 여러 교회와의 연합체인 노회 가입을 보류하자고 했다.

그는 이같은 분쟁을 바라보면서 무척 답답했다.

'이 싸움은 양측 다 잘못하고 있다.'

이 나라는 세상 나라가 아니요 하나님의 나라인데 교회가 연합하여 정권과 직접 싸워야 한다는 주장도 지나쳤다고 보았다. 또 노회에 가입하는 것이 신앙에 손해가 있다고 보고 보류하자고 강조하여 양보하지 않고 버틴 것도 잘못이라고 생각했다. 결과적으로 양측의 장로님들 가운데 많은 분들이 결국 공산정권에 의해 순교를 당하고 말았다.

어쨌든 진리문제가 아닌 것으로 싸우는 건 결국 사람의 의견으로 싸우는 것이지 하나님의 뜻을 순종하는 것은 아니라는 걸 깨달았다. '이견(異見)을 가지고 싸우는 것은 육이요, 진리를 위해 희생되는 것은 믿음이요 영'이라는 교훈을 얻었다.

11. 김일성대 의대 외과학과 강좌장

그 무렵(1945년 11월) 그는 평남 제1인민병원(전 도립병원) 원장 겸 외과과장으로 일하고 있었다. 그때부터 본격적인 동족상잔의 비극이 싹트고 있었다. 11월 하순 '기독교의 도시' 신의주에서 대규모 의거가 일어났다.

11월 18일 용암포 제일교회에서 시민위원회 주최로 시민대회가 열렸을 때 학생자치대 대표가 공산당의 횡포와 실정을 비난하자 학생들과 공산당원간 격투가 일어나 사망자 1명을 포함 13명의 사상자를 냈다.

21일 용암포 사건을 전해들은 신의주 학생들이 23일 소련군의 약탈과 공산당의 방약무도한 행위, 학교에 대한 부당한 간섭, 공산주의 교육 강행 등을 비난하면서 대규모 시위에 나섰다. 보안대가 이 학생 데모대에 발포하여 사망자 23명, 부상자가 700여 명이 발생하는 등 최악의 유혈극이 연출되었다.

이 신의주 의거는 공산당이 조만식 선생 등 민족주의자들과의 합작을 파기하는 결정적인 역할을 했다. 민족진영은 공산당이 펼치는 테러와 무자비한 탄압에 서서히 제거되어 갔으며 모스코바 3상회의에서 한반도의 신탁통치안이 통과되자 이를 반대한 조만식 선생은 끝내 타도되었다.

그는 고려호텔에 연금되었고 월남을 권하는 사람들에게 "난 북한 1천만 동포와 운명을 함께 한다"고 버텼다. 민족의 지도자 조만식 선생까지 연금되는 마당에 다른 민족진영이 느끼는 불안감이야 이루 말할 수 없었다.

누구도 제어할 수 없는 폭력의 시대. 거리는 각목과 총탄이 난무했다. 민청이라는 조직도 위세를 떨쳤다. 친일파에 대한 처단은 계속되었고 이른바 민족진영에 대한 린치가 극을 이루었다. 그 과정에서 수많은 사람들이 각목과 총탄을 맞고 비명에 세상을 떠났다.

병원은 당연 아수라장이 되었다. 하지만 매일같이 일어나는 그 무시무시한 테러로 병원은 시체의 집합소가 되고 있었다. 그는 사망진단서를 쓰는 일로 하루를 보낼 정도였다.

자제력을 잃은 민청원들은 병원까지 접수한 상태였다. 살인사건이 나면 통제력을 잃은 경찰은 찾지도 않고 병원부터 들렀다. 흉기에 맞아 머리를 심하게 다친 자, 병원에 도착하기도 전에 절명해버린 시신들, 한꺼번에 몰려와 잘잘못을 따지고 의사들에게 행패를 부리는 청년들….

일제의 앞잡이 노릇을 했던 경찰은 없었고 그 자리를 민청원들이 메우고 있었으니 그 '완장'의 위력은 하늘을 찔렀다.

산 사람을 의사가 죽였다고 총을 겨누고 목에 칼을 들이대는 일들이 비일비재했다.

원장인 그로서도 어쩔 도리가 없는 상황이 나날이 이어졌다. 그만두고 싶은 생각이 간절했다. 하지만 폭발적인 에네르기를 발산하고 있는 공산주의 사회에서 그만둔다고 해서 그게 받아들여질 상황도 아니었다. 자칫하면 반동의 이름으로 처단될지 몰랐으므로 마냥 고집할 수도 없는 입장이었다. 주변사람들에게 "좀 쉬고싶다"고 청을 여러차례 넣었으나 감감무소식이었다.

"주여, 제가 할 일은 무엇입니까. 이데올로기의 이름으로 자행되는 저 살인을 도대체 어찌해야 한단 말입니까."

그는 기도로 하루하루를 보냈다.

그러던 어느 날이었다. 그날도 시체처리에 시간을 보내고 있는데 누가 장박사를 찾는다는 전갈이 왔다. 김일성 대학 부총장이던 박 일, 의과대학장 정두현, 의대 부학장 및 부속병원장인 최응석 등 세 사람이었다.

"자, 김일성 대학으로 와주셔야겠습니다."

그들은 김일성대 의과대 외과학과 강좌장으로 와달라는 것이었다. 의사로서 이름이 이미 알려져있는 터였다. 더욱이 막 골격을 갖춰가던 북한정권의 고위인사들이 찾아와 일을 맡아달라는 것은 일반적인 기준으로 볼 때 사실 영광이었다.

그러나 그는 생각이 없었다. 그에게 있어 이념의 이름으로 수많은 사람들이 죽어 넘어지는 현실이 견딜 수 없는 고통이었다. 쉬면서, 더 기도하면서, 주님의 자녀로 할 일을 찾는게 급선무라고 생각했다.

박 일 부총장 등의 방문은 사실 파격적인 것이었다. 박부총장의 말은 명령이었다. 그가 선택하고 자시고 하는 문제가 아니라 와서 일하라는 통보였다. 일본패망으로 남쪽이나 북쪽이나 인력난을 겪고 있었다. 일제의 보호아래 친일파 노릇을 하면서 빌붙어 있던 사람들이 대부분의 지식인들과 지주들이었다.

특히 친일파 처단에 적극적이었던 북한의 경우 쓸만한 인력을 구하기가 하늘의 별을 따는 격이었다. 그런 마당에 친일파도 아니면서 그저 의사의 직분에 열과 성을 쏟은데다 최고의 외과의사라는 평까지 들었던 그는 공산주의자들 입장에서 보면 흙 속의 진주였으리라.

상황이 이랬으니 부총장의 말을 일언지하에 거절한다면 그들의 기분이 상할 게 틀림없었고 그 뒤의 상황은 어떻게 변할지 몰랐다.

그는 한참을 생각하다가 공산주의로서는 도저히 납득할 수 없는 3가지 불가론을 내세우며 사실상 거절의 사인을 보냈다.

"부총장 동지, 저는 자격이 없습니다."

부총장은 뜻밖의 말을 듣고는 같이 간 인사들의 얼굴을 쳐다보면서 어리둥절했다. 당연히 감지덕지하며 승낙할 줄 알았는데 어렵다고, 자격이 없다고 하니….

"무슨 말씀이요?"

그는 숨을 한 번 고르고 내친 김에 할말을 내뱉었다.

"첫째는 제가 아직 교수가 될 만큼 실력을 갖추지 못하고 있습니다. 아직 더 공부해야 합니다. 그래서 좀 쉬면서 공부 좀 하겠다는 겁니다."

"이유가 또 있소?"

"네. 있습니다. 두 번째는 변증법적인 유물론을 알아야 과학자의 자격을 갖췄다는데 저는 아직 그걸 모르고 있습니다. 사회주의 국가에서 그런 제가 자격이 있겠습니까."

"다른 이유는?"

박 일 부총장은 매우 흥미있다는 듯 독촉했다. 그는 호흡을 가다듬고 할 말을 쏟아냈다.

"제일 중요한 문젭니다. 전 크리스천입니다. 크리스천은 일요일에 일할 수 없습니다. 저에게는 주일입니다."

그는 부총장의 얼굴이 일그러지지 않을까 염려했다. 하지만 박 일의 표정은 그대로였다. 박 일은 대신 정두현 학장에게 고개를 돌렸다.

"저 분 말이 다 옳은 말이요?"

소련에서 귀국한 박 일은 아직 국내사정을 모르고 있었다. 아마도 정학장이 그를 추천한 것 같았다. 정학장은 그를 무척이나 아꼈던 사람이었으니까.

정학장은 박 일의 질문에 조심스럽게 대답하며 안색을 살폈다.

"첫째와 둘째 대답은 지나친 겸손의 말입니다. 자격도 충분할 뿐 아니라 조선 최고의 의사라고 해도 과언은 아닙니다."

"세 번째는?"

"그, 그건 맞습니다."

"그래요, 그럼 됐습니다. 아 일제의 억압아래서 어느 누가 보란 듯이 배워 대학교수의 자격을 갖추었겠습니까. 제대로 넘치도록 공부했다면 그것이 이상한 일이지. 하지만 인민이 원하는데 어쩝니까. 해야지요?"

그가 쉽게 대답하지 못하고 머뭇거리자 부총장은 재차 물었다.

"둘째가 뭐라고요. 변증법적 유물론에 대해서는 모른다고 했는데 알아보기는 하고 있습니까."

그는 거짓말을 하지 못했다. 세상이 바뀌고 소련군대가 진주하고 공산주의자들이 득세하자 그는 관련서적을 읽고 있었기 때문이었다. 공산주의가 무엇이고 유물론이 무언지를 알아볼 필요가 있었다.

"책은 읽고 있습니다."

박 일 부총장의 표정은 단박에 밝아졌다.

"그리고 뭐 일요일은 안 된다구요? 좋습니다. 일요일은 안 해도 좋습니다."

더 이상 거절할 명분은 없었다.

'이것도 하나님께서 인도하는 길이라면 어쩔 수 없는 게 아닌가.'

함께 있던 최응석 원장은 박 일 부총장의 안색을 살피면서 장담하며 일어섰다.

"장선생, 너무 염려마시오. 나랑 1년만 같이 일하면 장선생도 틀림없이 공산주의자가 될테니까…."

그는 결국 김일성대 의과대 외과학 강좌장의 일을 담당하게 되었다. 최원장은 과연 그랬다. 그가 독실한 크리스천이었다면 최원장은 철저한 공산주의자였다. 그가 성경을 읽고 외우고 있었다면, 최원장은 변증법적 유물론을 술술 꿰고 있었다. 그가 하나님만이 세상과 사람을 구원할 수 있다고 믿는다면 최원장은 공산주의야말로 세상을 구하고 모든 사람을 평등하게 만들 수 있다고 믿는 사람이었다.

최원장은 시간만 나면 그를 찾아와 유물론을 읽고있는 지를 묻고는 유물론 강의에 시간가는 줄 몰랐다. 생산력과 생산관계, 노동자와 착취계급인 유산자…. 세상은 하나님의 이치로 모든게 이뤄진다고 믿는 그에게 유물론이 머리에 들어올리 만무했다. 시간가는 줄 모르고 유물론을 되뇌이던 최원장은 "강의가 시작될 시간"이라는 그의 말막음이 있고서야 "시간이 이렇게 되었나"고 머쓱해하며 일어섰다.

한 번은 최원장이 찾아와 예의 한참 동안 공산주의의 우월성을 논하면서 "왜 이렇게 좋은, 모든 사람이 평등한 삶을 사는 공산주의자가 되지 않느냐"고 권하고 있었다.

평소같으면 그냥 듣고 말 일이었는데 이날은 달랐다. 원장이 하자는 대로 내버려두면 한도 끝도 없을 것 같았다.

"원장님 말씀대로 공산주의는 인류전체를 위한, 참으로 좋은 사상인 것은 틀림없는데요…."

"그렇죠, 그렇게 생각하죠."

그는 숨을 몰아쉬며 하고싶은 말을, 기도한 대로 뱉어버렸다.

"그러나 공산주의는 평면적인 것으로 거기에는 어느 정도 진리는 있지만 저는 평면적이면서도 입체적인 것, 즉 아래와 위가 직결되는 기독교를 믿습니다."

원장은 그가 솔직한 입장으로 쐐기를 박자 더 이상 할 말을 잃고 고개를 절레절레 흔들었다. 뜻밖에 반격을 받은 골수 공산당원은 달리 반박할 논리를 만들지 못했다.

최원장이 장담했던 1년이 지나자 상황은 정반대로 바뀌었다. 최원장이 그토록 신봉하는 공산주의는 최원장을 버렸다. 한때 8개나 되었던 공산주의 감투는 모조리 박탈당했다. 인간이 만든 사상과 주의는 결국 인간에 의해 족쇄가 채워진다는 걸 몰랐던 것이었다.

고위층에 속해있던 최원장은 전면적인 화폐개혁을 단행한다는 사실을 미리 알고 시행 하루전에 쌀 두가마와 재봉틀 2대, 그리고 생필품 몇 개를 사들인 것이 그만 탄로나고 말았다.

원장은 혹독한 자아비판을 가까스로 감당하고서야 겨우 의사직만을 보전할 수 있었다. 만일 의사직분만 아니었다면 최원장은 쥐도 새도 모르게 영원히 숙청당했을 것이다. 의사가 부족한 실정이었으니 그나마 다행이라면 다행이었다.

어디 최원장 뿐이었던가. 박 일 부총장도 다가올 비극을 예감하지 못했다. 그는 소련에서도 국민학교 교장을 지낸 교육자였다. 공산주의 사상에 투철한 그야말로 '새 조국, 인민공화국'을 짊어질 인텔리 중에 인텔리였다.

하지만 그 또한 몇 년 뒤 사소한 문제가 화근이 되어 그만 낙마하고 말았다. 사건은 부총장이 김일성 대학 운동장을 농장으로 개간하고자 나름대로 의욕을 편 것이 잘못이었다.

해방 이후 부족했던 식량을 어떻게든 채우는 게 남쪽이나 북쪽이나 마찬가지였다. 백성이 기아선상에서 헤매고 있을 때였으므로 어떤 방법을 통해서라도 먹고사는 문제를 해결해야 했다. 부총장은 800만 원을 들여 농장을 꾸몄다.

그러나 막상 소출 때가 되자 수확은 200만 원 어치에 불과했다. 물론 그해에는 가뭄도 들었을 뿐 아니라 그해에 처음 준 거름이 땅속으로 제대로 스며들지 않아 그만한 수확이라도 사실은 성공한 편이었다.

게다가 3년 뒤면 투자액은 뽑을 수 있었으므로 썩 손해보는 장사는 아니었다. 하지만 그게 통하지 않았다. 무려 600만 원이나 손해봤다는 비판이 쏟아졌고 부총장은 혹독한 자아비판을 거친 끝에 견디지 못하고 부총장 직에서 물러난 뒤 소련으로 되돌아갔다. 어쩌면 그것은 벌써부터 잉태하기 시작한 권력투쟁의 단초였는지 모른다.

누군가 부총장을 몰아내기 위해 작은 꼬투리를 잡아 사태를 확대시켰을 것이다. 사실 북한에서는 해방직후부터 김일성을 중심으로 최용건, 김 책, 최 현, 김 일, 남 일 등 소련계와 무 정, 박일우 등이 중심이 된 중국계가 대립하는 양상이었다. 김일성파는 소련점령군의 지원을 받아 요직을 차지하고 있었으나 무 정을 비롯한 중국계의 공공연한 비판을 받을 정도로 아직은 확고한 권력기반을 쌓지 못했다. 박 일 부총장도 그런 북한정권의 초기 혼란기에 권력투쟁의 유탄을 맞아 엉뚱하게 희생양이 됐을 가능성도 있다.

김일성을 중심으로 세력들은 소련의 전폭적인 후원 아래 그침없는 권력투쟁의 과정을 거쳐 1950년대 중반까지 남로당파와 연안파, 소련파 등 정적들을 모조리 몰아내고 1인독재 체제를 완성했다. 주의나 사상은 틀렸으나 조국광복을 향한 마음은 한결같았던 북한의 지도자들 대부분은 김일성 정권의 희생양이 되어 모두 제거되고 말았다.

모택동의 말처럼 권력은 총구에서 나온다고 했던가.

들리는 말로는 소련으로 돌아간 박부총장은 반김일성 대열의 선두에 서서 활동했다는 소식이다.

그를 영입했고, 그를 공산주의로 만들기 위해 무진 애를 썼던 공산주의 신봉자들이 바로 그 공산주의의 마수에 스스로 걸려 낙마했다.

하지만 하나님을 신봉하고 하나님 뜻대로 살았던 그는 의외로 탄탄대로를 걸었다. 그것은 참 이상한 일이었다. 그는 혈기왕성할 뿐 아니라 공산주의 조국건설의 기수임을 자부하고 있던 김일성대학 학생들을 거뜬히 가르치고 있었다.

때론 곤란한 질문을 받을 때도 많았다. 일부 극성파 학생들이 "세상에 예수 그리스도가 어디있다고 믿는가" 하며 야유성 질문을 해댔다.

"난 하나님의 존재를 믿는다. 하나님만이 이 나라 이 조국을 구원한다는 걸 믿는다."

그가 당당하게 말하자 도리어 학생들은 어떤 경외심으로 교수를 바라보았다. 공산주의자 제자, 동료들의 시선이 따가웠지만 그는 개의치 않았다. 날마다 새벽기도를 올렸고 주일에는 교회에 빠짐없이 출석했다. 수술 전에 늘 해왔던 기도도 물론 빼놓지 않았다.

집도는 의사가 하지만 수술은 늘 하나님의 역사로 이뤄진다는 것을 잘 알고 있었으므로 기도없는 수술은 상상도 할 수 없는 일이었다.

그때까지 공산정권의 기반이 확고하지 않았기에 아직은 종교의 자유가 남아 있었다. 김일성도 표면적으로는 "종교의 자유가 있다"고

천명해 놓은 상태였다. 하지만 시간이 흐를수록 서서히 교인들의 목을 조르는 징후가 곳곳에서 나타나고 있었다. 종교와 공산주의는 어차피 물과 기름이 아니던가.

김일성대학 내의 학생들 사이에도 슬슬 긴장감이 감돌기 시작했다. 언제부터인가 학내에는 예수를 믿는 학생들을 내쫓는다는 소문이 돌고 있었다. 교인학생들은 불안감에 휩싸였다.

기독교 학생들은 장박사를 찾아가 사태가 심상치 않다고 호소하는 일이 잦아졌다.

"박사님, 이상합니다. 민청아이들이 시비를 걸고 있습니다."

"교수님, 우리가 쫓겨난다는 소문이 파다합니다. 명단이 벌써 작성됐다고 하는 말도 들리고…."

그는 전전반측하는 학생들을 다독거리면서 뭔가 수를 내야겠다고 마음을 다잡았다.

온갖 흉흉한 소문이 도는 와중에 박 일 부총장이 대학병원을 찾았을 때 마음먹고 소문의 진위를 가렸다.

부총장은 펄쩍 뛰었다. 그런 소문을 퍼뜨리고 다니는 자들부터 쫓아내야 한다고 목소리를 높였다. 부총장이 워낙 펄펄 뛰니 더 이상 추궁할 수도 없는 일이었다. 그러나 부총장이 문제가 아니었다. 학교측이 교인들을 정식으로 몰아내지는 않았으나 민청학생들이 자체적으로 교인학생들의 명단을 작성해놓고는 제명처분을 내려버렸다.

그것은 마치 중세시대에 내린 파문과 비슷했다. 그 순간부터 해당 학생은 무자비한 테러 공격을 받을 수 있음을 의미했다. 아무도 보호해주지 않는 사실상의 사형선고나 같았다.

견디다못한 교인학생들은 눈물을 삼키며 남으로 남으로 내려갈 궁리를 하게 되었다. 무자비한 탄압 속에서 믿는 사람들이 할 수 있는 일은 그냥 순교하거나 종교의 자유를 찾아 떠나는 길 뿐이었다.

그의 김일성대학 제자들 가운데 많은 사람들이 당시 사선을 넘어 월남했다. 소아과를 개업한 송창건 박사도 당시 그를 찾아왔다.

"교수님, 죽든지 살든지 아주 넘어가렵니다."

조영식, 송효원, 김윤광, 한중근, 김응춘, 김공산, 조기화, 전기복, 신호식, 한덕근, 한종은 박사 등은 그때 쫓겨난 교인 제자들이었다. 그들은 우여곡절을 겪어 월남한 사람들이며 지난 1961년 스승의 세계일주 여비를 마련해주기도 했다.

학생들에 대한 탄압은 심했지만 그 악명높은 민청아이들도 장박사 개인은 어쩌지는 못했다. 그의 위치나 덕망이 민청아이들이나 뭇 공산주의자들이 넘볼 수 있는 단계보다 훨씬 높았기 때문이었다.

친구들 가운데서는 오로지 하나님만을 믿고 당원들에게 아부하지 않는다고 해서 그를 존경한 사람도 있었다. 전영을 박사가 그런 사람 중 한 사람이다.

전박사는 그가 외롭고 괴로워할 때 늘 함께 있어주며 격려를 아끼지 않았던 사람이다. 김일성대학 시절 수면요법으로 소화성 위궤양을 고친 명의로 이름을 떨친 사람으로 인정받았고 훗날 미국에 정착했다.

12. 김일성 입원하다

1947년 어느 날 새벽. 그는 평소와 다름없이 새벽기도회에 참석하고 집으로 돌아왔다. 아버지가 문밖에서 서성이고 계시다가 그의 인기척을 확인하고는 반색을 했다.

"김일성 장군님의 비서가 와서 너를 급히 찾았는데…."

그는 깜짝 놀랐다.

"새벽에 갑자기 찾는다는 건 무슨 일이 있다는 얘긴데…. 무슨 일이랍니까."

"글쎄, 누가 아프다고 하는데. 누군지 말을 안 하니까…."

김일성의 비서가 왔고 또 누가 아프다는 말을 안 했다는 건 환자가 김일성이라는 얘기였다. 그는 성경책을 든 채로 병원으로 달려갔다. 대학병원은 정문부터 삼엄한 경계망이 펼쳐져 있었다. 신분을 확인하는 보안대의 눈초리가 매서웠다.

몇 번의 확인절차를 거쳐 고위층들이 이용하는 병원내 특수병동 진찰실로 들어갔다. 그곳에는 조진석 박사가 침상에 누운 환자를 보고 있었다. 환자는 틀림없는 김일성이었다.

나중에 들은 얘기로는 김일성의 비서가 먼저 그를 찾아왔다가 집에 없자 조박사에게 달려간 것이었다.

김일성의 얼굴은 고통으로 일그러져 있었다. 비명을 지르고싶은 마음이 굴뚝같이 들다가도 최고지도자의 체면 때문에 억지로 참고있음이 분명했다. 침상 주변의 측근들은 새파랗게 질려 고통에 빠진 '장군님'을 간호하느라 쩔쩔매고 있었다.

"무슨 새벽기도가 그리 깁니까."

잠깐 밖으로 나온 조박사의 첫마디는 원망이 섞여 있었다. 그가 교회만 가지 않았다면 응당 김일성의 치료는 장박사가 맡았을 것이고 그 엄청난 책임도 그에게 부여되었을 것이 틀림없었기 때문이었다.

어쨌거나 책임의사(주치의)로 지목된 조박사의 표정은 잔뜩 긴장돼 있었다. 옛날 임금의 병을 고치는 어의와 비슷한 심정이었으리라. 의사의 진료로 병이 나으면 좋지만 만약 악화되기라도 하면 책임추궁을 면할 길이 없었다.

"진단결과는 나왔습니까."

장박사는 바위처럼 굳어있는 조박사의 어깨를 잡으며 긴장을 풀어주려 했다.

"겉으로 보기에는 급성충수염(맹장염)같습니다. 하지만 환자가 워낙 고통스러워하는 걸 보니 담석이나 요로결석같기도 하고…."

급성충수염이라면 수술하면 그만이지만 요로결석이나 담석인지를 정확하게 진단하려면 정밀검사를 해야 했다. 요로결석이나 담석은 병으로 인한 고통가운데서도 둘째가라면 서러워할 통증을 수반한다.

신장에 돌(결석)이 생기거나 오줌을 신장에서 방광으로 내려보내는 가느다란 요로에 돌이 생겨 막히면 환자는 거의 사색이 된다. 오줌이 걸려 막히면 환부가 부어오르게 된다. 자연 장이나 위 등 다른 장기를 압박하게 된다. 처음에는 옆구리가 뻐근한 증세에 머물다가 시간이 흐르면 자세를 어찌 취해야 할 지 모를 정도가 된다. 통증은 옆구리는 물론 아랫배까지 퍼지고 그 고통은 산고에 버금간다는 게 요로결석이요 담석이다.

그러다가 더 시간이 흘러 오줌이 빠지게 되면 언제 그랬냐 싶게 통증이 사라진다. 다 죽는 표정으로 응급실로 실려가는 환자가 얼마 후 거짓말처럼 웃고 떠들 수 있는, 그래서 꾀병이 아니냐는 놀림을 받는 게 바로 그 병이다.

그런 뒤 다시 며칠 뒤나 몇 달 뒤 똑같은 과정을 거치면서 고통을 받는 병. 시간이 흐르면 결석이 오줌에 섞여 빠져나옴으로써 완전히 치유되는 병이 바로 요로결석이다.

따라서 김일성의 병명이 요로결석이라면 그냥 둬도 완전히 치유될 수 있었다. 하지만 다 나을 때까지 얼마나 더 고통에 시달릴지 모르는 상황이었으므로 장박사와 조박사의 고민은 컸다.

문제는 또 있었다. 결석진단을 위해서는 검사를 해야 했다. 요로에 내시경을 삽입, 요로를 따라 가면서 결석이 있는지 여부를 확인해야 했다.

설사 그런 어려운 과정을 거쳐 요로결석 아닌 충수염이 확실하다는 진단이 나온다해도 장박사와 조박사의 처지는 딱했다.

요즘도 아무리 실력있는 의사라도 대통령의 몸에 수술칼을 댄다는 건 엄청난 부담을 안는 일. 심지어 최규하 대통령 때는 국내 의사들이 꺼리는 바람에 미국에서 백내장을 수술했다는 후문이다.

최첨단 의학기술을 자랑하고 있는 요즘도 최고지도자에 대한 수술을 꺼리는 상황인데 그때는 더할 나위 없었다. 충수염 수술은 여반장처럼 쉬웠지만 만에 하나 잘못됐을 경우 책임은 누가 진단 말인가.

김일성의 고통이 줄어들지 않자 김일성 측근과 의료진은 결단을 내려야 했으나 쉽게 결론을 이끌 수 있는 상황은 아니었다. 장박사도 조박사도 "감히 내가 합네" 하고 나설 입장도 아니었고 측근들은 측근들대로 의사를 잘못 선택했다가 문제가 발생하면 모든 책임을 뒤집어 써야 할 판이었으니 누구도 쉽게 말할 수 없었다.

지리한 구수회의 끝에 결국은 소련군의관이 선택되었다. 당시만 해도 소련의 의료수준이 최고를 자랑하고 있었기에 측근들은 그나마 최선의 선택이라고 여기면서 한숨쉬었다.

대신 조박사는 처음부터 김일성을 돌봤다는 '죄'로 입회의사로 결정되었다.

"장박사는 하나님 덕을 본 셈이오."

본의 아니게 입회의사라는 중책을 맡게 된 조진석 박사는 장박사의 손에 든 성경과 찬송가를 흘깃 보면서 속삭였다.

요로결석을 위한 내시경 검사는 김일성의 비명소리와 함께 시작되었고 비명소리와 함께 끝났다. 측근들은 최고권력자의 단말마와 같은 비명이 병동을 울리자 사색이 되었다. 소련군의관(중령)이 아니었다면 아마 시비의 대상이 되었을지 몰랐다.

"충수염이 확실한 것 같습니다."

김일성으로서는 쓸데없이 이중의 고통을 당한 셈이었다. 정작 충수염 수술은 간단히 끝났다.

수술을 마치고 나온 조진석 박사는 장박사를 향해 고개를 갸우뚱거리며 이해할 수 없다는 표정이었다.

"거 참 이상하네. 장박사. 참 이해할 수 없어. 아니 우리같으면 5센티미터만 째면 될 것 같은데 15센티미터나 째네요?"

우여곡절 끝에 수술을 마친 김일성은 회복실에서 장박사를 보자 고개를 절레절레 흔들며 말했다.

"장박사라고 했나요. 정말 죽을 뻔했어요. 얼마나 아픈지 미칠 지경이었지. 기독교 믿는다고 했던가요. 참 아까 성경책 들고 있었지. 당신이 믿는다는 하나님에게 기도라도 하고 싶더군요."

이 일화 때문에 장박사는 훗날 더욱 유명해졌다. 그가 김일성의 첫 번째 부인인 김정숙의 주치의로서 인정받고 있었다는 것. 바로 그때 김일성의 맹장수술을 담당했으며 김일성을 수술대 위에 뉘어놓고 "나는 예수를 믿는 의사이기 때문에 수술하기 전에는 내가 믿는 하나님께 기도드립니다. 장군님도 예외일 수 없습니다" 하고 허락을 맡고나서 수술했다는 소문이었다. 보통사람 같으면 못 이기는 척하고 어영부영 사실인양 넘길 수도 있었지만 그는 자신을 미화하려는 분위기에 쐐기를 박았다.

스스로가 알고 김일성이 알고 조박사가 알고 더욱이 하나님께서 알고 계시는 진실을 숨길 수는 없는 일이었기 때문이다.

"내가 김일성의 맹장수술을 했다는 말이 꽤나 유포되어 있는 모양인데 이 소문은 아마 김일성이 발작을 일으켰을 때 나한테 맨처음 사람을 보냈고 또 그 해에 내가 일꾼상을 탄 데서 나온 말이 아닌가 한다."

그는 훗날 한국일보에 게재된 회고록을 통해 세간의 소문에 대해 해명했다. 하지만 그는 해방후 북한에서는 처음 의학박사학위를 받았고 김일성이 사경을 헤매자 맨처음으로 부름을 받았다는 점에서 북한 내 최고의 의사로 추앙받았음을 알 수 있다.

13. 북조선 제1호 의학박사가 되다

　김일성이 맹장수술을 받았던 1947년 말 김일성대 총장이 박 일 부총장과 직접 그의 사무실을 찾았다.
　"장박사, 축하할만한 일이 있소."
　"무슨 일인데 이렇게 직접…."
　"우리 대학의 영광이오. 김일성 장군님께서 장박사에게 모범일꾼상을 내리셨소."
　그러면서 총장은 감격에 겨운 듯 장박사를 얼싸안았다.
　"이런 경사가 어디있소. 장박사는 이제 탄탄대로를 걸을게요."
　공산정권 아래서 지식인들의 지위는 노동자, 농민보다 낮은 계급이었기에 그는 일급상을 탔다. 주어진 과업을 초과달성한 노동자는 특급상을 타 시계와 상금 7,000원을 받았고 그는 일급상, 즉 부상으로 상금 3,000원을 받았다.
　장박사는 그날 밤 하나님께 기도를 올렸다.
　"주여! 주의나 사상이 무슨 필요가 있겠습니까. 어쨌든 저는 하나님의 뜻에 따라 열심히 환자를 치료했을 뿐입니다. 저들이 저에게 상금을 주었으니 모두 하나님의 것입니다."
　그는 주일예배 때 상금 3,000원 전액을 교회에 바쳤다.
　경사는 겹쳤다. 모범일꾼상을 받은 지 몇 달도 안 된 이듬해(1948년) 초, 또 총장의 부름을 받았다.
　"이게 무슨 일이오. 장박사는 내가 모르게 당에서 뒤를 봐주는 사람이 있소?"

"갑자기 무슨 그런 말씀을…."

"아니 농담이요. 농담. 경사가 하도 겹치니 하는 말이요."

총장은 너털웃음을 지으며 "이번에 장박사가 박사학위를 받게 되었다"고 통보해주었다.

무슨 논문을 냈다고 박사학위인가. 그는 어리둥절할 수밖에 없었다. 더구나 학위를 달라고 요청한 것도 아닌데….

"대단한 일이요. 과학원의 학위심사위원회를 통과해서 김일성 장군님께서 재가까지 하셨으니 이만한 경사가 어디요."

더군다나 그해 과학원의 학위수여는 해방 이후 북한에서는 처음 있는 일이어서 제1회 학위를 주는 북한정권은 대상자의 선정에 각별한 신경을 쓰고 있었다.

북한에서는 학위라는게 어떤 연구실적을 토대로 받는 게 아니라 학위심사위원회라는게 있어 당성이나 인민에 대한 기여도를 검토하고 최고집권자, 즉 김일성의 승인을 받아야 한다는 걸 이때 처음 알았다. 물론 크리스천 장기려의 당성은 말할 것도 없이 0점이었다. 하지만 환자를 위해 온몸을 던지는 그의 헌신적인 모습은 공산주의자들의 마음까지도 움직였던 것이었다. 게다가 의사로서의 능력만큼은 따로 검증할 필요가 없을 만큼 어느 누구도 이의를 제기할 사람이 없었으므로 당으로서는 못 줄 이유가 없었다.

당시 장박사와 함께 학위를 받은 사람들은 북한내에서는 내로라는 각 분야의 전문가들이었다. 우선 유명한 언어학자 김두봉, 고치연구로 이름을 날린 농학의 계응삼, 비타민 E를 연구한 최삼열, 해부학의 최명학, 그리고 당대최고의 외과의사 장기려 박사 등 5명이었다.

그는 후에 학위심사위원회 위원으로까지 추대되었다. 당원이 아니면서도 흔들리지 않는 최고의 지위를 얻은 것이다.

이렇게되자 크리스천인 그를 교수로 추천했고 1년도 못되어 8개의 직함을 모두 잃고 의사직만 보전했던, 충직한 공산당원 최응석이 하루는 장박사를 찾아왔다.

불과 1년전 "1년이면 당신을 공산주의자로 개조시킬 수 있다"고 큰소리쳤던 그의 얼굴엔 열혈 공산주의자의 기백은 이미 사라지고 없었다.

"들어오십시오."

장박사가 어깨를 축 늘어뜨린 최응석을 맞이했다. 그의 목소리는 힘이 없었다.

"장박사, 어떻게 하면 장박사처럼 출세할 수 있소. 좀 가르쳐 주시오."

사실 공산주의자가 아니면서도, 이 공산주의 체제에서 좀처럼 낙마하지 않고 오롯이 제 갈 길을 가면서도 승승장구하는 장박사를 이해할 수도, 용서할 수도 없었다.

'난 정말 당에, 김일성 장군에 충성을 다하면서 온갖 과업을 다 수행했다. 하지만 까짓 생활필수품 몇 개를 사놓았다고 해서 모든 직책을 잃었다. 그러나 저 놈은 예수를 믿는다고 공공연하게 큰소리치고 다니는데도 갈수록 출세한다.'

장박사의 사상개조에 심혈을 기울였던, 나름대로 사회주의 품안에 끌어들이려 심혈을 기울이기도 했던 최응석은 의사직을 제외한 모든 직책을 잃자 장박사에게 분노의 화살을 돌렸다.

틈만 나면 장박사를 헐뜯고 다녔다. 하지만 이미 당으로부터 신임을 잃은 최응석이 장박사를 낙마시키는 데는 역부족이었다. 장박사는 사상을 떠나 당대최고의 외과의사로 평가받았고, 환자들에 대한 가없는 헌신을 해온, 즉 '인민에 대한 봉사'의 항목에서 최고임을 인정받고 있었기 때문이었다.

그렇게 자신을 비난하고 다니던 최응석이 제발로 찾아와 고개를 숙이는 모습을 바라보며 그는 연민의 정을 느꼈다.

"글쎄, 내가 무슨 도움이 될지는 모르겠소만…"

그는 생각 끝에 의사로서 아주 현실적인 방법 하나를 일러주었다.
"이런 방법은 어떻소. 노어를 한 번 공부하면 길이 뚫릴 수도 있을 것 같은데…."

당시만 해도 의사로서 소련어를 할 줄 아는 사람이 희귀했다. 따라서 의학선진국인 소련의 언어를 배워 소련어로 된 의학서적을 번역하면서, 또 그 나라의 선진의학을 연구하면 대접을 받을 수 있다고 보았다.

"그런 방법이 있었군…."

대답은 했지만 시원치 않았다. 최응석은 인맥 등을 동원, 출세하는 이른바 처세술을 좀 가르쳐 달라는 얘기였던 것 같았다.

'오죽했으면 여기까지 찾아왔을까.'

그런 모습이 측은하기도 해서 "우리 집에 가서 저녁이나 먹자"면서 최응석을 일으켜 세웠다.

그의 집을 처음 찾은 최응석은 예절바른 장박사 식구들의 손님맞이에 그간의 선입견을 허물어뜨리기 시작했다. 방안을 휘휘 둘러봐도 보통 인민과 똑같은, 아니 더 못한 것 같은 빈한한 삶을 꾸리고 있었다. 손님대접 한다고 내온 밥상에 최응석은 깜짝 놀랐다.

"귀한 손님이 오셨는데 어쩌죠…."

미안한 마음에 홍당무로 변한 얼굴로 부인이 내온 밥상 위엔 반찬이라고는 수란국에 김치밖에 없었다. 최응석은 그 반찬이 장박사 집에 있는 전부라는 사실을 알고 고개를 숙였다. 모범일꾼상에다 의학박사학위를 딴, 출세가도를 달리고 있는 장박사를 너무도 몰랐던 사실이었다.

장박사가 월급을 쪼개 병원에서 쓸 수술용액을 구입한다는 사실을 어느 정도 알고 있던 최응석이었으나 이 정도로 빈한한 삶을 꾸리고 있는 지는 상상도 못했다.

대학교수의 월급은 2,400원으로 당시 북한기준에서도 최상급에 속했다. 그렇지만 임상의사의 봉급에는 1,200원의 수당이 붙었다. 게다가 고위층을 위한 병동인 특별병원에 근무하는 의사는 다시 1,000원이 추가됐다.

1948년 박사학위 제도가 생긴 이후에는 이른바 박사교수에게는 7,000원의 기본월급이 지급되었다.

따라서 장박사는 박사가 되기 전에는 4,600원, 박사가 된 이후에는 9,200원을 받았다.

하지만 당시에는 소련의 원조로 간신히 병원이 운영되고 있었지만 물자가 워낙 부족해서 수술조차 제대로 할 수 없을 정도였다. 장박사로서는 그 때문에 밀려드는 수술환자를 어떻든 감당해야 했기에 급하면 자기 돈을 써서라도 먼저 해결해야 했다.

환부를 째고 급히 수술로 병을 고쳐야 하는 외과의사로서는 선택의 여지가 없었다고 봐야 한다. 죽어가는 사람들을 수술장비나 의약품이 없다고 해서 내버려둘 수 없었기 때문이다.

게다가 식구도 6남매와 부인, 그리고 부모님까지 합해 10명이나 되었기에 생활고에 시달리지 않을 수 없었다.

박사가 되기 전인 1947년까지는 가재도구를 하나씩 하나씩 팔아 써야 했고 박사가 된 1948년 이후에는 아내가 재봉틀로 환자복 따위를 짓는 등 '의사부인' 답지않은 이른바 삯바느질 부업으로 생계를 이어나갔다.

그는 회고록에서 "내게 일꾼상이니 학위니 하는 것을 준 것도 그렇게 사는 것을 좋게 보았기 때문인지 모른다"면서 "오로지 그리스도만을 의지하고 그리스도의 뜻에 따라 묵묵히 의료와 교육에 종사했기에 공산주의자들과의 경쟁에서 승리한 것"이라고 되돌아 본 적이 있다.

최응석도 흔들림없이 하나님 아버지를 믿고 또 그의 뜻에 따라 살아가는 장박사의 참모습을 보고는 감명을 받은 듯했다.

그는 저녁을 든 후 집을 나서면서 장박사의 손을 꼭 잡고 용서를 빌었다.

"장박사, 그동안 잘못했습니다. 제가 장박사를 너무 모르고 오해한 것 같습니다."

최응석의 눈에는 이슬이 맺혔다. 그가 떠난 후 장박사는 조용히 감사의 기도를 올렸다.

"주여, 당신의 뜻대로 살고자 하는 제가 굳게 닫은 한 사람의 마음을 열었습니다. 원수까지도 사랑하라신 주님, 하물며 같은 동료 의사요, 동족인 사람인데 용서못할 게 뭐 있냐고 꾸짖으시던 주님, 바로 당신께서 열어주신 그의 마음입니다. 저는 당신이 하라는 대로 따라했을 뿐입니다."

그의 눈에도 어느새 눈물이 고였다.

과연 최응석은 그 시간 이후 장박사가 월남할 때까지 절대 헐뜯지 않았다. 도리어 마주칠 일이 있으면 따뜻한 시선을 주고받으며 인사를 나누었다.

14. 다가오는 전쟁의 그림자

　크리스천 의사 장기려는 건재했지만 남북한 정세는 동족상잔의 비극을 키워가고 있었다. 1950년에 들어서면서 전쟁의 그림자는 한반도 전체를 뒤덮고 있었다.
　"남한의 이승만 정권은 다가올 전쟁을 전혀 예감하지 못한 채 방한한 댈러스 미국무장관을 요리, 군사원조를 받아내고 장차 '북벌'을 단행함으로써 1948년 총선 패배의 위기를 탈출하려 한다. 남한이 얼마나 남침을 예측하지 못했는지는 참모총장 채병덕이 전쟁발발 하루 전인 6월 24일 밤부터 2차, 3차를 호령하면서 밤새워 술을 마시고 있었고 국방차관은 남몰래 첩의 집에 묵으면서 전쟁이 일어난 줄도 모른채 다음날 낮까지 잠들어 있을 정도였다."(전 남로당총책 박갑동 저『한국전쟁과 김일성』에서)
　국제정세 또한 북한의 적화통일 야욕을 한층 불태우게 만들었다. 파죽지세로 국민당을 몰아붙인 중국공산당은 급기야 1949년 10월 10일 대륙을 통일했다. 이같은 중화인민공화국의 창건은 북한공산당을 크게 고무시켰다. 김일성을 비롯한 지도부는 중국공산당이 미국의 지원을 받아 장비와 병력수 등 모든 면에서 우세한 국민당을 쳐부수고 대륙을 제패하자 북한도 무력으로 남한을 무찌를 수 있다고 판단했다.
　소련 스탈린이 김일성을 신임하여 대량의 무기원조를 해주었고 혁명을 마무리한 중국도 독자적으로 지원에 나섰다. 여기에 토지개혁에 의한 농민의 생산의욕과 순조로운 기후조건으로 풍작이 계속되어 막대한 군량을 저장했다. 1949년 5월 원주 방면의 남한의 3개 대대가 대대장 인솔하에 북한으로 넘어감으로써 남한군의 실정을 손금보듯 파악할 수 있었다.

더군다나 남한에서 한미상호방위원조협정에 따라 1949년 6월말까지 미군이 철수한 상태였으므로 무력통일은 그야말로 식은 죽먹기처럼 여기게 되었다.

'전쟁＝적화통일의 완성'이란 환상에 젖은 김일성의 북한은 1950년 3월, 38도선에 접하고 있던 주민들을 후방으로 소개시킴으로써 전쟁의 신호탄을 쏘았다.

이 철두철미한 전쟁준비 과정에서 하나님을 믿는 기독교인들의 존재는 눈엣가시였다. 기독교인이야말로 미제국주의자의 앞잡이로 전쟁 도중 후방의 민심을 교란시킬 것으로 보았다.

저들이 학위를 주고 모범일꾼상의 영예까지 안겨줌에 따라 입지를 완전히 굳힌 장박사 개인에게는 그래도 아직까지는 괜찮은 편이었다. 하지만 다른 교인들에 대한 탄압의 강도는 인내의 수준을 넘어선 생사의 문제로까지 악화되고 있었다.

1950년 어느 날 평양에서 약 20리 떨어진 서포의 수녀원 관계자가 급한 전갈을 보냈다. 그곳에는 훗날 남한의 제2공화국 총리를 역임한 장 면 박사의 누이가 수녀원장으로 봉직하고 있었다.

"박사님, 아무래도 심상치 않습니다. 수녀원장님이 아무래도 큰 일을 당할 것 같습니다."

"무슨 일이요."

"보안대 쪽의 분위기가 심상치 않습니다. 원장님을 스파이로 몰 것 같습니다."

만약 미제의 스파이로 몰린다면 그것은 총살형을 받아 순교한다는 의미였다. 일각이 급했다.

"할 수 없군요. 빨리 입원하라고 그러세요. 일단 자리를 피하고 봐야 하니까."

"박사님, 간호원이 무척 친절하네요. 역시 예수믿는 분인가 보죠?"

장박사의 도움으로 입원한 장원장은 간호원이 늘 생글생글 웃으면서 이것저것 신경을 써주자 고마운 마음이 든 모양이었다.

장박사는 손사래를 치며 "조심하라"고 신호를 보냈다.

"날 감시하는 스파이입니다. 원장님도 말을 가려서 하세요."

그랬다. 그가 직접적으로는 탄압받지 않으나 얼핏얼핏 자신의 일거수일투족이 보고되는 듯한 낌새를 알아차리고 있었다.

바로 그 밑에서 일하고 있는 그 생글생글한 간호원의 짓거리임이 분명했다.

장 면 박사의 누이는 위기를 일단 넘긴 뒤 퇴원했다. 얼마 뒤 그녀는 "고맙다"면서 생선 두 마리를 보내주었다.

이 생선은 기독교인들에게는, 특히 탄압받는 기독교인들에게는 아주 특별한 의미를 간직하고 있다. 로마시대 네로황제 때 기독교인 탄압이 극에 달했을 때 교인들은 땅에 '익투스'라고 써서 서로가 하나님을 믿는다는 신호로 삼았다.

익투스란 희랍어로 생선이라는 뜻이다. 그러고 보면 장원장은 때때로 의미있는 말과 행동을 보인 분인데 처음 만났던 1946년에도 그런 일이 있었다.

"급한 환자가 있습니다. 빨리 좀 와주십시오."

역시 서포의 수녀원에서 온 급전이었다. 하지만 아무리 기다려도 기차가 오지 않았다. 온 땅을 뒤덮을 만한 눈이 내리고 있어 연착되고 있는 것 같았다. 마음은 급하고 기차는 오지 않고….

"너무 늦다. 환자가 급하다고 하는데…. 언제까지 기다리나."

그는 할 수 없이 살을 에이는 듯한 눈바람을 뚫고 서포까지 20리 길을 걸어서, 뛰어서 갔다. 서포에 도착했을 때까지도 기차는 오지 않았다.

"얼마나 다행입니까. 기차가 그새 왔을 줄 알고 얼마나 조바심을 냈는지…."
 장원장은 인자한 웃음을 지었다.
 "왜 그러셨어요. 먼 데를 갈 때는 기차를 타셔야죠."
 이 대답도 한 번 더 생각하면 천주교인다운 말이었다.
 신교는 자유롭게 믿어서 천국으로 가지만, 천주교는 모자나 의상 등 여러 가지 형식이 있고 교회(여기서는 기차)를 통해서만 천국(먼 데)으로 간다는 것을 암시한 말이었다.

 폭풍전야의 1950년 6월. 얼마 안 있으면 한반도 전역이 불바다로 휩싸일 것을 알았는지 그해 여름은 유난히 더웠다. 그는 묘향산 휴양소에서 휴가를 보내고 있었다. 김일성대 교수로 일하면서 두 번째로 특전을 받아 그곳을 찾은 것이었다. 산좋고 물좋은, 그래서 당의 고급간부 전용 휴양소에 휴가를 두 번씩이나 갔다는 것은 그가 공산주의자들의 눈에도 어떤 경계해야 할 정적의 대상으로가 아니라 사심없고 도무지 일밖에 모르는 예수쟁이로만 보였다는 얘기다.
 물론 이번에는 단순한 휴가가 아니었다. 해방이후 최신의학을 공부하기 위해 틈틈이 노어를 공부했는데 이제는 어느 정도 글을 보고 읽을 수 있는 수준이 되어 시간이 난 김에 소련의학 서적을 한 권 번역하기 위한, 말 뿐인 휴가였다.
 어쨌든 서적번역 외에는 다른 모든 시름을 잊을 수 있는 기회여서 그는 틈나는 대로 책을 들여다보고 자신의 신앙생활을 되짚어 보고 반성하는 기도를 드리는 일로 시간을 보내고 있었다.
 20일 아침. 그날도 새벽기도를 드리고 노어서적을 읽고 있었다.
 "전화왔습니다."
 휴양소 직원이 급히 불렀다.
 "장박사, 전화받는 즉시 빨리 오시오. 비상대기하라는 명령이 떨어졌소."
 대학병원의 급전이었다.

'무슨 일인가. 이렇게 급히 찾는다면, 비상대기라면 큰 일이라는 얘긴데…. 혹시 김일성에게 변고가 생긴 것일까.'

몇해 전 김일성의 맹장염 소동을 떠올렸을 뿐 전쟁개시를 위한 대비태세라는 걸 전혀 눈치채지 못했다.

급히 평양으로 달려왔을 때 병원에는 마치 폭풍전야 같았다. 대기명령을 받은 의사들은 영문을 모른채 소곤대고 있었다.

아무도 정확한 사태의 진상을 전해주지 못했고 불안한 마음으로 윗선의 지시만을 기다리고 있었다.

마침내 25일. 병원식구들은 비상대기의 의미가 전쟁이었다는 걸 알게 되었다. 노동신문이 "남조선의 군대가 먼저 쳐들어왔다. 김일성 장군님이 이끄는 인민군대가 남조선 괴뢰군을 즉각 쳐부수고 있으며 그 해방전쟁은 성공적으로 진행중이다"는 논조로 전쟁사실을 보도한 것이었다.

'전쟁이라니….'

그는 정신이 아득해졌다. 해방의 기쁨도 잠시. 나라가 둘로 쪼개졌는데, 우리 민족끼리 싸우다니.

그날 낮 그는 박헌영의 선전방송을 듣게 되었다.

"남조선 군대가 먼저 쳐들어 왔습니다. 우리는 할 수 없이 반격을 가한 것입니다."

불안에 떠는 시민들을 향해 그는 "인민군대가 곧장 괴뢰군대를 무찌르고 있고 남조선 내에도 인민봉기가 일어났기 때문에 해방전쟁은 금방 끝날 것"이라고 선전했다.

그런데 그는 박헌영이 "남조선 군대가 먼저 쳐들어왔다"고 말할 때 그의 목소리가 매우 떨려 무척 더듬고 있다는 인상을 짙게 받았다.

'이상하다. 왜 저 대목에서 더듬지.'

아무리 뻔뻔한 사람이고 철면피라도 거짓말을 하게 될 때는 자기자신도 모르게 양심이 작용, 목소리가 떨려 더듬거나 얼굴이 붉어지는 성질이 있음은 당연하다.

'박헌영 같은 골수 공산주의자에게도 양심이 있구나.'

병원은 아수라장이 되었다. 식구들은 졸지에 흩어지게 되었다. 의사 가운데서도 최전방으로 투입돼 병사들을 돌보는 직분을 맡은 사람도 있었고 후방에 남게 된 사람도 있었다.

그는 후자였다. 제 아무리 김일성이 인정해준 의사라 해도 크리스천 장기려를 신용할 수는 없었나 보다. 다른 때도 아니고 전시에 기독교인 의사를 전방에 보내기가 쉽지 않았을 것이다.

그는 평소처럼 대학병원 외과의사의 과업을 받았다.

대신 그를 감시하는 눈초리가 더욱 삼엄해졌다. 감시자는 장 면 박사의 누이가 입원했을 때 그 수간호원이었다. 당성을 인정받았던 그는 처음부터 장기려 담당 감시원으로 일해왔던 것이다.

원래 정치적인 발언이나 행동은 체질에도 안 맞았던 그는 평소대로 환자치료에만 전념했다.

그랬으니 수간호사로서도 꼬투리를 잡을 건수가 없었다. 사실 불안했다.

전세는 처음부터 북쪽의 압승 분위기였다. 만약 이쪽의 선전대로 적화통일이라도 된다면 기독교인들의 앞날은 어떻게 될까. 정말 순교해야 하는 것일까. 그렇다고 믿음을 버릴 수도 없는 일이 아닌가.

'비록 내가 지금은 별 탈없이 살아가고 있지만 전쟁이 끝나면 어떤 식으로 든 택일해야 할 순간이 올 것이다.'

'주여, 저에게 힘을 주소서. 주님 뜻대로 하겠나이다. 어떤 고난도 어떤 환난도 뚫고 이길 수 있는 힘을 주소서. 우리 민족이 다 살 수 있는 길을 어서 내려 주소서. 그를 위해 주께서 죽으라면 죽겠나이다.'

전쟁의 와중에서 하는 선전방송은 후방에 있는 사람들의 사기를 올려주기 위해 늘 승전보만을 전해주지만 실제 전쟁의 상황도 곧 적화통일이 임박한 것처럼 보였다. 그만큼 파죽지세였다.

인민군은 6월 28일 서울 북쪽을 점령했고 30일에는 한강도하에 성공했으며 7월 19일에는 대전전투에서 압도적인 승리를 거머쥐었다.

선전방송은 "이제 해방의 날이 멀지 않았다"고 흥분된 목소리로 떠들어 댔다.

하지만 전투가 계속될수록 북한의 입장에서 보면 불길한 징조가 나타나고 있었다. 이미 전쟁이 일어나기 2개월 전인 4월, 북한은 정치위원회를 열어 전쟁을 승인했다. 이 자리에서 남로당을 지도해온 박헌영은 "전쟁이 일어나면 20만 명에 달하는 남로당원들이 일제히 일어나 인민군의 군사작전을 원호하고 전 남조선지역을 해방할 것"이라고 큰소리쳤다. 정치위원회가 끝난 뒤 열린 축하연에서는 마치 전쟁에서 승리한 듯 분위기가 고조되어 있었다.

이때 인민군 총사령관인 최용건이 지나가는 말로 "만약 미군이 개입하면 어떻게 될 것인가" 하고 의문을 제기했다. 불길한 최용건의 발언에 김일성이 격노하자 정치위원 이승엽이 "동지는 우리 승리를 의심하는가" 하며 탁자를 치며 고함쳤다. 이 문제의 발언으로 직무정지 처분을 받았던 최용건의 예측은 그대로 맞았다.

예상과 달리 맥아더 장군은 개전 6일만인 6월 30일 평양비행장 폭격명령을 하달, 무려 70여 대의 북한전투기를 와해시켰다. 이로 인해 북한은 전쟁의 승패를 가르는 제공권을 완전히 잃었다. 7월 25일까지 부산을 해방하고 8월 15일 광복절에 수도 서울에서 전승통일 대축제를 열려던 김일성의 꿈은 차츰 사라졌고 전선은 교착상태에 빠졌다.

박헌영이 큰소리친 20만 노동당원들의 봉기 역시 지지부진했다. 북한에서도 8월말부터는 "이제 해방지구가 5퍼센트에 지나지 않는다"는 따위의 선전이 사라지고 대신 불안한 빛이 감돌고 있었다.

북한은 8월 15일 김일성의 명령에 따라 유엔군의 최후교두보인 부산-대구를 잇는 낙동강 돌출부에 대한 총공세를 내렸다. 하지만 이 총공세가 실패로 끝나면서 북한 지도부도 자신감을 완전히 상실한 것이다.

도리어 이날을 계기로 전쟁의 주도권은 유엔군측으로 넘어갔다. 9

월 12일 유엔군 해병대 수송단이 부산을 출항, 인천으로 향했다. 14일 이른 새벽에는 미군이 의도적인 낙동강 도하작전을 펼쳤다.

15일에 단행된 역사적인 인천상륙작전을 엄호하기 위한 위장작전이었다.

15. 전쟁, 밀려드는 수술환자들

간간이 펼쳐지던 유엔군의 평양공습은 16일 밤 절정을 이루었다.

당시의 유엔군 폭탄들은 물체에 부딪치면 곧 터져서 옆으로 퍼지는 것이어서 그때만 해도 엄청난 충격이었다. 밖에 나와서 있었던 사람들은 건물이나 물체에 맞아서 터진 폭탄의 파편을 맞아 줄줄이 죽거나 부상했다.

아비규환이었다. 고막을 찢을 듯한 폭발음은 그칠 줄 몰랐고 여기저기서 단말마의 비명이 터져 나왔다.

의사가 동이 났다. 시체들과 환자들이 물밀 듯이 몰려오는 데 이를 치료하거나 수술할 의사는 당연 모자랐다. 그는 공습에 신경 쓸 입장이 못되었다. 폭탄은 이 건물 저 건물 가리지 않고 떨어졌으나 아랑곳하지 않았다.

그는 의대병원 2층 수술실에서 공습에 파편을 맞은 환자를 수술하고 있었다. 빨리 손쓰지 않으면 죽을 수밖에 없는 환자였다. 얼마가 지났을까.

"꽝" 하는 소리에 그는 소스라치게 놀랐다. 폭탄이 3층 지붕 위에 떨어진 것이었다.

그는 자기도 모르게 두 손가락으로 두 귀를 막고 수술대 밑으로 허리를 구부렸다. 마침 병원부원장으로 함께 수술에 임했던 임영식 선생은 폭음에 놀라 두 손을 번쩍 들고 마치 포로처럼 부르르 떨며 서 있었다.

그들은 넋나간 표정으로 망연자실 서로의 얼굴만 바라보고 있었다. 폭음의 여운은 사람의 혼을 빼놓았다.

가까스로 정신을 가다듬고 그와 임부원장은 다시 환자 곁으로 갔다. 그때 수술실 문이 후다닥 열렸다. 3층 수술실에서 일하고 있던 후배 외과의사들이었다. 수술 가운을 입은 채로 달려온 그들의 얼굴은 백지장처럼 하얗게 변해있었다.

"다친 사람은 없는가."

"없습니다."

후배들은 겁에 질린 듯 한참을 더듬거리다가 장박사의 눈치를 살피며 입을 뗐다.

"박사님, 어떻게 해야 할 지 모르겠습니다. 이 판국에 수술을 계속해야 하는지. 잘못하면 환자고 의사고 다 죽는데…."

그는 마음을 다잡고 후배들을 독려했다. 의사는 어떤 상황이든 환자를 돌봐야 하기 때문이었다.

"계속하게. 자네들이 포기하면 환자들은 어떻게 되나. 저 비명소리가 들리지 않나. 의사가 도망가면 저 사람들은 그대로 죽는 것일세. 의사의 임무를 한 번 생각해보게."

장박사와 임 부원장을 비롯한 외과의사들은 밤을 꼬박 새워 수술해야 했다. 그는 그날 밤 7곳의 수술실을 돌며 수술실마다 7명의 환자의 수술을 집도, 무려 49명의 환자를 수술하는 유례없는 기록을 세웠다. 졸릴 틈도 없었고 1분 1초가 아까워 수술실 사이를 뛸 듯 돌아다녀야 했다.

평상시와 같으면 상상도 못할 수술기록. 후배의사들은 신앙심이 뒷받침된 그의 정열에 다시 한번 놀라지 않을 수 없었다.

다음날 아침이 되어 중환자들의 1차 수술을 겨우 다 끝냈다고 여기고 한숨 돌리고 있었다.

그러나 그건 배부른 소리였다. 좀 쉬며 병원 앞 뜰을 바라보니 환자로 꽉 차 있었다. 그는 깜짝 놀라 물어보니 숫자가 무려 400명이 넘는다는 애기였다.
 워낙 폭격이 심해 평양거리가 완전히 초토화되었기 때문이었다. 게다가 평양시내 병원에서 웬만큼 중한 환자라고 생각하면 모두 김일성대학병원으로 옮기고 있기 때문에 숫자는 갈수록 늘어났다.
 환자들의 신음소리와 씨름하면서 문득문득 울화가 목젖까지 치밀어 올랐다.
 '도대체 이게 뭐란 말인가. 누가 이 착하디 착한 백성들을 죽이고 다치게 하는 것인가. 이들이 무슨 공산주의를 알았고 자본주의를 알았겠는가. 사상도 이념도 몰랐을 이 민족에게 누가 폭탄을 퍼부었단 말인가. 주여, 이들을 살려주소서. 저에게 힘을 주옵소서. 저의 손에 임하셔서 저들을 다 고칠 수 있도록 힘을 주소서.'
 폭격은 때와 장소를 가리지 않고 계속되었다. 그 무시무시했던 9월 15일 대공습 이후 어느 주일날이었다.
 그는 평소와 똑같이 예배당에 모여 예배를 본 뒤 당회에 참석했다. 찬송을 막 부르고 있을 때였다. 갑자기 사이렌 소리가 울리면서 이어 공습이 시작되었다.
 멀리 폭발음이 들리고 있었지만 그들은 계속 찬송을 불렀다. 당회 예배중이었으므로 대피할 수 없었기 때문이었다.
 찬송이 끝나고 함께 기도를 드리고 있는데 교회문을 박차고 들어오는 사나이가 있었다.
 보안대원이었다. 대피명령을 내리느라 동분서주하던 그가 교회 옆을 지나다가 찬송을 부르는 소리를 들은 것이었다.
 "이게 무슨 짓들인가. 당신들 예수쟁이들은 공습이 기쁜가. 폭격하는데 기뻐서 노래를 부르는가. 사람이 죽어가는데 그렇게 기쁜가."
 "그게 아니오. 우리 기독교인들은 언제 어디서든지 하나님께 예배할 때 기도를 드리고 찬송을 부르오. 기뻐서가 아니라 찬송가 부르고 있는 도중에 우연히 폭격을 한 거요. 우리가 사람이 공습으로 죽어가는데 기뻐할 턱이 있소."

"웃기는 소리 하지 마라. 너희들은 혼 좀 나야 한다. 인민이 다 죽어가는데 뭐가 좋아 미쳐 날뛰며 노래를 불러."

보안대원은 그를 포함한 장로들의 해명에도 아랑곳하지 않고 지역 보안분소로 끌고 갔다.

공산주의자들에게는 소용없는 변명이었다. 아무리 상황을 이해시키려 해도 벽창호였다.

"되도 않는 소리들일랑 집어치우라고."

꼼짝없이 잡혀있을 운명이었다. 잡혀있는 것도 좋고 죽어도 좋은데 당장 수술을 못받아 고통을 받을 환자들을 생각하면 도저히 기다릴 수 없었다.

"이보시오, 난 대학병원 의사요. 내가 여기 있으면 환자들을 못봐요. 가뜩이나 공습이 심해 부상자들이 많은데 날 이렇게 잡아놓고 있으면 어떻게 하오. 내가 여기 있는 걸 병원이 알면 아마 당신들도 책임을 면하기 힘들거요."

보안대원들도 그 말에는 움찔했다. 평양전체가 불바다이고 죽어가는 환자 투성인데 가뜩이나 태부족인 의사를 가둬놓고 있다가는 무슨 화를 입을 지 모른다는 생각이 들었을 터였다. 그들은 한참동안 구수회의를 하더니 결단을 내렸다.

"그럼 가보시오."

그는 천신만고 끝에 풀려났다. 같이 잡혀있던 양장로와 박장로는 다음날 풀려났는데 만약 그대로 유치장에 갇혀있었더라면 공산군 후퇴 때 미제의 앞잡이라는 죄목으로 총살당했을 지도 모른다.

전세는 급격히 기울었다.

9월말이 되자 김일성 대학 병원의 분위기가 거의 패닉상태로 빠지고 있었다. 당원들은 물론 의사들까지 손에 일이 잡히지 않았다. 9월 28일 서울이 수복되었다. 서울을 이승만 대통령에게 넘긴 맥아더 장군은 38선 돌파여부를 결정지어야 했다. 8개국이 그 38도선 돌파여부에 대한 전권을 맥아더 유엔군 사령관에게 부여하자고 유엔에 제안했기 때문이다.

그는 내심 '도리어 잘되었다' 는 생각이 들었다. 어차피 공산정권의 치하에서 자유로운 교회활동을 하지 못하는 상황인데다 지금은 비록 결정적으로 흠잡힐 일을 당하지 않았으나 전쟁이 북쪽의 승리로 끝나면 언제 어떻게 될지 아무도 모르는 것이었다. 빨리 남한군이 올라와 주었으면 하는 생각이 들었다.

10월 1일 한국군 제3사단 2개중대가 북한의 저지선을 뚫고 기어이 38선을 돌파했다. 유엔군은 처음에는 북한군을 38도선 이북으로 몰아내는 것이 목적이라고 했으나 북한점령으로 작전을 바꾸었다. 그야말로 파죽지세였다. 2일 동해안의 38선 이북마을인 양양이, 4일에는 고성이 잇달아 점령됐다. 이에 고무된 미군이 7일 오후 5시 14분, 38선을 넘어 북상하기 시작했다.

평양시내가 들끓기 시작했다. 열성당원들은 너도나도 탈출의 대열에 합류하기 바빴다.

그는 그러거나 말거나 마지막 순간까지 환자들을 돌봐야겠다고 생각하고 수술실을 드나들며 동료의사들을 독려했다.

10일 원산이 함락되자 더 이상 병원을 지킬 수 없는 입장이 되었다. 원산은 평양시를 배후에서 목을 조르는 군사, 교통의 요충지였으므로 평양함락은 초읽기에 들어간 것이었다. 병원은 퇴각명령을 받았다.

"장박사는 박사니까 차를 타고 떠나시오."

북한 제1호 박사라고 해서 대우해준다는 것이었다. 그들을 따라간다면 앞날을 장담할 수 없는 입장이었다. 어떻게든 남을 방도가 없는가를 생각하며 시간을 끌었다. 강제로 차에 태우고 간다면 어찌할 도리가 없는 일이었다.

하지만 그는 더 이상 고민하지 않아도 됐다. 얼마나 급했던지 병원식구들은 자기 살 궁리를 하느라 정신을 차리지 못했다. 누가 떠나든

말든 아무도 신경쓰지 않았다. 시간이 좀 흐르자 병원내 당원들은 단 한 사람도 남지 않고 뿔뿔이 흩어졌다.

몇몇 의사들만 남는 참으로 우스운 꼴이 되었다. 그는 역시 남아있게 된 임영식 부원장을 찾아갔다.

"박사님, 우리도 일단 피해야 되겠지요."

그는 이미 반성으로 피신해 있던 가족들에게 합류했다. 10일 밤 김일성은 라디오육성 녹음방송을 남기고 경호대 몇 명과 함께 만주 통화방면으로 탈출했다. 11일이나 되어 방송된 김일성의 탈출방송은 정말 어처구니 없는 것이었다.

"미군점령지역에서 빨치산 투쟁을 광범하게 전개하고 적의 사령부를 괴멸하며 후방에 침투한 스파이, 파괴분자놈들을 적시에 적발하여 체포, 소탕하기 위해 전 인민은 경계심을 한층 더 높여야 한다."

자신은 야음을 틈타 도망가기 바빴으면서도 인민에게는 '최후의 피한방울까지 흘리면서 싸우라'고 독려한 것이었다.

그는 새삼 피를 토하는 고통 속에 죽어가던 환자들을 떠올리며 눈물을 삼켰다. 훗날 남쪽으로 내려와 들어보니 남한의 이승만 대통령도 김일성처럼 줄행랑을 쳤다는 사실을 알았다. 참으로 똑같은 사람들이었다. 그런 지도자 밑에서 살아온, 순응하며 지내온 백성들만 바보라는 생각에 울화통이 치밀어 올랐다. 자생적인 지도자라기 보다는 소련과 미국이 깔아준 주단을 밟고 무혈입성, 최고지도자가 된 사람들의 한계인 지도 모른다.

어쨌든 김일성이 평양을 탈출한 지 10일 후인 20일에야 평양이 함락되었다. 김일성이 큰소리쳤던 빨치산 운동은 전혀 일어나지 않았고 도리어 인민들은 국군과 유엔군이 들어오자 '대한민국 만세'를 외치며 맞이했다.

어찌됐던 그는 남한의 입장에서 보면 적이었다. 북한에서 준 박사학위를 받았고 모범일꾼의 자리에 올랐으니 책임을 물어도 할 수 없었다.

16. 한국군의 평양 점령

반성에서 은둔하고 있던 그는 뜻밖에 경성의전 후배들의 방문을 받았다. 평양이 점령된지 불과 3일만의 일이었다.

"선배님, 이제 우리와 함께 일해주십시오. 선배님 같은 분이 필요합니다."

그는 군소리없이 후배들을 따라 평양으로 돌아왔다. 그는 야전병원에서 국군 부상자들을 치료했고 11월이 되자 유엔 민간병원이 생겨 그곳으로 자리를 옮겨 약 한 달간 일했다.

국군 군의관들은 좀 달라 보였다. 폭격 등으로 생긴 환자들이 없어서 우선 병원이 붐비지 않았고 따라서 일이 공산정권 시절보다 훨씬 줄었다.

또 한 가지 다른 것은 뭔가 인간의 냄새가 난다는 것이었다. 공산정권 치하에서는 열성당원들 사이에 은근한 알력이 있어서 서로 감시하는 풍토가 만연돼 있었다. 사람과 사람간 관계는 그래서 늘 긴장감이 감돌고 있었다.

하지만 한국군들은 인정미가 넘쳐 흘렀다. 그가 10식구를 모시고 산다고 하면 "생활이 어려우시겠다"고 걱정해주는 이들이 많았다.

어떤 경우에는 남몰래 쌀 가마니를 갖다주며 "부모님 잘 공양하라"고 전해주는 윗사람도 있었다. 더욱 좋았던 것은 정말 마음 편히 교회 다니고 속 편하게 기도드린다는 것이었다.

그러나 그의 평양생활은 서서히 막을 내리고 있었다.

뜻하지 않은 미군의 개입으로 한국전쟁이 새로운 국면으로 접어들고 갈수록 북한측의 전세가 불리해지자 북한과 국경을 접하고 있던 중국이 고민하기 시작했다. 미군이 한반도 전역을 석권하면 다음 차례는 만주폭격일 지도 모른다는 위기감에 빠진 중국 공산당은 10월 4일 조선원조에 대한 공동선언을 채택했다.

이미 100만 대군을 국경지역에 배치해놓은 중국공산당은 만주 통화로 쫓겨온 김일성을 수중에 넣고는 10월 20일쯤에 은밀하게 압록강을 넘었다. 이른바 인해전술로 무장한 중공군은 11월 한 달 동안 야금야금 남하하더니 11월 28일에는 장진호 전투와 구장-개천전투에서 미군을 괴멸시켰다.

이제 후퇴를 눈앞에 두게 되었다. 중공군이 물밀 듯 내려오면서 당시 북한 전지역에서는 중공군에 대한 충격적인 소문들이 떠돌고 있었다.

퇴각하는 한국군들은 "뙤놈들이 오면 살아있는 사람의 코를 베고 유방을 도려내며 약탈, 강간을 서슴지 않는다"고 선전했다. 주민들은 극도의 불안감에 휩싸였다. 사실 그때만 해도 중국인들에 대한 우리나라 사람들의 인식은 경멸 그 자체였다. 국내 화교들의 대부분이 산동성 출신으로 낮은 신분을 가진 사람들이 많았고 그들 대부분이 석공이나 솥땜질, 호떡집 등을 운영하고 있었다.

게다가 북한사람들은 1895년 당시 청일전쟁 때 퇴각하는 청군이 인간으로서는 도저히 자행할 수 없는 만행을 저질렀다는 사실을 어렴풋이 알고 전해들었기 때문에 국군의 악의적인 말에 솔깃할 수밖에 없었다.

이같은 소문이 꼬리를 잇자 북한주민들은 국군을 따라 남으로, 남으로 대열에 너도나도 합류하기 시작했다. 사실 이같은 소문은 사실과 달랐다. 중국공산당이 1921년 단 27명의 당원으로 결성된 이래 28년만인 1949년 중국을 통일한 이유는 바로 인민에게 절대 해를 끼치지 않고 약탈하지 않는다는 것을 골자로 한 이른바 '8규율' 때문이었다는 분석이 있다. 반면 부패한 국민당 군인들은 점령지역을 약탈하고 모조리 불태워버리는 비윤리적인 전술을 내세워 민중들의 분노를 샀다.

사실 북한에 진주한 중공군도 민가의 마당을 쓸고 물을 길며 나무를 자르고 어린아이들을 안아주는 등 혁명시대의 8규율을 그대로 지켰다. 이는 파란 눈에 하얀 피부색을 하고 왠지 모를 두려움을 주었던 소련군대와는 다른 모습이었다.

그러나 전방에서 후퇴하면서 남긴 국군의 한결같은 선전은 북한주민들을 곤혹스럽게 만들기에 충분했다. 그들은 남부여대하고 앞다투어 국군을 따라 남으로, 남으로 향하기 시작했다.

12월 2일 아침 평양 동북방 20마일에 있던 성천에 중국공산군 6개 사단의 대병력이 모습을 드러냈으며 3일에는 평양함락이 임박했다. 중국공산군이 평양을 포위하기 시작했다.

17. 운명의 날…아버지, 저기 신용이가

4일. 운명의 그날은 주일이었다. 아침 그의 식구들은 뭔가 결단을 내려야 했다. 온갖 흉흉한 소문이 돌고 있었으므로 남아있을 수 없었다. 아이들은 겁에 질려 어른들의 한마디 한마디에 귀를 기울이고 있었다.

10식구가 함께 움직이는 것은 너무 부담스러웠다. 아내의 친정부모까지 계셨으므로 따로따로 행동해야 했다. 우선 아내는 택용, 신용, 성용, 인용, 진용 등 3남 2녀와 친정식구들을 데리고 대동강을 건너기 위해 신양리 집을 떠났다.

이미 대동강 철교는 끊어진 상태였고 임시부교만이 아슬아슬 설치되어 있었다. 빨리 가지않으면 물밀 듯 밀려드는 피난민의 대열에서 이리 밀리고 저리 밀려 강물에 떨어져 시체조차 찾지 못하는 상황이었다.

아무도 장담못할 피난길이었다.

그는 오후 2시 산정현교회에 나가 오후 예배를 드리고는 맹렬히 기도를 올렸다. 국군야전병원에서 친분을 쌓은 안광훈 소령이 오후 4시 평양역에 환자후송용 버스를 대기로 약속해놓은 상태였다.

"박사님, 대동강까지 건너줄테니 기다리고 계십시오."

아무리 친한 사이라도 자기 살기도 바쁜 상황에서 찾아온다는 것은 눈물겹도록 고마운 일이었다.

아버지에게 짐을 전해주려고 교회로 달려왔던 가용도 본의아니게 아버지와 행동을 같이했다.

　시간에 맞추어 오후 4시에 평양역까지 갔으나 버스는 오지 않았다. 2시간이 흘러 이미 어두컴컴해질 무렵인 6시가 되어서야 버스가 도착했다.

　"박사님, 죄송합니다. 늦었습니다."

　안소령은 "빨리 행동하라"는 상관의 지시를 어기면서까지 장박사의 집(신양리)으로 달렸다.

　남은 가족들도 태우고 가자는 게 안소령의 고집이었다.

　신양리에는 이미 아내가 자식들을 데리고 떠난 상태였다. 아버지와 어머니, 매부, 이종동생, 그리고 김형로라는 친구가 있었다.

　"아버님, 어머님. 저와 함께 가시죠."

　하지만 어른들은 완강했다.

　"얘야. 우린 괜찮다. 늙은이들이 어딜 간단 말이냐. 뙤놈들이 젊은이들을 해친다니 너희들이나 가."

　아무리 일으켜 세우려 해도 어른들은 꿈쩍도 안 했다. 버스 책임자인 안소령의 얼굴엔 초조감이 비치기 시작했다.

　"박사님, 시간이 없습니다. 부교마저 끊기면 정말 끝장입니다."

　할 수 없었다.

　'어차피 빠르면 1주일, 늦어도 한 달 만 있으면 돌아올 수 있겠지.'

　다른 이산가족들과 마찬가지로 장박사도 국군과 유엔군의 반격으로 평양을 곧 수복할 수 있을 것으로 보았다. 잠시 중공군의 진격을 피해 며칠만 있으면 다시 고향으로 돌아올 수 있으리라는 가벼운 마음으로 고향을 떠나 피난길에 올랐다.

　"아버님, 어머님. 그럼 잠깐 다녀오겠습니다. 곧 돌아올테니 건강하게 계세요."

　"어여 가거라. 우리 걱정은 말고…. 늙은이들이 아무렴 못살겠나."

　부모님은 차마 발걸음을 떼지 못하는 그의 등을 떠밀었다.

　버스는 역시 대학병원 교수인 전영을 교수집에 들러 전박사의 과년

한 딸 둘만을 태우고는 바람처럼 달렸다. 버스는 피난민의 물결을 피해 달리기 시작했다. 살을 에이는 듯한 한겨울의 추위 속에 보따리를 이고 간난아이를 등 뒤에 아슬아슬하게 매달며 정처없는 길을 떠나는 피난민의 물결.

그들은 피난민들 사이를 뚫고 지나치는 버스를 부러운 듯 쳐다보고만 있었다. 차에 타고 있던 사람들은 차마 창밖을 바라보지 못했다. 원망과 부러움, 시샘 가득찬, 헐벗고 굶주린 사람들을 바로 볼 용기가 나지 않았다.

버스가 뿌리고 간 뽀얀 먼지를 얼굴을 찡그리며 피하는 사람들의 눈엔 아픔만이 남아있을 터.

제대로 먹지못해 풀과 소나무 껍질로 연명하느라 몸이 붓고 발진티푸스 같은 전염병에 시달리고 있는 사람들. 이 땅에 태어난 죄로, 지도자를 잘못 만난 죄로 저렇게 고난의 길을 걷고 있는 사람들에 비하면 그는 정말 혜택받은 사람이었다.

버스는 도망치듯 평양의 중심부를 빠져나가기 시작했다. 이미 깜깜한 어둠길이었으나 행여 피난민들이 볼까 해서 바람처럼 달렸다. 돌이켜보면 너무 지체했다. 앞뒤를 살필 여력이 없이 운전기사는 가속페달을 밟았다.

이때였다.

"아버지, 저기."

창밖을 물끄러미 바라보고 있던 가용이 갑자기 비명을 질러댔다.

"아버지, 저기 신용이, 신용이가…."

깜짝 놀라 뒤를 돌아보았으나 이미 때가 늦었다. 버스가 이미 쏜살같이 가용이 가리키는 곳을 지나치고 말았다. 신용(당시 11살)이의 손을 잡고 있는 아내의 모습을 어렴풋 보았을 뿐이었다.

"어어. 여보…."

그는 긴 신음소리만 내고 있었다. 운전사와 안소령의 얼굴을 흘깃 바라보고 있었으나 그들 모두 아무 말도 하지 않았다. 도저히 세울 수 없다는 표정이었다.

"어머니, 어머니."

가용이 비명을 질러댔지만 끝내 차를 세우라는 말을 하지는 못했다. 이윽고 차는 어둠을 남기고 평양의 종로거리를 완전히 지나치고 말았다.

피난민들의 물결속에서 아내와 식구들을 태우려 한다면 그것은 말도 안 되는 일이었다. 너도나도 타기위해 아수라장이 될게 뻔한 이치였다. 그때면 피난이고 뭐고 걷잡을 수 없는 상황이 될 것이었다.

만약 사람들을 다 물리치고 식구들만 태웠다고 치자. 사람들의 분노는 어찌할 것인가. 버스가 화난 피난민들의 화풀이 대상이 될 지도 몰랐다.

무엇보다도 양심이 허락하지 않았다. 가뜩이나 혼자만 차를 타고 간다는 생각에 죄책감이 들었는데 저들을 팽개치고 또다시 자기식구들만 살겠다고 한단 말인가.

게다가 그의 식구들 때문에 이미 늦어버린 안소령을 위해서도 그럴 수는 없는 일이었다. 특히 대동강의 남과 북을 외롭게 이어주던 부교가 언제 끊어질지 모르는 상황이었다.

목구멍까지 차오르는 한마디 말을 결국 뱉어내지 못한 한은 평생 지울 수 없는 상처로 남았다.

"여보. 창문을 두드리는 빗소리가 당신인 듯하여 잠을 깨었소. 그럴 리가 없건만, 혹시하는 마음에 달려가 문을 열어봤으나 그저 캄캄한 어둠뿐. 택용 어머니. 나는 요즘도 이따금씩 당신과 아이들의 꿈을 꿉니다. 다 내 불찰입니다. 그날 아침 당신과 애들을 먼저 대동강변에 보내지 않았더라면…. 또 종로거리에서 차를 세우기라도 했었다면…."

그는 지난 1990년 동아일보에 쓴 망향의 편지에서 가슴속에 못박은 40년 전의 피눈물나는 한을 담았다.

차는 무심히 대동강의 부교를 건너고 있었다. 눈 앞에 선한 아내의 하얀 얼굴, 힘없이 엄마의 손을 잡고 인파에 밀려 잔뜩 찌푸린 신용이의 표정….

"아버지, 다리만 건너면 어머니를 만날 수 있죠."

흐느끼는 가용의 얼굴을 가슴에 묻은 그는 소리없이 울었다.

대동강을 건너자 마자 미련없이 버스에서 내렸다. 예정시간보다 늦은 안소령이 상관으로부터 보기에도 민망한 꾸지람을 듣는 모습을 보았기 때문이었다.

모두 장박사의 식구들 때문에 빚어진 일이었으므로 계속 버스를 타고 간다는 말을 할 수가 없었다. 그런 이유가 아니더라도 그는 거기서 내려야 했다.

헤어진 아내와 식구들이 언제 대동강을 건널지 몰랐다. 버틸 때까지 버텨봐야 했다.

그와 가용이는 대동강을 건너는 피난민의 물결 속에 혹시 식구들이 있을까 샅샅이 찾아보았다. 그러나 허사였다.

중공군이 시시각각 남하하고 있었고 더 이상 지체할 경우 그와 함께 강을 건넌 식구들의 신변 또한 보장받을 수 없었다. 대동강을 건너는 피난민들이 전하는 소식으로는 이미 중공군이 평양을 접수했다는 것이었다.

남하속도를 감안한다면 언제 따라잡힐 지 모르는 상황이었다.

그는 눈물을 머금고 다시 피난길에 합류했다. 그는 정처없이 남으로 남으로 걸었다. 5일 평양을 점령한 중공군은 하루 뒤 대동강을 건너 쏜살같이 남진을 계속했다.

피난길은 거대한 줄서기였다. 서울로 통하는 도로는 사람들로 그야말로 장사진을 이루었다. 중공군이 두려워 평양 대탈출을 감행한 인파는 평양에서 서울까지의 긴 도로를 한 줄로 메워놓았다.

피난민이 얼마나 많았는지 유엔군의 후퇴가 심각한 차질을 빚을 정도였다.

유엔군의 기계화 부대는 밀려드는 피난민 대열로 후퇴가 불가능해지자 급기야 폭격으로 피난민을 쫓아내는 어처구니없는 만행을 저지르기도 했다. 또 어떤 경우는 미군기들이 난민의 행렬을 중공군의 행렬로 오인, 기총소사를 갈기거나 폭격을 가하는 일도 비일비재했다.

'도대체 누구를 위한 전쟁인가.'

그는 전쟁통에 죽어나는 것은 백성들밖에 없다는 사실을 실감하고 있었다. 그해 겨울은 또 유난히 춥고 눈이 많이 내렸다. 배고픔에 기진맥진한 피난민들은 쉴사이없이 내리는 눈발과 뼈 속까지 파고드는 칼바람을 이겨내야 했다. 쓰러진 사람들 가운데는 끝내 일어나지 못한 채 불귀의 객이 되기도 했다.

그저 살기위해 한걸음 한걸음 내디딜 뿐이었다.

"가용아, 춥지."

어린 가용이는 대답할 힘도 없다는 듯 고개만 끄덕였다. 강추위로 얼어버린데다 제대로 씻지 못한 파리한 얼굴은 그의 마음을 갈기갈기 찢어놓았다.

'이 어린 것이 무슨 죄인가.'

돌덩이처럼 굳은 가용의 작은 손을 폭 감싸며 다시 눈물을 삼켰다. 자식 앞에선 울지 않아야 했으나 가엾은 녀석을 보면 목이 메었다.

밤에는 피난민 대열에 합류하느라 텅빈 집 한 켠에서 웅크리며 보냈고 날이 밝으면 철길을 따라 하염없이 걷고 또 걸었다. 철길을 따라가면 헤매지 않고 어떻든 서울까지는 갈 수 있을 것이었기에 가장 효율적인 방법이었다.

피난 길에는 온갖 흉흉한 유언비어가 퍼지는 바람에 가뜩이나 우왕좌왕하는 피난민들을 울렸다.

장박사네 식구들도 바로 그 유언비어의 희생양이 되었다.

"미군이 피난민들의 퇴로를 막는다. 서울로는 도저히 갈 수 없다."

많은 난민들은 그 출처를 알 수 없는 유언비어에 속아 해주로 가는 길과 서울로 가는 길 사이의 갈림길에서 우왕좌왕했다. 가뜩이나 패닉상태에 빠진 난민들은 눈덩이처럼 부풀어 오르는 소문에 솔깃할 수밖에 없었다. 많은 난민들은 서울행을 포기하고 해주로 발길을 돌리고 말았다.

장박사네는 서울을 고집했다.

철길로 가면 설사 미군이 퇴로를 막는다 해도 갈 수 있을 것으로 생각하고 무작정 걸었다.

그런데 부산 피난 시절 어느 날이었다.

부산에서 우연히 아는 사람을 만났다.

"박사님, 어떻게 된 겁니까?"

중공군의 점령지역을 탈출한 그 사람은 억장이 무너지는 소식을 전해주었다. 그의 아내와 식구들이 신양리 집으로 되돌아가고 있는 모습을 보았다는 것이었다.

웬만하면 함께 탈출할 수도 있었는데 아내가 데리고 있는 식구들이 많아 엄두를 못냈다는 것이었다. 며칠간 사력을 다해 남하하다가 그만 미군이 퇴로를 막는다는 소리를 듣고 해주로 방향을 틀었다는 것이었다.

그 때문에 더 이상 남하하지 못했고 중공군이 추월하는 바람에 피눈물을 흘리며 되돌아 갔다는 그 목격자의 말을 전해들은 그는 망연자실했다.

'얼마나 날 원망했을까. 얼마나 날 찾았을까. 하나님 아버지, 저를 용서하소서. 저만 살겠다고 부모 처자 다 버리고 도망쳐온 저를 용서하소서.'

흐르는 눈물을 감당할 수 없었다. 가용이도 어머니를 찾으며 덩달아 울었다.

먹을 게 없어 폐가를 샅샅이 뒤져 누군가 먹다 남은 음식찌꺼기를 찾았지만 그것도 없을 때가 많았다. 어떤 경우에는 운좋게 난민들이 버리고 간 쌀이며 먹을거리들을 주워 배불리 먹는 일도 있었다. 피난민들이 무거운 짐을 지고 가다가 그대로 내버리고 간 경우가 종종 있었기 때문이었다.

　개성까지는 그렇게 일주일을 걸어 겨우 도착했다. 그대로 언제까지 걸어서 내려갈 수는 없었다. 우선 어린 가용이가 걱정스러웠다. 자칫하면 아들까지 잃을 수 있다는 생각이 들었다.

　그는 지푸라기라도 잡을 요량으로 개성역을 찾았다. 죽으라는 법은 없었다. 서울행 기차가 서 있었다. 아니 어쩔 수 없이 서 있었다는 게 옳았다. 기차를 타려는 사람들이 한꺼번에 몰려 기차를 탄다는 것 자체가 기적처럼 보였다.

　생사의 기로에 서있게 되자 동물적인 본능이 나타났다. 아우성치는 사람들 틈바구니를 용케 비집고 들어가 기차 지붕 위에 올라갔다. 그곳이라도 자리를 차지할 수 있다는 게 행운이었다. 생존게임은 그곳에서도 벌어지고 있었다.

　사람 앉을 자리가 부족할만큼 지붕은 좁았다. 자연 보따리는 쇠갈쿠리에 걸어 바깥 창틀에 걸어두었다. 사람들은 잠들지 않으려고 사력을 다한 투쟁을 벌었다.

　잠이 든 상태에서 기차가 굽은 철로를 달리거나 흔들리기라도 하면 떨어질 가능성이 많았기 때문이었다. 달리는 기차 지붕에서 떨어지면 곧 죽음을 뜻했다.

　칼바람은 온 몸을 때려 뼈 속까지 후벼파는 듯한 통증을 안겼다. 그는 어린 가용을 품에 안고 떨어지지 않기 위해 사투를 벌였다.

　"가용아. 조금만 참아. 우리 가용이 용하다. 참아야 남자지."

　말 할 기운조차 다 잃은 가용의 어깨를 감싸안으며 쉴사이 없이 중얼거렸다. 될 수 있으면 깨어있어야 했기 때문이었다.

　전세는 더욱 불리해졌다. 중공군은 8일 원산을 점령했고 서부전선에서는 서울을 향해 돌진하였다.

　그는 생과 사의 갈림길에서 간신히 살아나 수색역에서 내렸다.

　어수선한 분위기 속에서 짐을 대충 정리하고 가용의 손을 잡고 역을 나오는데 어디선가 그를 부르는 소리가 들렸다.

"기려야."
 인파속에서 손을 흔드는 이는 기원이 형님이었다.
 어렸을 때 빗나가고 있던 그의 마음을 바로 잡아주었던 바로 그 사촌 형님이었다. 서울에서 연희대 교수를 지낸다던 바로 그 형님.
"형님. 어떻게 알고 여기까지….'
 놀랍고 이상한 일이었다.
"니가 꼭 올 것 같아서 한 번 나와봤지."
 둘은 꽉 껴안으면서 눈물을 흘렸다. 잠시후 사촌형님의 자초지종을 들은 그는 깜짝 놀랐다.
"혹시나 해서 와봤는데 정말 놀라운 일이구나."
 기원이 형님 역시 참 신기한 일이라면서 꿈이야기를 해주었다.
"어젯밤 자는데 니가 나타나잖니. 니가 고통스러운 얼굴로 도와달라는거야."
 그 꿈이 너무도 생생해서 혹시 무슨 일이 있는 줄 알고 안절부절 못하다가 견딜 수 없어 역으로 나왔다는 것이었다.
"니가 꿈에는 나타났고…. 어디 가 볼 데도 없고 해서…. 무작정 여기로 나왔지."
 기원형님은 그가 부모님과 아내 등 식구들과 헤어졌다는 말을 듣고는 혀를 끌끌 차면서 안타까워했다.
"자, 우리 집으로 가자."
 기원형님은 거지꼴이 되어 나타난 사촌동생을 집으로 데려갔다.
 다소 안정을 되찾은 그는 문득 스승 백인제 선생을 떠올렸다. 실로 오랜만에 밟은 서울땅.
'교수님을 찾아뵈야 하는데. 얼마나 늙으셨을까. 그 분도 날 무척 걱정하고 계실텐데.'
 그는 3일간을 쉬면서 백교수의 자택을 찾아 사모님을 뵈었다.
 하지만 눈물로 발길을 돌려야 했다.
"장선생, 왜 이제 돌아왔나. 그 분이 얼마나 장선생을 생각했는데…."

사모님은 백교수가 9월 북한군 후퇴 때 납북됐다는 사실을 알려주면서 흐느꼈다.

그는 망연자실했다.

"우리 집 양반이 장선생 생각을 얼마나 했는데…. 대학에 장선생 자리를 만들어놓고 장선생이 내려오기만을 기다렸는데…."

백교수의 자애로운 얼굴을 떠올리면서 그는 하염없이 눈물을 흘렸다. 그는 피눈물을 삼키고 돌아설 수밖에 없었다.

온갖 고초를 겪고 서울로 돌아왔지만 또 한번 보따리를 싸야 했다. 어떻게든 서울까지만 내려오면 안심이라고 여겼던 그와 식구들은 중공군의 대공세가 심상치 않다는 걸 직감했다.

서울이라는 상징성 때문에 유엔군이 서울을 사수하리라고 판단했지만 100만 대군을 자랑한다는 중공군의 기세가 워낙 하늘을 찌르고 있었다. 서울은 폭풍전야처럼 어둡고 음습했다. 서울사람들은 이제 체념상태로 빠져있는 것 같았다.

3일이 지나자 그와 기원 형님은 결단을 내려야 했다.

"기려야. 일단 부산으로 내려가라. 난 학교(대학교) 방침대로 움직여야 하니까 너부터 내려가."

장박사네는 다시 짐을 싸서 서울역으로 떠났다. 다행히 사촌누님의 남편이 서울역에서 근무하는 분이라 그 분 덕에 덮개가 있는 화물열차라도 얻어탈 수 있었다.

발디딜 틈도 없는 그 지긋지긋한 화물열차. 콩나물 시루처럼 사람들로 빽빽한 화물차에서 사람들은 앉지도 서지도 못하는 어정쩡한 자세로 하루하루를 버텨야 했다. 사람들은 서서 꾸벅꾸벅 졸았다. 그래도 화물차안은 천국이었다. 만약 기차가 어느 역에서 쉬고 화물차 안에 있던 승객이 내리기라도 하면 기차지붕 위에서 오돌오돌 떨고 있던 사람들이 앞다퉈 내려와 그 자리를 메웠다.

생존의 냄새는 본능이었다. 어린 가용도 하루하루 삶을 연명하면서 끈질긴 인내심을 배운 듯 했다. 가용은 어른들의 찌든 냄새, 화물칸 특유의 케케묵은 악취를 죄다 감내하면서도, 키 큰 어른들의 틈바구니에서 숨이 탁탁 막히는 어려운 상황에서도 칭얼거리지 않았다.

전쟁은 코흘리개 어린아이까지 스스로 삶을 찾아가야 하는 어른으로 만들고 있었다.

설 수 있는 정거장에는 모두 서는 데다 수시로 연착이다 뭐다 해서 늦어질 수밖에 없었던 그는 평양을 떠난 지 무려 보름만에 부산에 도착했다.

18. 제2의 고향, 부산에서 망향의 세월

1950년 12월 18일. 비릿한 바닷바람에 잠을 깼다. 알싸한 햇빛에 눈이 부셨다. 아버지의 품안에서 웅크리며 잠들어 있던 가용이도 사람들의 술렁거림에 눈을 떴다. 말로만 듣던 부산이었다.
"다 왔나 보다."
기차안 사람들의 표정이 오랜만에 펴졌다. 그 지긋지긋한 여정이 이제 끝났다는 안도감. 덜커덩 소리를 내며 기차가 속도를 줄이자 사람들은 더 이상 도망가지 않아도, 더 갈래야 갈 수도 없는 종착역에 다다랐다는 기쁨에 환호성을 질렀다.
기차가 비명을 지르며 완전히 멈춰서자 사람들은 비로소 해방되었다는 듯 일시에 쏟아져 나왔다.
"이제 다 됐다."
참으로 오랜만에 긴장이 풀린 탓인지 사람들은 너도나도 부산역 광장으로 몰려 나오더니 털썩 주저앉거나 아예 들어 누워버렸다. 얼마만에 맛보는 포근한 바람인가.
하지만…. 하지만 기쁨은 얼마 가지 않았다. 곰곰이 생각해보면 살아갈 터전이 전혀 없는 타향이 아닌가. 무작정 피난길에 오른 사람들에게 부산은 인생의 종착역이자 삶의 마지막 터전일 수밖에 없지 않은가.
언제 돌아갈 지 모르는 상황에서 어찌됐든 이 곳에서 부대끼며 살아가야 할 갈 곳 없는 피난민들…. 그와 가용, 그리고 끝까지 피난길에 동행한 친척들 모두 마찬가지였다. 새삼 가용의 몰골을 물끄러미 바라보았다. 땟국물로 한바탕 그림을 그린 꾀죄죄한 얼굴, 누런 코가 반들반들 묻어있는 옷소매…. 거지도 상거지의 모습이 아닌가.

자신의 모습도 저 가용이와 별반 다르지 않다는 걸 생각하니 절로 쓴웃음이 터져 나왔다. 시간이 잠시 흐르자 사람들의 가슴엔 다시 막연한 불안감이 싹트고 있었다. 떠들썩했던 광장은 다시 침묵으로 빠졌다.

불확실한 미래, 그리고 고향에 두고 온 가족들…. 저마다 억장이 무너지는 사연들을 가슴깊이 쉽게 지울 수 없는 한으로 담았던 사람들. 새삼 종로거리에 두고 온 아내와 신용이, 그리고 '당신들은 괜찮으니 너희들이나 가라'고 등을 떠밀었던 부모님의 얼굴이 시야를 가렸다.

사무치는 그리움, 그리고 죄책감. 그 야만스럽다는 중공군의 만행을 식구들이 감당해낼 수 있을까. 하나님을 믿는 예수쟁이라고 해서 어떤 처벌을 받을까. 생각할수록 끔찍한 장면만이 뇌리를 떠나지 않았다.

첫째아들 택용이의 얼굴이 아련히 떠올랐다. 1933년생 장남. 아내와 결혼해서 본 첫아이에 대한 감회는 남달랐다. 장남이라 그런지 유난히 의젓했던 아이. 그저 예수를 믿는다는 이유로 가시 면류관을 스스로 썼던 아이.

택용이에 대한 기억은 지울 수 없는 아픔이었다. 중학교 졸업을 얼마 남겨놓지 않은 날.

"아버지, 이제 학교 그만둬야겠습니다."

택용은 눈물을 흘리며 막 퇴근한 아버지 앞에 무릎을 꿇었다. 학교당국이 주일날에도 등교하라고 지시했다는 것이었다.

아버지는 예수를 믿는다는 것을 조건으로 대학교수가 되었지만 어린 아들에게는 공산주의자들의 배교 분위기를 헤치고 나갈 수단이 없었다. 교사들은 끊임없이 기도에 열중하는 택용이를 봐주지 않았다. 친구들은 '예수쟁이'라고 놀렸고 선생들은 예수쟁이들은 "미국놈 앞잡이"로 깎아내렸다.

어떤 경우에는 "내 앞에서 하나님을 한 번 보여봐라"고 윽박 질러 댔다.

학교만 갔다오면 늘 우울한 표정으로 방구석에 틀어 박혀있던 장남의 아픔을 부모는 몰랐던 것이었다.

사춘기 소년이 헤쳐 나가기에는 너무도 엄청난 충격이었다. 늘 기도하며 산 택용이였지만 학교측의 물리적인 탄압 앞에서는 너무도 무력했다.

"아버지, 이제 하나님께 모든 걸 맡기겠습니다."

그는 아들의 뜻을 막을 수도, 막을 방법도 없었다. 현실 사회에서 천금같은 아들이, 그것도 한 집안을 이끌어야 할 장남이 중학교도 졸업하지 못한다는 생각에 억장이 무너져 내렸다.

"졸업식이 얼마 남지 않았는데…."

아버지가 할 수 있는 말이라고는 그것밖에 없었다.

"아버지, 이제 방법이 없을 것 같습니다. 학교를 졸업 못해도 하나님께서 길을 열어주실테니까…."

그는 문득 아브라함을 생각했다.

'하나님을 위해서라면 주님을 위해서라면 백 살이 넘어서 낳은 그 귀한 아들 이삭까지 바친 아브라함도 있는데….'

그는 구원을 믿었다. 비록 지금은 공산주의자들의 협박에 아들이 곤경에 빠져 있지만 언젠가는 구원을 얻으리라. 진정한 승리자는 택용이가 될 것이리라.

더군다나 택용이 스스로 고민하고 기도해서 얻은 결론이 아닌가. 스스로의 문제는 이제부터 택용이가 풀어야 할 문제다. 좀더 깊이 생각해보면 훗날 택용이가 무엇이 될 지는 하나님께서 결정해줄 일이 아닌가. 그가 교수 아들이라고 해서 반드시 교수가 되는 것도 아니요, 고관아들이라고 해서 반드시 고관이 되는 것은 아니기에….

택용은 중학교 졸업식을 불과 1주일 남기고 자퇴하고 말았다. 1년

간 수없이 기도하며 앞날을 설계하던 택용이는 야간약학강습소에 등록하더니 6개월 후에는 조제사(보조약제사)시험에 합격했다.

  그후 3년의 전문학교 과정을 딱 반 년만에 끝낸 택용이는 맹덕인민의원 조제사로 취직되었다. 하나님께 약속을 드리고 하나님께서 열어주시는 길을 따라 스스로의 문제를 푸느라 밤새워 공부하는 장남의 모습이 그렇게 대견스러울 수 없었다.

  하지만 6.25가 일어나자 택용은 인민군 장교로 끌려갔다. 조제사 자격증 덕분에 17살밖에 안 된 소년은 장교가 된 것이었다. 그나마 다행이었지만 아버지 눈에는 제 앞 길도 못가리는 어린아이가 전쟁터에, 그것도 김일성 군대로 끌려간 것이었다. 전쟁이 나자 집안 식구들에게 제대로 인사조차 못한 채 훌쩍 떠나버린 장남이 뼈에 사무치도록 그리워졌다.

  택용이는 무사할까. 장교라 좀 후방에 있지 않을까. 미군의 폭격이 심한데 어찌 되었을까.

제3부 망향의 세월

막사이사이상 수상식 ▶
복음병원 앞에서 ◀
청십자의료보험조합 ▼

1. 당신 김일성이 보냈지

"자, 피난민 수용소가 있다는데요. 그리로 갑시다."

멍하니 주저 앉아 아픈 상념에 젖어있던 그는 외마디 비명같은 고함소리에 놀라 정신을 차렸다.

누군가가 수용소 얘기를 들었는지 큰 소리로 갈 곳을 일러주었다. 넋놓고 역 광장에 털썩 앉아있던 사람들은 주섬주섬 옷보따리를 챙겨 일어나기 시작했다.

"우리도 따라가보자."

연고가 없고 달리 반겨주는 사람도 없는 터라 그저 거지떼처럼 우르르 몰려가기 시작했다. 행여 잃어버릴까 가용의 손목을 꼭 잡고 발걸음을 옮기려는데 저 편에서 누군가 고함을 쳤다.

"장로님."

함께 피난길에 올랐던 고향사람 김형로였다. 그는 역에서 내리자마자 "뭔가 알아봐야겠다"면서 어디론가 사라졌다가 돌아온 것이었다.

"장로님은 의사니까 해군본부로 가보세요. 평양사람이 군의감으로 있다는데. 장로님을 아실 것 같은데…. 의사니까 할 일이 많지 않겠어요?"

'의사라…. 내가 의사였던가….'

언제부터인가 까맣게 잊고 있었다. 평양에서 환자수송버스를 타고 그 지긋지긋한 피난길에 올랐던 순간부터 그의 신분은 의사가 아니었다. 그저 생존을 위해 악다구니를 써야 했던 한사람의 대책없는 피난민일 뿐이었다.

　기아와 추위, 그리고 식구들에 대한 죄책감과 아쉬움에 몸을 제대로 가누지도 못한 존재였을 뿐.

　'그래 내가 의사지….'

　그는 가용의 손을 붙잡고는 피난민 대열을 빠져 나왔다. 무작정 해군본부를 찾아 헤맸다. 갈 곳이 있다는 자체, 또한 잘하면 쓰임받을 수 있다는 자체는 그에게 더할 수 없는 희망이었다. 전쟁통에 부상당한 환자들을 구할 책임이 있는 의사가 아니던가.

　몇 시간을 찾아 헤매자 저 멀리 해군본부가 보였다. 만약 김형로가 말한 평양사람이 없다해도 그저 무작정 들어가 의사임을 밝히고 일하리라. 그는 지친 몸을 이끌고 본부정문으로 향했다.

　순간 장교 한사람이 막 위병소를 통과해서 정문을 나오고 있었다. 군복을 입었지만 어딘가 낯익은 얼굴같았다. 그는 좀더 가까이 장교의 모습을 보기 위해 잰걸음으로 다가갔다.

　맞았다. 같은 고향출신인 이상요가 분명했다.

　"자네, 혹시 이상요가 아닌가?"

　장교는 의아한 표정으로 거지꼴을 한 그의 몰골을 아래위로 쭉 훑어 보더니 소스라치게 놀랐다. 평양에서 그의 맵시있는 의사가운과 늘 깨끗한 옷차림만을 보았던 장교가 그의 초라한 모습을 쉽게 떠올리리라고는 상상도 못할 일이었다.

　"아니 박사님, 장박사님 아니십니까?"

　"어떻게 자네가…."

　"그렇게 됐습니다. 그나저나 박사님이 어떻게 여길…."

　국군대위 이상요는 초라한 부자를 보고는 "어서 들어오라"고 손을 잡아끌었다. 그와 가용은 이상요 대위의 사무실로 들어갔다. 문을 열자 온기가 뼈 속까지 침투해 들어왔다. 김이 모락모락 나는 주전자는 난로 위에서 펄펄 끓었다. 실로 오랜만에 맛보는 온기였다.

　"배고프시죠."

이상요 대위는 서둘러 군용 통조림이며 과자를 가져와 가용의 품에 안겨주었다. 그는 따뜻한 미군 커피를 마시면서 피로를 풀었다. 며칠째 제대로 먹지 못한 가용은 허겁지겁 대위가 준 음식을 마파람에 게 눈 감추듯 먹어치우더니 나무토막처럼 쓰러져 잠이 들고 말았다.

그는 모처럼 평온하게 잠든 가용의 얼굴을 쓰다듬었다.

"피곤하시죠. 자세한 얘기는 나중에 나누시고 일단 쉬십시오."

그의 눈이 스르르 감기는 모양을 물끄러미 바라보던 대위는 장박사를 숙직실로 안내했다. 숙직실은 좁았다. 그저 두 사람이 겨우 누울 정도였다. 하지만 포근한 이부자리와 따뜻한 구들.

때로는 칼잠을, 때로는 서서 그대로 잠들며 하루하루를 보내야 했던 그와 가용은 죽음보다 깊은 잠에 빠져 들었다.

1950년 12월 21일. 지친 몸을 수습하고 또한 정신없이 지내온 지난 보름여 간의 피난생활을 대충 정리한 지 3일만의 일이었다. 이상요 대위가 장박사와 가용을 데리고 어디론가 간 곳은 남일국민학교에 임시로 마련해놓은 제3육군 병원이었다.

"박사님, 거기가면 박사님이 일할 자리가 있을 겁니다. 의사들이 워낙 부족해서…. 게다가 그 쪽엔 평양사람들이 많아요."

"장박사님, 어서 오십시오. 박사님께서 오신다면 정말 도움이 많이 될 겁니다."

제3육군병원 원장은 정말 평양사람이었다. 평양의전을 나와 훗날 보사부장관을 지냈던 정희섭 대령이 원장직을 맡고 있었다.

백인제 교수의 수제자인 장박사의 명성은 이미 당시 남한 의료계에서도 잘 알려져 있었다. 폭넓은 인간관계로 인망을 쌓고 있던 정대령은 장박사처럼 이북에서 피난해 온 의사들을 자기 일처럼 봐주면서 육군병원으로 불러들였다. 서로의 처지를 누구보다도 잘 아는 이북사람 특유의 끈끈한 유대감을 과시한 것이었다.

이때 이북출신으로 제3육군병원에서 일한 이들은 김명학, 권창정,

박석련 박사 등 여러 명이다. 그들은 고향을 잃고 피난 온 한을 저마다 짊어지고 있던 분들이었다. 장박사처럼 고향, 가족들을 놓고 피난 열차에 몸을 기댔던 사람들. 그들은 환자들을 쉴사이 없이 돌보면서 실향의 아픔을 잊으려 했다.

12월 24일. 육군병원에 취직된 지 3일 만이었으며 마침 크리스마스 이브였다. 전쟁통에 앞날이 어떻게 될 줄 모르는 불안감. 그래도 먹고는 살아야겠기에 어떤 허드렛일이라도 닥치는 대로 해야했던 피난민, 그리고 부산 시민들었지만 모처럼 시름을 잊고 크리스마스 이브를 맞이했다.

생경한 이북사투리, 억센 경상도 사투리, 척척 휘감기는 충청도 사투리 등 팔도사투리의 경연장이 되어버린 부산은 어수선한 분위기에서도 제법 예수나신 날을 축하하느라 들떠있었다. 지긋지긋한 시련의 하루하루를 연명해야 했던 사람들에게 크리스마스는 희미한 희망의 빛이었다.

그와 가용은 오랜만에 홀가분한 마음으로 크리스마스 이브 예배를 드리려고 초량교회에 갔다. 평양에서부터 잘 알고 지내던 한상동 목사가 시무하던 교회였다.

실로 오랜만에 맛보는 자유, 정말 실컷 자유의 공기를 마시며 기도를 드렸다. 누가 시비를 걸까봐 마음대로 모이지도 못했고 마음편히 기도드리지 못했던 불과 한 달 전을 생각하면 꿈에서도 상상못할 대변화였다.

어머님 아버님은 건강하실까. 아내는 어떻게 지낼까. 그리고 아이들은…. 그는 하루빨리 전쟁이 끝나 북에 두고 온 식구들을 보게 해달라고 간절히 기도했다. 찬송가를 소리높여 부르는 교인들의 얼굴엔 평온이 넘쳐 흘렀다. 예배를 드리는 이 순간만큼은, 찬양을 하는 이 순간만큼은 한없이 행복한 시간이었다.

예배가 끝나고도 그는 기도를 그치지 않았다. 오랜만에 편안한 마음으로, 마음껏 하나님께 매달리고 싶었다. 너무도 괴롭고 너무도 안타까웠던 순간순간마다 주님을 원망했던 지난날. 도대체 "하나님은 정말 계시는 것이냐"고 못된 성질을 부렸던 지난 날이 너무도 부끄러웠다.

한참 뒤, 가용이 "그만 가자"고 재촉했을 때 그는 겨우 일어서 교회 문을 나섰다. 저 편에 서있던 청년 몇 사람이 그를 향해 다가왔다.

"저기, 장기려 박사님이 맞으시죠?"

"맞기는 한 데 어쩐 일이시죠?"

"잠깐 좀 가주셔야겠습니다."

건장한 체격과 잔뜩 굳은 얼굴, 섬뜩한 눈빛으로 갈 길을 막아서는 모양이 심상치 않았다.

"환자가 있습니까?"

그들은 대답대신 신분증을 내보이면서 그의 팔을 낚아챘다.

"아버지."

가용은 심상치않은 사태흐름에 아버지에게 매달리며 비명을 질러댔다. 교인들은 워낙 순식간에 일어난 일이라 멍청하게 바라다 보고 있었다.

"우리 가용이 좀 부탁드립니다."

그를 강제로 태운 지프는 쏜살같이 움직였다. 오만가지 생각이 다 들었다. 말로만 듣던 그 악명높은 방첩부대인가.

"무슨 일입니까. 대체 어떤 일로 잡아갑니까?"

청년들은 약속이나 한 듯 굳은 표정으로 정면만 바라보고 있었다. 아무리 상황이 급해도 정신만은 차려야 했다. 지프는 요란한 엔진소리를 내며 무심히 한참을 달리더니 광복동 거리에 닿아 칙칙한 건물 속으로 빨려 들어갔다.

어둡고 음침한 지하공간. 청년들은 도무지 빛이라고는 없는 밀폐된 공간에 그를 팽개쳤다.

기이한 쇳소리를 내며 철커덩 문이 잠겼다. 무서운 어둠과 침묵. 꾀죄죄한 나무의자와 낡은 책상만이 덩그러니 놓여있는 작은 취조실.

삼일사가 분명했다.

빨갱이를 때려잡는 곳. 잡히면 살아서는 나오기 힘들다는 그 악명높은 방첩부대. 전쟁의 소용돌이 속에서 그냥 그 자리에서 즉결처분한다 해서 누구하나 눈하나 깜빡하지 않는 상황.

정말로 빨갱이라면, 정말로 간첩이라면 그와같은 전시에는 살아남을 수 없었다. 하지만 누군가의 무고로 죄없이 잡혀들어와 모진 고문을 겪으면 거짓이라도 불어야 했고 그런다음 쥐도새도 모르게 죽을 수밖에 없던 억울한 케이스도 많았다.

당시 이승만 정권의 기반은 취약한 상태였다. 1950년 5월 30일 총선거에서 이승만의 대한국민회는 총 210석가운데 불과 24석을 차지하는 데 그쳤다. 이승만으로서는 결과적으로 전쟁이 일어남으로써 도리어 독재를 이룰 수 있는 호기가 되었고 전쟁이라는 비상시국을 교묘히 이용했다.

그는 특히 수많은 사람들을 빨갱이라는 이름으로 단죄했고 훗날 이른바 '땃벌떼' '백골단' 등 어용 폭력단체를 만들어 심지어는 국회의원까지 잡아가두는 어처구니없는 짓을 저지르면서 정권의 기반을 닦았다.

삼일사는 물론 진짜 빨갱이를 잡는데도 일정부분 기여했을 지는 몰라도 무고한 사람들, 혹은 북한에서의 행적을 입증할 수 없는 월남인사들을 빨갱이로 몰아붙이는 일도 적지 않았다.

끔찍한 정적이 흘렀다. 시간이 얼마나 흘렀는지 몰랐다. 앞날을 짐작할 수 없는 몸서리치는 순간이 이어지고 있었다.

돌이켜보면 그를 빨갱이라고 단정해도 할 말은 없었다. 어찌됐건 공산주의자를 위해 일하지 않았던가. 공산주의자가 준 의학박사학위는 물론 게다가 모범일꾼상까지 받지않았나. 전범 김일성의 맹장수술을 지켜보았고 공산정권아래서 발탁되어 김일성대학 교수까지 하지 않았나.

아무리 그가 기독교인이며 공산주의자가 아니라고 항변해보아도 소용없을 것이었다. 뭐라 설명해야 할까. 어떻게 하면 저들이 믿을까. 하나님께서 알고 그 자신이 아는 사실을 어떻게 저들에게 납득시킬 수 있을까.

방안을 떠도는 먼지의 소리까지 들릴만큼 무서운 정적이 흘렀다. 그래도 어느 누구 한 사람 들어오지 않았다. 정말 미칠 지경이었다.

아마도 10년은 지났을 것 같은 지루하고 지겨운 시간들이 흐른 뒤 끼이익하고 쇠문이 열리는 소리가 들렸다. 드디어 사람이었다.

군복을 입은 청년이었다. 의자를 잡아당겨 훌쩍 걸터앉았더니 시간걸릴게 없다는 듯 아주 사무적인 질문을 해댔다.

"왜 내려왔나?"

그는 나름대로 그간의 사정을 열심히 설명했으나 청년은 콧방귀도 뀌지 않았다. 예수를 믿었던 사실을 인정한다해도 북한괴뢰의 고위층과 친했으며 거기서 상까지 받은 사실을 설명할 도리가 없었다.

"당원들이 저들만 도망가서 평양에 남았습니다. 국군이 들어와 야전병원과 유엔민간병원에서도 일하다가 중공군이 넘어온다해서 내려왔습니다. 제가 명색이 기독교인인데 공산주의를 하겠습니까."

그러나 반공교육을 철저히 받은 청년은 기독교인이 북에서 승승장구 출세했다는 것은 도저히 이해가 되지 않는 듯 "개소리하지 마라"고 윽박질렀다.

"당신, 김일성이가 보냈지. 이 자리에서 죽고싶지 않으면 빨리 자백해."

마음을 열어볼 수도 없는 일이었다. 정말 답답해서 죽을 지경이었다. 급기야 청년은 그를 번쩍 일으켜 세우더니 있는 힘을 다해 따귀를 갈기기 시작했다.

"이 새끼야. 하여간 빨갱이 자식들은 정말 지독하단 말야."

청년은 더 취조해봐야 더 이상 나올게 없다는 듯 장박사를 휙 내팽개치더니 훌쩍 나가버렸다.

갑작스레 따귀를 맞은 그는 멍하니 앉아 있었다. 기막힌 일이었다.

없는 사실을 있다고 불어버릴 수는 없는 일. 이러다 정말 소리 소문없이 처단될 지도 모른다는 불안감이 밀려 들어왔다.

또 한번 긴 고요의 바다. 그는 정신없이 기도를 드리고 묵상에 빠졌다.

'하나님은 고통을 당하는 자들에게 와서 기도하라고 부르신다. 고난은 사람의 힘으로는 해결되지 못한다. 오로지 하나님께서 해결해주신다고 하시면서 기도하라고 부르신다.'

"주여! 저는 하나님의 소유, 하나님은 나의 아버지이십니다. 주님께서는 너희가 환난을 당하나 담대하라 내가 세상을 이기었노라 하셨습니다. 주님께서 말씀하시길 너희 믿음이 겨자씨만한 것이 있으면 이 산더러 명하여 저 바다에 옮기워지라고 하면 그대로 될 것이다 하셨습니다. 이루어지는 것은 사람의 뜻이 아니라 하나님의 뜻임을 믿습니다. 주여 주님께 맡기겠습니다."

얼마나 기도하고 얼마나 찬양했을까. 대체 며칠이 흘렀을까.

어떤 청년이 다시 문을 열고 들어왔다.

'또 시작하는구나.'

지리한 말씨름을 예상하고 자세를 곤추세웠던 그에게 청년은 뜻밖에 부드러운 말투로 "일어나라"고 했다.

"오해가 풀렸습니다. 정말 죄송스럽게 생각합니다. 혹시 접근해오는 수상한 사람이 있으면 연락바랍니다."

"며칠이나 지났습니까."

"해는 안 넘겼습니다. 31일 입니다."

'31일. 그렇다면 1주일밖에 안 지났다는 얘긴가.'

10년은 넘겼을 것 같은 지긋지긋한 삼일사의 7일은 그렇게 끝났다. 그의 무혐의 석방은 초량교회 한상동 목사와 미국인 치즘 목사의 헌신적인 노력으로 이뤄졌다.

평양 시절 친분을 쌓았던 한목사는 그가 공산주의자도 아니요, 더군다나 간첩은 더더욱 아니라는 사실을 알고 있었으므로 백방으로 구명운동에 나서주었다. 그렇지만 삼일사의 위세가 워낙 하늘을 찌르고 있었던 터라 번번이 실패로 돌아갔다.

할 수 없이 한목사는 미국인 선교사 치즘을 찾아가면 뭔가 해결의 실마리를 잡을 수 있을 것이라고 판단했다. 치즘은 미국정통장로교(OPC)의 선교사이자 치과의사였고 최의손이라는 한국이름을 갖고 있었다.

외국인까지 끌어들인다는 게 어쩐지 내키지 않은 일이었으나 수단과 방법을 가릴 처지가 아니었다. 장박사가 언제 죽을 지 모르는 상황이었기 때문이었다.

"치즘 박사님, 한 번 도와주셔야겠습니다."

"한목사님이 보증하시는 일이라면…."

치즘 선교사가 삼일사 고위층을 찾아가고 나서야 장박사가 살아 돌아올 수 있었던 것이다.

"이 분은 내가 옛날부터 잘 아는 교회의 장로요, 절대 공산주의자는 아닙니다."

미국은 위기에 처해있던 한국을 도와준 은인으로 모두들 여기고 있던 터라 미국인 목사의 이 한마디가 통했던 것이다. 동족의 말은 믿지 못해도 아무런 연고가 없는 외국인의 말은 철석같이 믿었던 시절. 이데올로기의 차이가 동포애를 무참히 짓밟아버린 것이다.

1951년 1월 부산은 정식으로 임시수도가 됐다. 항구는 멍석말이 하듯 말려 내려간 난민의 보따리가 일제히 풀려 난장을 이루고 있었다.

서울에서 피난온 사람들이 방을 얻지 못한 채 남의 집 처마 밑에서 옹기종기 모여 시름에 젖어 있었던 터였다. 방이란 방, 여관이란 여관은 피난민들로 가득찼다.

남의 방 한칸 얻어 살면 그것으로 만족이었다. 그래봐야 대부분 다다미 방으로 따뜻한 온돌은 언감생심 구경도 못했다. 그나마 좁디좁은 방에 열식구 이상 묵는 경우가 허다했으므로 도무지 희망이라곤 찾아볼 수 없었다. 당국발표에 따르면 피난민 숫자가 217만인데 집이나 방을 구한 이는 불과 64만 명이었으므로 나머지 사람들은 집도 절도 없는 딱한 사람들이었다.

방을 구할 수 없던 난민들은 아무렇게나 보이는대로 판자집을 지어갔다. 거리마다 산마루턱마다 판자집으로 이어졌다. 정처없이 밀려내려온 피난민 가운데는 이곳저곳에서 쭈그리고 잠을 자다가 그만 얼어죽는 사람들이 심심치않게 눈에 띄었다. 전란을 피해 육지끝까지 가보자면서 갖은 고생을 다한 끝에 도착한 부산에서 그만 어처구니없는 죽음을 맞이했던 것이다.

거리거리에는 일자리를 찾으려는 무리들이 즐비하게 늘어서 있었다. 유엔군의 군수물자가 끊임없이 도착하는 곳이기에 노무자들은 겨우 호구지책을 만들어 하루하루를 연맹했다. 그 일자리조차 잡지못한 이들은 시장을 떠돌면서 부산에서 발행되는 신문이나 벽보를 바라보면서 전황만을 살피고 있었다.

전쟁과 밀접한 장사를 하는 사람들은 전황에 따라 희비가 엇갈렸다. 나머지 군상은 먹고살기에 여념이 없었다.

갓난아이들은 먹을게 없어 그저 밥물을 졸졸 마실 뿐이라 심각한 영양실조에 걸리기 일쑤였다.

부산 아이들이 서울아이들을 보고는 "서울내기, 다마내기, 맛좋은 고린애기"라고 놀리면 서울아이들은 "꼴띠기, 꼴띠기, 시골띠기"라고 되받아쳤다. 사과 1개에 무려 100원이나 되었다. 그것도 3개월 후에는 700원으로 뛰었으니 전쟁으로 인한 인플레는 가히 살인적이었다.

피난민이나 부산시민이나 어린아이는 먹지를 못해 보채기만 하고 하늘높은 줄모르고 치솟는 물가는 통제불능이고, 정말 짜증스런 하루하루를 보내야 했다. 시내골목은 물론 후미진 산골짜기에도 검문소가 있어 지나는 사람들을 일일이 검문했다.

혹시 군기피자가 있는지, 혹은 제5열이 숨어있는지. 정말 짜증나는 시간들.

 그래도 형편이 나은 집 아낙네들은 치마 한 감, 양복바지 한 벌 등 옷가지들을 시장에서 팔아 그 돈으로 갓난 아이들을 먹였고 또 그 돈으로 쌀이나 밀가루 배급을 탔다. 어떤 경우에는 배급으로 얻은 쌀을 되팔아 빚을 갚는 일도 많았다.

 삼일사라는 큰 위기를 넘긴 그와 가용은 병원 숙직실이나 창고를 오가며 숙식을 해결했다. 그것만 해도 크나 큰 혜택이었다. 하늘을 가릴 지붕만 있다면 그것으로 좋았다.

 비상시국이었던지라 가용도 일해야 했다. 어차피 병원에서 먹고 자는데 밥값은 해야 했다. 그는 병원내 약국의 급사노릇을 하면서 한 사람 몫을 톡톡히 해냈다. 하루 세 끼는 모두 육군병원 구내에서 먹었다. 그래도 하루 세 끼 꼬박꼬박 챙겨먹을 수 있다는 게 얼마나 고마웠는지 모른다.

 어릴 때 병원식당에서 지겹도록 콩나물을 먹어야 했던 가용은 그때의 콩나물이 얼마나 질렸든지 50년이 지났어도 콩나물을 입에 대지 않았다.

2. 전영창과의 만남

 그는 육군병원에서 환자들과 씨름하면서 세상의 모든 시름을 잊었다.
 언제 지났는지 모르게 시간이 흘러 어느덧 6개월이 훌쩍 지났다. 1951년 6월 20일. 서울의 영등포역까지 개통되어 최악의 상황을 넘기던 부산의 초여름. 그러나 여전히 사람들이 넘쳐 주택난, 수도난, 생활난 등 3중고에 시달리고 있던 때였다. 그날도 그는 막 수술을 마치고 짧은 휴식을 취하고 있었다.
 "장로님, 저 왔습니다."
 초량교회 한상동 목사였다. 한목사 곁에는 웬 사나이가 떡 버티고 있었다.
 "목사님이 어쩐 일로…."
 한목사는 잔뜩 흥분된 표정으로 청년을 소개했다.
 "자. 인사하시죠. 이분은 전영창 선생이라고 하는데…."
 "반갑습니다. 장기렵니다. 어서 앉으십시오."
 그는 한목사로부터 청년의 이력을 듣고는 전신이 짜릿해졌다. 전쟁통에 이처럼 아름다운 사람을 발견할 수 있다는게 정말 감격스러웠다. 전영창 선생은 미국에서 신학공부를 하고 있었다.
 졸업도 얼마 남겨두지 않은 상태였다. 하지만 조국에서 전쟁이 일어났다는 소리를 듣고는 피가 거꾸로 솟는 분노에 휩싸였다.
 "전쟁이라니…. 그럼 우리 가족, 우리 민족은 어떻게 되는 걸까."

전영창은 날마다 조국에서 전해지는 전황에 귀를 기울이면서 일희일비했다. 북한이 물밀 듯 밀려와 한반도 전역을 석권할 채비를 차리자 그는 밤잠을 이루지 못한 채 풍전등화에 놓인 조국을 걱정했다. 그러나 유엔군의 개입으로 전황이 호전되자 다소 마음을 놓고 있었는데 10월이 되자 다시 중공군이 밀고 내려온다는 소식이 전해졌다.

6.25가 발발되자마자 고국행 비행기를 타야했다고 자탄했던 그는 이번에는 시기를 놓치지 않겠다고 마음을 다잡았다. 도저히 가만있을 수 없었다. 급보를 접하고는 한국유학생들을 일일이 찾아다녔다.

"난 간다. 우리 민족이 죽어간다. 난 갈 것이다."

전영창은 동료들을 상대로 모금운동을 벌이기 시작했다. 다른 유학생들도 조국에 변란이 일어났다는 소식에 접시닦이 등 아르바이트로 번 돈을 아낌없이 전달했다. 순식간에 5,000달러의 거금이 모였다.

전영창은 신학대학 졸업을 불과 1주일 남겨놓고 있었다. 그러나 조국없는 졸업장은 의미가 없다고 생각했다. 저 혼자 간다고 조국이 무슨 통일이 되고 전쟁에서 이기고 하는 것은 아니지만 분명한 것은 조국은 피를 흘리는데 자기 혼자만 팔자좋게 공부할 수 없다는 생각 뿐이었다.

친구들은 "졸업장이라도 타고 가라"고 그렇게 충고했지만 전영창의 눈에는 졸업장 따위는 보이지 않았다. 그는 모금액이 어느정도 목표치에 도달하자 미련없이 귀국해버렸다.

장박사는 꼿꼿한 자세로 앉아있는 전영창의 눈에서 장남 택용이의 잔상을 보았다. 주일날 등교하라고 했다고 끝내 자퇴해버린 녀석의 얼굴….

'그 녀석도 졸업을 일주일 남겨두었지.'

택용이나 이 사나이나 자기 자신의 뜻은 아니리라. 결국은 하나님께서 인도해주신 길이었을 터. 그저 그들은 하나님의 뜻에 따라 움직였을 뿐….

"참으로 장한 일을 하셨습니다. 선생같은 분만 있어야 하는데…."

갑자기 눈시울이 뜨거워졌다. 너무나 감격스러운 일이었다.

바로 이 전영창 선생은 '산교육, 열린 교육'의 모델로 알려진 거창고등학교를 1950년대 중반에 인수하여 '기독교 신앙에 바탕을 둔 민주시민 양성'이라는 교육이념을 세운 분이다.

1970년 박정희 정권이 3선개헌을 획책할 때 바로 이 거창고 학생들이 3선개헌 반대시위를 벌인 바 있다. 고교생이 정권반대투쟁에 나선 것은 그 때만해도 충격적인 일이었다. 모두 불의를 보면 절대 물러나지 말라는 전영창 선생의 가르침이 낳은 항거였다. 거창고는 당시 상황으로는 용납될 수 없는 요시찰 인물들을 초청, 학생들을 상대로 특별강연회를 실시했다. 함석헌, 송건호, 백기완, 김동길, 한완상, 성래은 씨 등 이름만 거론해도 쟁쟁한 인사들이 거창고 강당에서 학생들을 가르쳤다.

시위가 일어나자 정부는 시위주동학생들을 처벌할 것을 전영창 선생에게 요구했지만 당시 교장직을 맡고있던 전영창 선생은 "웃기는 소리마라"고 일축했다. 선생이 어찌 '정의를 외치는, 그것도 학생들을 처벌할 수 있느냐'는 것이었다.

그 때문에 교장승인취소처벌을 받은 전선생은 법정투쟁을 벌여 마침내 승리했다. 2년 뒤 유신헌법을 통과시키기 위해 갖은 수단과 방법을 다 동원하던 박정희 정권은 거창지역에서 인망을 쌓고 있던 전교장에게 유신찬성 연설을 하도록 강요했다.

전교장은 원고를 사전검열하지 않겠다는 조건으로 응했다. 그는 거창초등학교에 모인 군내 초중고 교사들을 앞에 두고 비교적 온건한 화법으로 연설을 시작했다.

그러나 그는 연설을 마감하면서 이렇게 끝냈다.

"칼을 쓰는 자는 칼로 망합니다."

강당에는 우레와 같은 박수가 터졌다. 그의 교육이념에 따라 거창고는 그야말로 참교육의 모델로 알려졌고 그러면서도 4년제 대학 진학률이 늘 90퍼센트가 넘었다.

거창고가 내세우고 있는 직업선택의 10계는 지금도 유명하다.
1. 월급이 적은 곳을 택하라.
2. 내가 원하는 곳이 아니라 나를 필요로 하는 곳을 택하라.
3. 승진의 기회가 없는 곳을 택하라.
4. 모든 조건이 갖춰진 곳을 피하고 처음부터 시작해야 하는 황무지를 택하라.
5. 앞을 다투어 모여드는 곳은 절대 가지 마라. 아무도 가지 않는 곳으로 가라.
6. 장래성이 전혀 없다고 생각하는 곳으로 가라.
7. 사회적 존경 같은 것을 바라볼 수 없는 곳으로 가라.
8. 한가운데가 아니라 가장자리로 가라.
9. 부모나 아내나 약혼자가 결사반대하는 곳으로 가면 틀림없다.
10. 왕관이 아니라 단두대가 기다리고 있는 곳으로 가라.

얼핏보면 현실세계에서는 도저히 권할 수 없는 직업선택의 조건들. 하지만 이것은 반드시 그러라는 것이 아니라 그런 마음으로 살아가라는 뜻이었다. 희생정신, 봉사정신, 개척정신을 담고있는 말들이다. 한 마디로 말하면 '낮은 곳으로 임하라' 는 것이다.

"당연한 일입니다. 박사님. 생각같아서는 군복을 입고 전선으로 뛰어가고 싶습니다."

돈많고 빽있는 사람들 가운데는 전란을 피해 일본이나 미국으로 달아나는 이들도 많았는데….

군대에 끌려가지 않으려고 요리조리 피해 돌아 다니는 기피자 천국이었던 상황. 그런 사람들을 잡으려고 여기저기 바리케이트를 치고 수시로 검문하는 모습을 생각하면 눈물나도록 고마운 일이었다.

당시에는 이른바 국민방위군 사건으로 세상이 떠들썩했던 와중이었다. 국민방위군은 1950년 12월 21일부터 소집되었다. 제2국민병의 이름으로 만 17세 이상 40세 미만의 청장년을 모두 징집한 것이었다. 힘없고 돈없는, 주로 시골사람들은 당시 죄다 국민방위군에 강제로 편입되었다. 그러나 방위군 단장서리인 김윤근과 부단장 윤익헌 등 고위층은 나라에서 주는 보급품을 횡령하였고 장정들은 기아선상을 헤매며 돼지우리 같은 곳에서 죽음의 행진을 강요당했다.

그 가운데 1,000여 명이 굶어죽었고 나머지 장정들도 아사직전에 빠졌다. 그 사건은 방위군에 징집된 사람들의 친척들이 굶어죽기 일보직전인 장정들의 실태를 파악하고서야 주목을 받기 시작했다.

국민방위군은 1951년 3월 19일 결국 해산되었고 김윤근 등은 그해 8월 군법회의에서 사형선고를 받았다.

거지의 몰골을 한 방위군 출신들은 해산되자마자 부산으로 몰려들었고 시민들은 처참한 꼴로 거리를 헤매고 다니는 방위군들을 보면서 분노를 삼키고 있었던 때였다.

그런 복장터지는 상황 속에 유학생 전영창이 급거 귀국했던 것이었다.

전영창은 귀국하자마자 경남 구제위원회를 만든 뒤 모금한 5,000달러를 들고 유엔 민사원조처를 찾아갔다.

"이 돈으로 오갈 데 없는 가난한 사람들에게 약이라도 줄 수 있도록 해주십시오."

유엔 민사원조처에서 전영창을 맞이한 이는 노르웨이인 책임자 넬슨이였다. 노르웨이는 군병력대신 의료진을 파견했던 나라였으므로 전영창을 맞이한 것이었다.

"미스터 전, 뜻은 고맙습니다만 우리는 받을 수 없습니다. 우리는 원조물자를 받아 보급하는 일만을 담당하고 있으니까요."

전영창은 가슴이 답답해서 넬슨을 채근했다.

"이 돈을 반드시 좋은 일에 써주십시오. 어디 전달할 곳도 마땅치 않고 잘못 주었다가는 어떻게 쓰는 지도 모르기 때문에…"

넬슨은 전영창의 눈을 찬찬히 살피더니 한 가지 제안을 하는 것이었다.

"미스터 전의 애국심에 깊은 감명을 받았습니다. 그렇다면 내가 한

가지 방법을 알려드리겠습니다. 우리는 그 돈을 무작정 받을 수는 없습니다. 그래서 말인데요."

"방법이 무엇입니까?"

"그 돈으로 조그마한 병원이라도 내십시오. 미스터 전이 낸다면 전폭적으로 밀어주겠습니다. 매일 50인분의 약을 우리 유엔 민사원조처가 원조해주겠습니다."

넬슨은 "미스터 전 같은 사람이라면 믿을 수 있다"고 굳게 약속해주었다. 전영창과 한상동 목사는 유엔 민사원조처의 제안을 들고 함께 장박사를 찾아온 것이었다.

조국을 조금이라도 도울 방법을 찾은 전영창은 다소 흥분된 표정으로 자초지종을 설명한 뒤 그의 협조를 바랐다.

"그렇습니까, 전선생은 정말 주님께서 내려주신 빛이요 영광입니다."

그는 전영창의 손목을 덥석 잡으며 "한번 해보자"고 다짐했다. 돈이 없어 의사를 한 번도 만나보지 못한 사람들을 위해 한평생 바치겠다는 건 바로 그가 의사가 될 때부터 하나님께 서약한 일이 아니었던가. 주저할 이유도 마다할 필요도 없는 것이었다.

자금도 부족하고 경험도 없이 시작하는 일이었으나 동기가 좋고 방법이 좋으면 하나님께서 인도해주실 거라는 믿음의 확신이 생겼다.

'이는 하나님의 뜻이다. 이것으로 그리스도의 사랑을 실천할 수 있다면 어떤 곤경과 고난도 참고 이겨낼 수 있다.'

의기가 투합된 세 사람은 서로 굳게 악수하며 활짝 웃었다. 초여름의 따가운 햇살이 하나님의 은총처럼 세 사람을 비추었다.

3. 천막 복음병원 세우다

한 번 결정을 내리자 모든 일이 일사천리로 진행되었다.
"박사님, 병원이름은 무엇으로 할까요."
"뭐가 좋을까. 그건 전선생이 한번 지어보시오."
"복음병원이 어떨까요. 하나님의 복음을 전해준다는 뜻인데요. 어떨까요?"
전영창이 이름지은 이 '복음병원'이야말로 장박사를 세상의 빛과 소금으로 만들어준 또하나의 전환점이 되었다. 그날로 바로 유엔민사원조처를 찾아간 세 사람은 넬슨과 병원설립에 대한 구체적인 협의를 마쳤다.
그리고 나서 곧바로 장소물색에 들어갔다.
"박사님, 목사님. 돈이 없어 좋은 자리를 구할 수는 없는 처지라…. 하지만 아쉬운대로 꾸며야겠지요?"
신바람이 난 전영창은 부산시 영도구 남항동에 있던 제3 영도교회 창고를 병원으로 꾸밀 작정을 했고 하루 뒤인 1951년 6월 21일 복음병원을 개원했다. 그는 10일 만인 6월 30일 사표를 내고는 7월 1일자로 창고로 출근했다.
말이 병원이지 그 꼴은 필설로 설명할 수 없을 정도였다. 온갖 잡동사니를 처박아 놓은 창고를 병원의 형상으로 꾸며야 했다. 우선 20평 남짓한 창고를 진찰실과 약국, 그리고 주사실을 겸한 수술실로 대충 구분지어 놓았다. 수술대가 또 문제였다.

"할 수 없군요. 나무라도 짜서 만들어야지."

세 사람은 밤을 새워가며 나무로 수술대를 다듬어 꾸며놓았다. 하긴 병원수가 태부족이었던 때라 천막병원이 태반이었던 상황이었으므로 할 수 없었다. 이 나무 수술대는 복음병원 역사의 산증거로 지난 1976년 복음병원이 새로운 장소로 이사했을 때 기념으로 옮겨와 화분대로 썼다.

그러나 누군가 하도 낡고 초라하게 보였는지 그만 없애버렸다는 것이었다. 그는 훗날 복음병원시절을 회고하면서 이 대목을 무척 아쉬워했다. 치열한 삶을 살았던 당시의 추억을 잃은 아쉬움 때문이었으리라.

하루하루가 흐르면서 환자는 점점 늘기 시작했다. 온화하고 친절한 의사가 진료하는 데다 치료비까지 받지 않는다는 소문이 퍼졌기 때문이었다. 요즘같은 전국민 의료보험시대엔 이해할 수 없는 일이겠지만 불과 1970년대 후반까지만 해도 병원의 문턱은 높았다.

하물며 전쟁통에 끼니조차 잇기 힘들었던 당시에는 어땠으랴. 가난한 사람들은 죽을 병에 걸려있다는 걸 직감하면서도 돈이 없어 참고 살다가 비참한 생을 마감하는 일이 비일비재했다. 수술비용을 마련하기 위해 얼마 남지도 않은 전 재산을 다 털어도 안 되는 사례가 허다했다.

죽을 병에 걸린 사람이 가족들에게 폐를 끼치지 않겠다면서 자살해버리는 예도 많았다. 웬만한 병은 병취급도 하지 않는 바람에 더욱 병을 키우고, 그 병이 악화되어 결국 죽음까지 부르는 악순환이 계속되었던 시절.

그런 와중에 영도쪽에 웬 외과의사가 무료로 병을 고쳐준다니 얼마나 고마운 일이었겠는가. 환자들은 '무료'라는 말을 반신반의하면서 쭈뼛쭈뼛 하다가 장박사의 온화한 미소와 부드러운 말투에 마음을 놓았다.

"저 진료비가 없는데 들어가도 됩니까."

"어서 오세요. 아 그리 서있지 마시고 이리로 와요. 아파서 왔으니까 치료받아야지요."

그러다가도 진료를 마치고 돌아가는 순간에는 왠지 뒷골이 당기는지 어색한 표정으로 돌아가는 사람들이 대다수였다.

"약은 받아가셔야지요."

그럴 때면 환자들은 '약까지 받아가도 되냐' 는 쑥스러운 얼굴로 뒷통수를 긁곤 했다.

처음에 매일 60여 명이던 환자는 입소문이 퍼지는 바람에 날로 늘어 100명을 넘어서는 날이 많아졌다. 집도 절도 없는 행려병자들에게는 특히 그야말로 아무도 돌봐주지 않는 그들의 영혼을 닦고 조이고 기름치는 곳이었다.

땟구정물이 흐르는 옷, 그리고 온갖 악취를 흠씬 풍기는 온 몸을 내보이는 행려병자들은 그가 청진기를 대려고 웃옷을 들쳐보이라고 하면 부끄러워 어쩔줄 몰랐다.

오래된 병을 그냥 방치한 탓에 즉시 수술해야 할 환자들도 넘쳐났다. 벌써부터 수술환자들이 입원할 공간이 태부족이었다. 환자의 숫자도 이제는 혼자 감당할 수 없게 되었다.

당장 생활고도 문제였다. 제3육군병원에서는 그래도 먹는 문제 하나만은 해결되었는데 무료병원이다 보니 수입이 있을 턱이 없었다. 전영창이 모금한 5,000달러는 수술기기 구입과 임대료 등으로 이미 눈녹듯 사라진지 오래되었다.

그는 역시 하나님께 매달렸다.

'하나님을 믿으라. 내가 진실로 너희에게 이르노니, 누구든지 이 산더러 바다에 던지우라 하며 그 말하는 것이 이룰 줄 믿고 마음에 의심치 아니하면 그대로 되리라. 그러므로 내가 너희에게 말하노니 무엇이든지 기도하고 구하는 것은 받은 줄로 믿으라. 그리하면 너희에게 그대로 되리라.' (마가복음 11장 22절 이하)

그는 요한복음에서도 나타나 있듯이 '너희가 내 안에서 거하고 내

말이 너희 안에 거하면 무엇이든 원하는 대로 구하라. 그러면 이루리라'는 주님의 가르침을 그대로 믿고 늘 기도를 드렸다.

"주여, 먼저 대접을 받고자 하는 대로 남을 대접하게 해주소서. 성경말씀대로 먼저 남의 짐을 져주게 하소서. 다른 사람이 내게 빚진 것을 사해주게 하소서."

역시 하나님은 그의 기도를 묵묵히 들어주셨다. 물론 한꺼번은 아니었다. 하나님의 뜻은 역시 분명했다. 일개 인간에 불과한 그가 자칫 교만에 빠져, 욕심에 빠져 제 할 일을 잊고 살까봐 하나하나 조금씩 들어주신 것이었다.

2개월이 흘러 이제 더 이상 환자 수를 감당할 수 없게 되자 그와 전영창은 유엔 민사원조처를 찾아가 도움을 청했다. 약속대로 매일 50인분의 약을 보내오던 원조처는 장박사와 전영창의 헌신적인 봉사를 익히 잘 알고 있었고 입원실이 부족하다는 사실도 알고 있었다.

"그럼 병원을 옮겨야 되겠군요. 천막을 공급해드리겠습니다."

그는 원조처로부터 군용대형천막 3개를 원조받았다. 그 다음은 병원부지가 필요했다.

그와 전영창은 복음병원에서 300~400미터 떨어진 영선초등학교 옆에 빈 터를 발견하고 그곳으로 자리를 옮겼다. 땅이 넓어서 우선 좋았다.

80평이나 되는 땅에 천막 3개를 디긋자 형으로 쳐놓고는 한 채는 외래진료소로, 또 한 채는 수술실로, 나머지 한 채는 병원실로 꾸며놓았다. 시설은 열악했으나 공간이 넓어 환자들을 많이 수용할 수 있어서 너무도 기뻤다.

또 한 가지 고민은 의사가 부족했다는 것. 아니 부족할 정도가 아니라 의사라고는 그 외에는 없었으니 정말 단내가 나도록 환자를 보아도 티가 나지 않을 정도였다.

1분 1초가 아까워 점심먹는 것은 아예 꿈도 꾸지 못했다. 무슨 수를 써야지 늘어나는 환자를 혼자 감당하기는 애시당초 무리였다.

여기에 월급도 못주는 처지이다 보니 누구보고 오라고 할 수도 없는 일이었다. 그러나 하나님은 그가 막다른 골목까지 몰리는 모습을 보시고는 그냥 두지 않으셨다.

어느날 전종휘 박사가 병원을 찾았다. 경성의전 3년 후배인 전종휘는 전시 피난 서울의대교수로 부산에 와있던 사람이었다.
"선배님, 제가 선배님과 함께 일하겠습니다."
전종휘는 병원에서 눈코 뜰 새 없이 환자들과 씨름하는 그를 보고는 진한 감동을 느꼈다. 가난한 자들과 평생을 함께 하고자 하는 저 선배를 그냥 두고 갈 수는 없었다.
"고맙네. 하지만 전박사는 식구들도 많은데…."
그리고 보니 전종휘는 서울에서 무려 10여 명의 식구들을 데리고 부산으로 피난온 사람이었다.
"그건 괜찮습니다."
히포크라테스의 제자이기에 앞서 예수의 제자되기를, 예수의 길을 좇으려 했던 두 사람이었다. 당장 그들이 손을 쓰지 않으면 큰일 날 사람들이 많은데 그냥 볼 수는 없는 일이었다.
하루에 보통은 130~140명의 환자들을 돌봤다. 내과의사인 전종휘가 한 80여 명을 돌봤고 외과의사인 그는 50~60명을 치료하거나 수술했다. 어떤 날은 200명이 넘는 환자들이 몰려들어 진땀을 흘린 적도 있었다.
그와 전종휘는 어떤 상황이라도 웃음을 잃지 않았다. 그들도 인간인지라 쉴사이없이 밀려드는 환자때문에 가끔은 짜증도 났지만 더욱 힘들고 아픈 환자들의 찡그린 얼굴 앞에서 내색할 수는 없는 일이었다. 어차피 천막병원 일은 그들이 좋아서, 하고 싶어서 한 일이었기에….
전종휘의 존재는 정말 그에게는 빛이었다. 환자에 대한 전종휘의 사랑과 열정을 지켜보고 있노라면 피곤해서 파김치가 되어있다가도 새로운 생명력을 얻은 듯 생기를 되찾았다. 그가 훗날 70세가 넘어 병들고 쇠약해져있을 때도 전종휘의 존재는 그에게 힘이 되고 활력이 되었다.

"70이 넘어 나의 사회적인 존재의 의미를 잃게 될 때 내 주 안의 친구 전종휘 박사의 격려에 인도되어 사회적인 일에 종사하고 있습니다. 즉 내 의술이나 학식이 후배들보다 떨어져서 이제는 쓸데없이 생각되어 물러나려고 할 때에 나더러 학생들 공부시간에 참여만 하여도 내 역할을 하는 것이라 인정해 줄 때 나는 격려가 되어 학생들의 수강시간에 참석하고 있습니다. 나는 거기에서 새 지식을 얻으므로 재미있게 살고 있습니다."

그는 훗날 "주안에서 서로 믿고 격려해주는 것이 좋은 교제이고 얼마나 많은 우정이 많은 사람을 구했는지 모른다"고 회고하면서 전종휘와의 교제를 자랑스러워했다. 그는 마지막까지 복음병원시절 그를 격려하면서 가난한 자를 위해 헌신한 전종휘의 마음을 잊지 못했다.

그와 전종휘는 반드시 한 달에 한 번씩 병원 문을 닫았다. 환자를 기다려 받더라도 병원이 넘쳐흘렀지만 그것으로 만족할 수 없었다. 의사가 없는 이른바 무의촌 환자들을 돌보기 위해 환자들을 찾아 다녔다.

의사얼굴 한 번 보지 못한 사람들, 돈이 없어, 또 거리가 너무 멀어 병원진료를 꿈도 꾸지 못한 사람들을 방문하는 것 또한 보람있는 일이었다.

병원식구들을 곤경에 빠뜨린 돈 문제도 사실 해결해야 할 과제였지만 하나님께서 최소한의 방법을 구해주셨다.

4. 월급은 식구수대로 합시다

　사실 병원 운영은 처음부터 무리였다. 유엔 민사원조처에서 주는 매일 50인분의 약은 태부족이었다. 병원을 그런대로 굴러가게 하기 위해서는 최소한의 식구가 필요했다.
　전영창이 총무를 맡았으며 서무와 경리, 약국은 오재길이 담당했다. 간호원도 필수였다. 김재명, 김순리, 이금숙 등 세 사람이 밤낮을 가리지 않고 그와 전종휘 곁에서 도와주었고 운전은 김정일이 맡았다. 처음에는 7명으로 시작한 병원이 환자가 늘어남에 따라 11명으로 늘어난 것이었다.
　둘째 아들 가용도 이곳에서는 한몫 단단히 했다. 육군병원에서 6개월 동안 약국조수 노릇을 했던 꼬마는 어느새 약국에 있는 약의 이름과 쓰임을 모두 외웠다. 의사의 처방전을 보고 약을 찾아 내올 수준이 되어 병원식구들에게 귀여움을 독차지했다.
　문제는 월급이었다. 어려웠던 시대, 어려웠던 환경에서도 가난한 이들을 돕겠다고 똘똘 뭉쳤지만 최소한 먹고는 살아야 일을 할 게 아닌가.
　병원식구들은 모두 11명이었으나 그들에게 달린 부양가족까지 합치면 44명에 달했다. 그러나 하나님께서 길을 열어주셨다.
　미국의 개혁선교회가 복음병원의 봉사와 헌신을 알고는 지원을 결정했다. 전쟁의 아픔을 어루만져주는 것은 역시 하나님 한 분이었다. 미국의 종교단체들이 전난을 겪고있는 이 땅에서 뭔가 도와줄 것이 없는지를 살피고는 손닿는 대로 도움의 손길을 뻗은 것이었다.
 선교회가 준 지원금은 월 500달러였다. 많지는 않은 돈이었지만 그와 병원식구들은 모두 무릎꿇어 감사의 기도를 올렸다.
 병원직원과 그 식구들 44명은 이 돈으로 한 달을 살아야 했다. 그와 총무직을 맡고있던 전영창은 고민했다.
 이 돈을 어떻게 나눠야 할까. 월급으로만 이 돈을 쓴다면 병원운영은 또 어찌할 것인가. 특히 원장직을 맡고 있던 그는 깊은 생각에 잠겼다.
 병원은 일종의 공동체였다. 자칫하면 돈의 노예가 되어 바로 이 돈 때문에 병원식구들의 사이를 갈라놓을 수도 있다. 만약 원장이라고 해서 봉급을 더 많이 가져간다고 치자.
 '우린 가용이와 나 둘 뿐이다. 원장이라고 해서 많이 가져간다면 그것은 공평치 않다.'
 그것은 마찬가지였다. 같은 식구라 해서, 똑같이 고생한다고 해서 월급을 똑같이 나누는 것이 공평치 않다. 비근한 예로 전종휘 박사의 식구는 무려 10명이지만 그는 단 둘뿐.
 뾰족한 수를 찾기 위해 고민하던 그는 결국 묘안을 찾았다.
 "전선생, 우리 이렇게 하지. 계급에 따라 월급을 주는 것은 공평치 않아요. 요즘같으면 다 비상시국인데 식구수대로 먹을거리가 있어야 잖아."
 그의 방법은 모든 직원의 월급은 부양가족의 숫자에 따라 나누자는 것. 그렇게 되면 원장의 봉급과 운전기사인 김정일의 월급이 똑같았다.
 "원장님, 그래도 좀 이상하잖습니까?"
 직원들이 좀 쑥스러운 표정을 짓자 그는 "뭐가 이상한가. 난 가용이하고 둘밖엔 없는데. 돈 쓸 일이 뭐 있나" 하면서 밀어붙였다. 사실은 맞는 얘기였다. 먹는 문제 때문에 어려움을 겪고있던 시절이라 식구수가 많으면 많을수록 곤경에 빠질 수밖에 없었다.

그의 방식은 사실 초대교회를 본뜬 것이었다. 작은 것이라도 함께 나누는 초대교회 사도들의 생활방식을 따온 것이었다.

이 방침에 따라 10식구나 된 전종휘 박사의 봉급이 약간 많았다. 운전기사는 원장과 월급이 같은 수준이자 "난 병원장하고 봉급이 똑같은 사람이야" 하면서 주변사람들에게 농담을 던지곤 했다.

병원식구들은 워낙 적은 봉급이었지만 모두들 불만이 있을 턱이 없는 배분이었던 데다 빈민구제라는 사명감이 넘쳐흘러 정말 신명나게 일했다. 그가 손수 짜서 만든 나무수술대에서 목숨을 건진 사람도 부지기수였다.

언젠가는 잠시 틈을 내어 전종휘 박사와 이런저런 얘기를 나누던 그는 전박사의 말을 듣고는 쓴 웃음을 지을 수밖에 없었다.

"선배님, 아까 미군의사가 다녀갔는데 선배님이 수술하는 장면을 보았는데요. 그 양반 말이 참 걸작이었어요."

"무슨 말을 했는데? 하기야 한심했겠지. 이런 곳에서 수술까지 하고 있으니까."

"그 정도가 아녜요. 그 친구, 한참을 지켜보더니 '꼭 동물을 갖다놓고 수술하는 것 같군' 하고 중얼거리고 나가잖겠어요."

"동물수술…. 동물수술이라. 저들이 보면 그렇게 말할 수도 있겠군요."

둘은 서로 바라보며 허탈한 웃음을 지었다. 병원이라고 해봐야 천막을 임시로 쳐놓은 곳에 불과했고 거기에 조악하게 만든 나무수술대와 수술환자, 애들 장난감같은 장비와 수술도구들, 그리고 낡은 장비로 수술에 임하는 그의 모습이 그렇게 비춰진 것이었다.

그래도 환자에 대한 그들의 정열과 사랑은 누구에게도 뒤지지 않는다고 자부하면서 훌훌 털어버렸다.

"누가 뭐래도 우린 최선을 다하고 있으니까."

사실 그 미군의사의 표현은 지나치지 않았다. 당시에는 전쟁통이고 마실 물이나 식량이 늘 부족했고 더러웠기에 전염병과 영양실조가 만연했다. 병원에는 여름이면 전염병 환자, 겨울철에는 동상환자들이 줄을 이었다. 특히 겨울철엔 기름도 연탄도 부족했던 때여서 난방이란 거의 생각도 못했다. 제대로 방한복을 입고 장갑이나 제대로 된 양말을 신는 피난민들이 있을 턱이 없었다.

심지어는 치료가 늦어 두 다리를 잘라야 하는 최악의 경우까지 생기곤 했다. 피고름을 흘리며 업혀 들어오는 지독한 동상환자들.

썩어 문드러지는 두 발과 다리를 볼 때 그는 환자에게 소용없는 고함을 버럭 내질렀다.

"아니 뭐하다가 이제 온 겁니까."

소용없는 말인 줄 알면서도 그는 이 분통터지는 상황에서 뭔가 소리라도 지르지 않으면 견딜 수 없었다. 아무리 의사지만 이런 류의 환자를 보면 눈물이 핑 돌 정도로 가슴이 미어졌다.

전력사정이 좋지 않아 불이 언제 나갈지 몰랐고 또한 수술용 라이트조차 없는 실정이었으므로 대부분의 수술은 낮에 진행되었다. 두 다리를 잘라야 하는 수술의 경우 시장에서 구할 수 있는 나무써는 톱으로 해야 했다. 밀폐된 공간도 부족한 상태에서, 그것도 대낮에 톱을 쓰면서 하는 수술이었으니 남들이 보면 마치 동물을 수술하는 것 같다는 말이 옳았을 터였다.

급성맹장염과 같은 긴급한 수술은 어쩔 수 없이 밤에 하는 경우도 많았다. 전등은 수시로 깜박깜박 댔으므로 정상적인 수술은 불가능했다.

그럴 때면 간호원이 촛불을 켜서 조명을 대신했다. 가늘디 가는 핏줄을 일일이 찾아 꿰매야 하는 의사로서는 정말 심장이 멎는 순간이었다. 희미한 조명 아래서 피투성이인 핏줄을 찾아 묶는 일이야말로 평상시 기준으로 보면 도저히 상상할 수 없는 짓이었다.

얼마나 조명문제가 심각했던지 그는 유엔 민사원조처의 협조를 받아 군용 손전등 하나를 받았다. 촛불의 밝기로는 도저히 수술을 제대로 할 수가 없었기 때문에 아쉬운 대로 군용 손전등이라도 얻어야 했다. 죽음과 삶의 선상에 서있던 환자를 위해서는 어떤 수단과 방법을 가리지 않아야 했다.

상황이 이렇다보니 한 시간이면 될 수술도 얼마나 심혈을 기울였는지 한참이 걸려야 겨우 끝냈다. 한 번 수술을 하면 얼마나 신경을 쓰는지 온 몸에 식은 땀을 흘리면서 탈진하기 일쑤였다.

그러나 휴식은 거의 없었다. 그를 찾는 환자가 줄 서있었기에 제대로 쉴 수도, 다리를 쭉 펴고 잠 한번 편히 잔 적도 없었다.

과로에다 제대로 먹지 못한 탓에 그와 전박사의 몰골은 환자와 의사를 구별할 수 없을 정도가 되기 일쑤였다. 견디다 못해 그들은 과로로 인한 몸살로 링거를 꽂고 환자와 나란히 누워있기도 했다.

그러나 그것도 잠시. 급한 환자가 생기면 다시 훌훌 털고 일어나 아무렇지 않다는 듯 빙긋 웃으면서 통증을 호소하는 환자들을 어루만져 주었다.

어느 날 이 초라한 천막병원은 전시연합대학의 의과대학 실습병원으로 지정되었다. 이 전시연합대학은 부산으로 피난간 대학들이 학생들을 한 곳에 모아놓고 강의를 시작함으로써 생겼다. 처음에는 천막을 치고 수업을 시작했으며 다음에는 판자로 책상과 의자를 만들어 겨우 수업이 진행되었다. 어쨌든 복음병원으로서도 천군만마를 얻는 격이 됐다.

가뜩이나 의사가 둘 밖에 안 되어 늘 허덕허덕댔는데 생생한 젊은 의과대학생들이 드나들며 현장실습을 하면서 웬만한 환자들을 돌볼 수 있었기 때문이었다. 얼마나 고마웠는지 몰랐다.

의대생들에게도 이때의 실습은 그 무엇을 주고도 살 수 없는, 얻을 수 없는 귀중한 기회였다. 당시 향학열에 불타는 학생들은 한시라도 허송세월하지 않기 위해 한 시간의 수업이라도 빠지지 않았다. 그러나 일인일기 교육이라 해서 무슨 기술이든 습득하도록 가르치라고 피난정부는 독려했으나 아무런 설비가 없는 상황에서 기술교육은 언감

생심이었다. 더구나 실험이 필요한 학과에서는 실험 한 번 제대로 해보지 못하고 입으로만 가르치고 있었다.

그런 상황이었으므로 의과대 학생들의 실습을 겸한 진료는 피가 되고 살이 되었다.

원래 전쟁이란 비참한 결과를 낳지만 의학계는 아이러니컬하게도 바로 이 끔찍한 전쟁을 통해 비약적인 발전을 하게 되는 것이다.

20세기들어 세계의학계가 장족의 발전을 거듭한 것은 바로 세계 1, 2차 대전을 통해서였다는 것은 다 알려진 사실이다. 비록 동족상잔의 참극을 겪던 1950년대 초반이었으나 당시의 의대생들은 어떤 면에서는 혜택받은(?) 학생들이었다. 당시 전쟁통에 무연고 행려병자들이 무수히 죽었고 이들은 적법한 절차를 통해 해부용 시신으로 조달된 것이었다.

바랐던, 바라지 않았던 육신은 비록 죽었으나 후손의 건강을 위해 소중하게 쓰임받는 존재가 되었던 것이다.

의사들, 특히 외과의사들의 의료수준도 전쟁을 치르고 나면 높아질 수밖에 없었다. 수없이 쏟아져 들어오는 부상군인들과 전염병, 풍토병으로 쓰러지는 환자들을 다루고 수술하다보면 의술은 장족의 발전을 하게 되어 있다는 것이다.

그래서 전장을 실습장으로 활용할 수밖에 없기에 전쟁을 많이 치러본 나라의 의술이 높다는 말은 허황된 말은 아니다.

그나마 받은 박봉의 봉급조차도 쪼개 병원운영비 등으로 내면서도 가난한 자를 위해 신명나게 일했던 이 때를 장박사는 가장 소중한 기억으로 간직했다. 훗날 어떤 괴로운 일이 닥쳐도 그는 초기 복음병원 시절을 떠올리면서 극복했다. 교만한 마음이 들어 좀 풀어진다 싶어도 그는 밤잠을 이루지 못한 채 환자들과 부대꼈던 이 때를 기억했다. 그에게 있어 이 시기는 삶의 방향을 알려주고 충고해주는 인생의 등대였다.

훗날 그는 "신앙생활로 가장 보람있었던 때는 평양 기홀 병원에서 사면초가의 어려움을 끊임없는 기도로 극복했던 시절이라 한다면 의사로서 처음의 뜻이 가장 두드러지게 나타났던 시기는 복음병원 초기의 시절이었다"고 회고할 정도였다.

"그 때에 비하면 지금의 나는 너무 가진 게 많다. 이따금 결혼식 주례를 해주고 받은 넥타이만 해도 수십 개나 된다. 필요이상으로 많은 넥타이를 보면 죄스러운 생각이 들어 나누어 주도록 애는 쓰고 있지만 천막병원 시절에는 구호품 양복은 있는데 넥타이가 없어 '하나만 있었으면' 하고 생각했던 때가 있었다."

의사로서, 믿는 자로서 최선을 다했던 시기가 바로 그때였다.

5. 악화일로의 병원재정

하지만 이상과 현실은 늘 엇갈리는 법. 아마도 하나님께서 처음부터 다 들어주셨으면, 넘치도록 만들어주셨으면 아마 그는 생활에 만족하고 나태해졌을지 모른다. 아니 처음에 가졌던 의로운 마음가짐이 흐트러져 버렸을 지 모르는 일이다.

무료로 치료해줄 수 있는 환자가 늘어난다는 것은 의사로서 더할 수 없는 기쁨이고 보람이자 다행스러운 일이었다. 하지만 환자가 늘수록 병원의 운영상태는 그만큼 악화되고 있었다. 병원 설립 후 3년 간은 유엔 민사원조처와 미국개혁선교회의 도움, 그리고 자원봉사자들까지 도와주고 있어서 그래도 견딜만 했다.

하지만 하루 환자수가 200명이 넘는 날이 늘어나면서 두 손을 들어야 할 딱한 처지에 빠지게 되었다. 장박사를 비롯한 직원들이 아무리 주판알을 튕겨 보아도 병원폐쇄 이외에는 달리 도리가 없었다. 직원들이 모두 봉급없이 생활하고 그 돈을 운영비로 댄다해도 코끼리 비스켓이었다.

아픈 몸을 이끌고 무료병원이라 해서 그야말로 천신만고 끝에 병원을 찾은 환자들은 약조차 제대로 받지 못한 채 돌아서는 일이 비일비재했다.

하루종일 진료 한번 받아보려고 기나긴 줄을 서서 겨우 차례가 되어 의사를 만났는데 그런 환자들에게 약도 못주고 돌려보내다니….

물론 어려운 줄 알고 시작했고 웬만큼 각오한 일이기는 했으나 너무도 가슴아픈 일이었다.
 '저 가난하고 병든 사람들은 이제 누구에게 의지하며 살아가야 하나. 저들을 위해 일한다는 우리들마저 그냥 여기서 쓰러져 포기한다면 저들은 어찌되는가.'
 병원식구들은 "뭔가 대책을 세워야 한다"고 여러차례 건의했지만 그는 아무런 반응도 보이지 않았다. 돌아가는 상황을 몰라서가 아니라 특별한 방법이 없었기 때문이었다.
 있다면 딱 하나, 환자들에게 진료비를 받는 것. 그러나 그것은 도저히 용납될 수 없는 일.
 그렇다면 다른 방법은 없을까.
 사태가 악화되자 그는 결국 병원식구들과 함께 이른바 대책회의라는 걸 열어 뾰족한 수를 찾아볼 요량이었다. 하지만 갑론을박만 할 뿐 도리가 없기는 마찬가지였다. 할 수 없이 치료비를 낼 수 있는 환자들에게만 돈을 받는 것이 어떠냐는 말도 나왔다.
 "할 수 없는 일이죠. 그렇게라도 해야…."
 그렇게 완고했던 그마저 누군가의 의견에 더 이상 반대할 명분이 없어 묵묵히 듣고만 있었다. 그러나 그 또한 말도 안 되는 의견임이 금방 드러났다.
 "그런데 누구한테 돈을 받아야 되죠? 돈 받을 이를 어떻게 구별하나요?"
 그 또한 듣고보니 맞는 말이었다.
 "점쟁이를 불러 관상을 보게 한 뒤 재력이 있어 보이는 사람에게만 받을 수도 없고…."
 그는 누군가의 흰소리에 쓴웃음을 짓고 말했다. 명색이 하나님을 믿는 기독교인들인데 얼마나 답답하면 저런 말까지 할까 하는 생각이 들었다. 병원 식구들도 피식 웃고 있었다.
 "별소리가 다 나오는군…."
 옷을 보고 돈 낼 사람을 고르자는 둥, 요즘엔 부잣집 사람들이 더

허름한 옷을 입고 다닌다는 둥.
 결론없는 회의가 계속되었다. 그후에도 몇 차례나 회의를 열었으나 허울좋은 말잔치에 불과했을 뿐이었다.
 어느 날 밤. 잠시 짬을 내어 일생의 친구가 된 전종휘 박사와 마주 앉아 답답한 김에 이런저런 이야기를 나누며 시름을 달랬다.
 "전선생, 힘들죠. 괜히 시작했나 싶고…."
 전박사는 피식 웃었다. 미안한 마음에 던진 말이라는 걸 잘 알고 있었기 때문이었다.
 "힘들다니요. 저야 내과만 맡고 있으니 뭐 힘든 일이 있겠습니까. 그보다는 선배님께서 힘든 외과일을 맡아 어려운 수술을 해야 하니…."
 "사실은 그깟 어려움이야 뭐 문제가 되겠소. 십자가를 지고 가신 예수님의 고통만 하겠소."
 둘은 다시 침묵에 빠졌다. 말은 그렇게 해버렸지만 너무도 딛고 일어서기 힘든 고비, 의사가 될 때 했던 맹세가 물거품이 될 지 모른다는 위기감이 온 몸을 휘감고 돌았다. 눈물이 핑 돌았다.
 "선배님, 무슨 수가 날겁니다."
 전박사가 말문을 열자 그도 다시 중심을 잡고 고개를 들었다.
 "아무리 어려워도 본래의 뜻을 저버리지 말아야지. 우리가 무너지면 병원이 무너지니까. 한번 더 생각해봅시다."
 그는 그날 밤 다시 하나님께 매달려 간절히 기도했다.
 "감사함이라는 걸 설치하면 어떨까요."
 대책회의가 다시 열린 다음날 기상천외한 제안 하나가 나왔다. 직원들의 눈이 빛났다.
 "감사함이라니. 어떻게."
 "환자들이 치료를 받고 난 뒤 감사함에 돈을 넣는 방법이죠. 돈의 액수는 환자 마음대로 하고요. 물론 의사나 직원들이 강요하면 안 되고 순전히 감사하는 마음으로 돈을 내면 좋고 안내도 할 수 없고…."

"환자들에게 괜히 눈치주는게 아닐까. 반드시 돈을 내야 한다는 인식을 하면 좋지않은데."

"그러나 할 수 없잖아요. 그 방법밖엔 달리 뾰족한 수가 없어요."

물론 100퍼센트 바람직한 방법은 아니었다. 우선은 어떤 형식이든 돈을 받는다는 자체가 내키지 않았다. 또 하나 환자들이 스스로 나서서 감사함을 만들고 그 함에 자기의사대로 돈을 집어넣으면 좋은데 무슨 의사 쪽에서 '감사함'이라는 걸 만들어 가지고 돈을 걷는다는 게 이상하다는 의견도 나왔다.

"환자들에게 감사를 강요하는 것은 아닐까요. 무슨 옆구리 찔러 절 받는 격인데. 내가 감사받을 일을 했으니 감사하라는 뜻 같기도 하고…."

"그래도 강제사항은 아니니까 마음이라도 편할 것 같은데요."

좀 찝찝한 방법이었으나 더 깊이 생각해보면 최선은 아니더라도 차선책은 되었다. 일단은 일률적으로 가난한 사람들에게도 돈을 받는다는 죄책감은 들지 않았다. 돈이 없으면 안 내면 그만이니까. 더군다나 찬밥 더운밥 가릴 처지가 아니었다.

결론은 끊임없는 토론 끝에 감사함 설치쪽으로 모아졌고 그는 회의 내내 골똘히 생각하다가 마침내 입을 열었다.

"할 수 없지요. 한번 해봅시다. 해봤다가 부작용이 생기면 그때 가서 다시 생각해보고…."

우여곡절 끝에 병원에는 전례없는 감사함이 설치되었다. 직원들은 사실 감사함에 거의 기대를 걸지 않았다. 춥고 배고팠던 시절이었고 만족한 삶을 꾸려가는 사람이 적었던데다 원래 복음병원을 찾는 환자들은 행려병자나 극빈자들이 많았기에 애초부터 기대를 걸 형편은 못되었다.

일부 환자들이 괜히 그와 전박사, 그리고 병원직원들의 눈치를 보고 쭈뼛쭈뼛 할 때는 민망해서 어쩔줄 몰랐다.

"저 돈이 없어서…."

"괜찮습니다. 저 감사함은 형편이 되는 분들만 내면 되는 것입니다."

하지만 역시 우리나라 사람들의 인간미는 살아 있었다. 비록 살기는 어렵고 힘들어 제 앞길조차 가름할 수 없는 입장이었으나 잘못하면 병원이 없어진다는 소문을 듣고는 단돈 1원이라도 내는 사람들이 많았다. 간혹 돈이 있어 보이는 환자가운데는 눈치를 보면서 그냥 내빼는 이도 있었지만 극히 드물었다.

특히 수술환자들은 80퍼센트 이상이 감사함에 돈을 집어넣었다. 하지만 가장 간단한 수술인 맹장염수술비가 2,000원이나 되는데 그 많은 돈을 넣고 가는 이는 없었다.

"변소에 들어갈 때와 나올 때 생각이 틀린 게 사람의 이치인데…. 한번 미리 돈을 넣으라고 해볼까요?"

하도 답답해서 병원직원중 누군가가 한 마디 툭 던졌다. 오죽 다급했으면 그런 말도 안 되는 소리를 했을까 하면서 모두들 웃고 말았다. 사실 감사함에 단돈 1원이라도 집어넣는다는 게 그때 형편에 감지덕지했다.

문을 닫을 지경에 이르렀으면서도 꾸역꾸역 버틸 수 있었던 건 그를 비롯한 병원식구들의 정열, 그리고 자원봉사자들의 헌신때문이었다. 그들이 아니었던들 처음부터 불가능한 일이었다. 그는 하루하루 힘겹게 버티면서도, 아예 다 때려치우고 싶을 때가 한 두 번이 아니었지만 구슬땀을 송글송글 흘리면서 봉사에 빠져있는 병원식구들을 보면 다시 힘을 얻곤 했다.

"저들을 위해서라도 포기하면 안 된다. 끝까지 버티면 하나님께서 길을 열어주시겠지. 주여, 저에게 힘을 주소서."

이상기, 김병일, 조영식 박사 등 지인들이 그가 어려움에 처해 있을 때 수시로 와서 무료봉사를 담당해주었고 평양에 있을 때 김일성 대학 제자인 조영식 박사도 스승의 곤경을 그냥 볼 수 없어 팔을 걷어

붙이고 십자가를 져주었다.

무료시술을 받고는 어떻게 은혜를 갚을 지 몰라 고민한 나머지 그대로 눌러앉아 병원을 위해 일을 한 사람들도 많았다.

훗날 복음병원 검사실장으로 일했던 정기상이 대표적이다. 그는 상행성 척추마비로 고관절이 굳어져 수술을 받은 사람이었다.

복음병원 덕분에 병든 몸을 추스른 그는 이 병원을 위해 일생을 바치겠다고 자원했다. 그대로 주저앉아 거의 매일 밤을 지새워 공부를 하더니 독학으로 자격을 따서 복음병원 검사실을 국내 굴지의 검사실로 발전시킨 보배같은 사람이다.

또 하나의 인물은 어재선이었다.

"박사님, 우리 아들 좀 부탁드립니다."

어재선의 어머니는 눈물로 호소했다. 골수염 수술을 받아야 했던 아들을 제발 구해달라고, 제발 낫게 해달라고 장박사에게 매달렸다.

"박사님, 내 아들만 낫게 해주신다면 무슨 일이라도 하겠습니다."

"그런 말씀 마세요. 당연히 우리가 해야 할 일인데. 너무 걱정하지 마세요."

"수술하면 되겠습니까?"

"어머니, 그건 하나님께서 아실 일입니다. 전 의사로서 최선을 다 할 뿐입니다. 하나님께 기도하십시오."

수술은 성공적으로 끝났다. 어머니는 아들의 모습을 보고는 그만 폭포같은 눈물을 흘렸다.

하지만 가뜩이나 돈이 없어 천막병원을 찾았는데, 무슨 수로 어떻게 고마움을 표시할 수 있을까.

순간 늘 사람이 없어 이리 뛰고 저리 뛰는 병원직원들의 모습을 떠올렸다.

"박사님, 우릴 그대로 있게 해주십시오."

결국 어재선씨는 자신의 의지대로 병원에 남았다. 병원식구들 중 심지어는 어린 가용이까지 제 몫을 다해야 했기에 그도 조제사 일을 열정적으로 배워 약국에서 오래 일하다가 나갔다.

　그의 어머니도 병원빨래를 해주면서 함께 지냈다. 병원빨래라는 게 사실 쉬운 일은 아니었는데도 어머니는 '아들을 구해준' 병원을 위해 온몸을 던지며 해냈다.

　이밖에도 액수는 비록 적었지만 정성어린 희사금을 던진 사람들도 제법 있었고 말스베리 목사(한국명 마두원)처럼 교회를 통해 얼마간 원조를 해준 경우도 있었다.

　그런 가운데 전선은 중부이북으로 고착화되었고 1951년 7월 10일 처음 시작된 휴전회담이 몇차례 우여곡절을 겪다가 1953년에 이르러 무르익게 되었다. 소강상태로 접어든 전쟁은 1953년 봄이 되자 완연히 휴전분위기로 휩싸였다.

6. 다시 진 십자가

"선배님, 모교로 가셔야겠습니다."
어느날 전종휘 박사가 장박사에게 모교인 서울의대(경성의전 후신) 교수로 추천한 것이었다.
'모교 교수라.'
그는 새삼 그를 그토록 아껴주셨던 스승 백인제 교수를 떠올리며 상념에 잠겼다. 생각할수록 뼈에 사무치는 그리움…. 스승님은 평양에 머물던 아끼는 제자가 언젠가는 꼭 서울로 올 줄 알고 서울의대 교수자리를 만들어놓고 계셨다는 말을 전해들었을 때는 가슴이 미어지는 아픔을 느꼈다.
그렇게 존경했던 선생님이 북한공산군이 퇴각할 때 그만 북으로 끌려가고 말았다. 초년병 의사시절 스승의 뜻을 끝내 뿌리치고 평양행을 택했던 그는 그때의 기억들조차 후회와 죄책감으로 다가왔다.
의사는 환자를 보아야 한다는 이유로 다른 제자들이 백교수를 위해 마련해준 모임에도 불참하는 불경을 저질렀지만 따뜻한 마음으로 이해해 주셨던 분….
스승님이 원래 그를 위해 만들어 놓았던 서울의대 교수자리를 뿌리칠 수 없었다. 전종휘 박사의 추천을 이제구 의대학장이 그대로 흔쾌히 받아들여 장박사는 없는 시간을 쪼개어 그야말로 눈코뜰새 없는 하루하루를 보냈다.
3년의 지리한 전쟁이 끝나고 1953년 7월 27일 드디어 휴전협정이 조인되자 부산은 물론 전국이 들썩거렸다.

"전쟁이 끝났다는데 이제는 돌아가야지."

사람들은 거리로 쏟아져 나와 이제 고향으로 돌아갈 수 있게 됐다는 기쁨에 들떴다. 피난생활에 익숙해진 사람들 가운데는 악착스럽게 벌어 제법 돈을 만진 사람들도 있었던 모양이었다. 피난정부는 서울서 도망나올 때와 마찬가지로 언제 환도하라고 정확히 발표하지 않았다. 다만 8월 15일을 기하여 정부가 환도한다는 담화만 발표했다.

그러거나 말거나 부산 피난민시절 한 몫 잡은 사람들은 28일부터 부산역에 일시에 몰려들었고 화물을 부치는 데만 며칠씩 걸리는 촌극을 빚기도 했다. 세력가들 가운데는 화물차를 전세내서 여유롭게 콧노래를 부르며 상경하는 이들도 있었다.

그러나 그런 이들은 극히 일부. 피난민들 대다수는 피난올 때와 마찬가지로 시루떡같은 열차에 막연한 희망만을 안은 채 상경했다. 부산사람들 가운데서도 상경대열에 합류하는 이들이 제법 많았다.

서울소재 대학들의 대거 부산피난으로 높아진 향학열이 상경을 부채질했고 3년간이나 보았던 서울의 고관대작들이 벌여온 정치행태 역시 서울행을 부추겼다. 정치하는 곳을 따라가야 돈을 번다든지, 정치놀음에 돈이 생긴다는 인식을 갖게 되었기 때문이었다.

이북출신들 가운데는 부산에 눌러사는 사람들이 많았다. 서울로 올라가 봐야 그곳 역시 타향. 게다가 서울은 이북과 불과 60킬로미터밖에 떨어져있지 않았으니 이북사람들이 느끼는 불안감 또한 만만치 않았다. 팔 다리를 잃고 절망에 빠진 사람들, 가족들을 모두 잃고 헤매는 전쟁고아와 행려병자들을 비롯한 희망없는 사람들도 갈 곳이라고는 없었다.

피난을 왔던 대학들도 이사 보따리를 챙기기 시작했을 무렵이었다. 서울의대도 마찬가지였다.

"선배님, 이제 결단을 내려야 합니다. 학교가 서울로 가는데 교수도 따라가야 하는 게 당연한 일 아닙니까?"

전종휘 박사가 주저하다가 장박사를 찾았다. 휴전이 되자 병원식구들도 자기 고향, 자기가 일했던 곳으로 떠나야 했다. 그걸 말릴 명분은 없었다.

복음병원은 전쟁의 와중에서 의료혜택을 받아보지 못한 가난한 사람들을 위해 최선을 다했다. 병원운영도 이제 한계점을 넘어선 상태이기도 했지만 전쟁이 끝남으로해서 이 병원의 역할 또한 끝났다고 해도 누가 뭐랄 사람은 없었다. 그냥 여기서 손을 털어도 하등 비난받을 이유는 없었다. 미련이 남아있다 해서, 붙잡는다고 해서, 언제까지 유지될 지도 모르는 상황이었다. 더군다나 서울의대 교수 자리는 누가봐도 선망의 대상이었다.

무엇보다도 스승인 백인제 교수가 처음부터 그를 위해 마련했던 자리가 아닌가.

"선배님, 솔직히 말해 이 병원이 언제까지 지속되겠습니까? 학생들을 가르치는 일도 중요한 일이라고 생각합니다. 전쟁이 끝났는데 유엔 민사원조처의 지원도 끊길 것이고, 당장 일할 사람도 슬슬 빠져나가고 있고."

그는 깊은 상념에 빠졌다. 그러고 보니 다른 이유를 댈 게 아니라 그 자신도 갈수록 의욕을 잃어가고 있었다. 교수일과 병행하면서 아무래도 병원에 쏟는 열정은 식을 수밖에 없었다. 천막병원을 실습생들에게 맡기고 강의하러 갈 때마다 왠지 죄책감이 드는 것은 어쩔 수 없었다.

인간이었던지라 아무리 해봐야 밑빠진 독에 물붓기라는 그릇된 생각으로 일탈한 적도 없지 않았다. 마음의 갈등은 분명 있었다.

그는 잠시 눈을 감고 기도를 드리면서 다짐했다. 자꾸 성경말씀이 떠올랐다.

'우리가 형제를 사랑함에 의하여 죽음에서 생명으로 옮겨진 것을 안다. 사랑하지 않는 자는 죽은자 가운데 있느니라.' (요한1서 3장 14절)

'사랑이다. 자기자신을 남김없이 하나님께 드려 그 분을 사랑하고 또 그의 마음으로 사람을 사랑하며 비록 원수일지라도 사랑하는 생명이다. 사랑을 위하여 수고하고 자기 전부를 희생하는 생명이다. 이 생명에 붙들려야 사람은 비로소 사람답게 살며 참으로 산다.'

'제 아무리 능력, 지식, 신앙, 기도가 있다해도 사랑없이 생명만은 없다고 했다. 형제를 사랑하는 자만이 참으로 살고 있는 것이라 했다.'

'혹 여기서 그만둔다고 결정하고 서울에서 대학교수직에만 전념한다해도 누가 뭐랄 사람은 없을 것이다. 하지만 하나님께 드린 약속은 어찌되는가. 가난한 형제들을 위해 평생을 바치겠다는 약속은….'

지쳐 피곤할 때마다 염증을 느껴 회의감이 들 때마다 수없이 되뇌이고 기도했던 내용들…. 차마 그를 필요로 하는 빈자들을 버리고는 갈 수 없다고 다짐했다.

"전박사, 날 생각해주는 당신의 은혜는 물리칠 수는 없어요. 하지만 나와 많은 사람들의 피땀과 열정을 담은 이 복음병원을 버릴 수가 없군요. 그럼 이렇게 하면 어때요. 전박사의 호의도 있고 또 백교수님을 생각한다면 교수직도 버릴 수는 없고 해서 말인데…."

그는 다시 십자가를 질 각오를 해야 했다.

"복음병원 일도 하고 교수 노릇도 같이 하면 되겠지요?"

전종휘 박사는 손사래를 치며 난색을 표명했다. 지금처럼 비행기를 쉽게 탈 수 있는 상황도 아니고 말이 그렇지 어떻게 서울과 부산을 왕복하며 강의와 진료를 병행할 수 있을까.

"불가능한 일이 아닐까요? 설혹 그렇게 된다 해도 선배님이 너무 힘드실텐데요."

"걱정하지 마시오. 아 내가 하는 일이요? 다 하나님께서 감당해주시겠지요. 일단 시작해보고 하나님께서 아니라고 하면 그때가서 다시 결정하면 되고…."

그는 모든 것을 하나님께 맡기고는 그때부터 서울과 부산을 기차로 오가며 강의와 진료를 감당해냈다. 말이 그렇지 그게 어디 쉬운 일인가. 그는 별다른 일이 없는 한 시간을 벌기 위해 밤기차를 타서 기차에서 토막잠을 잔 뒤 학생들을 가르친 뒤 곧바로 부산행 기차를 타고 내려오는 일을 반복했다. 그 밤기차 이용은 버릇이 되어 말년까지 지속되었다.

돈은 역시 병원운영의 지독한 걸림돌로 장박사를 괴롭혔다. 휴전이후 어수선해진 병원을 대충 수습하고 새로운 기분으로 나아가려 했으나 병원의 상황은 호전되기는 커녕 갈수록 악화되었다.
그는 눈물을 머금고 결단을 내려야 했다.
"할 수 없다. 문닫는 것보단 이런 형식으로나마 유지하는게 나을 것 같다."
병원은 어쩔수 없이 100환의 병원비를 받기로 결정한 것이었다. 무료진료를 원칙으로 했던 그로서는 정말 피눈물나는 결단이었다. 가난한 환자들에 대한 죄책감 때문에 밤잠을 이루지 못했다.
그랬으면서도 정상 운영이 안 되는 형편이었으니 그는 또다시 진퇴양난에 빠졌다.
그러나 역시 하나님이었다. 언제나 곁에 계시면서 퇴로가 없는 어린 양에게 길을 열어주시니….
1954년도 저물어가던 무렵. 한상동 목사와 한부선 목사, 그리고 말스베리 선교사가 한줄기 빛을 품고 그에게 손을 내밀었다.
"박사님, 좀 뵙고 싶습니다. 긴히 드릴 말씀이 있어서요."
한상동 목사의 연락이었다. 약속장소에 가보니 한목사는 물론 한부선 목사와 말스베리 선교사도 기다리고 있었다. 한상동 목사는 평양에 있을 때부터 교분을 쌓고 있었고 지난 1950년 12월 장박사가 방첩부대에 의해 끌려가 생과 사의 갈림길에 있을 때 말스베리 선교사를 통해 구해낸 적이 있는 은인이었다.
사실 말스베리 선교사 또한 장박사에게는 잊을 수 없는 사람이다.

장박사, 그를 구했을 뿐 아니라 역시 사랑과 봉사로 한평생을 산, 동전 한푼 소유하지 않은 주님의 종이었다.

말스베리는 언젠가 한국을 사랑하는 마음이 지극해서 한국명을 지어달라고 장박사에게 요청했다. "족보에는 넣어야 하니까 말 마자와 말 두를 넣으면 되고…. 베리는 베리마치의 준 말로 으뜸원 자로 하면 어떨까요?"

장박사가 고민고민해서 지어준 이름이 바로 마두원이었다.

그 누구보다 복음병원의 고뇌와 어려움을 잘 알고 있었던 한상동 목사는 그의 귀를 번쩍 뜨게 만들 제안을 해왔다. 당시 고려신학교를 설립했던 한목사의 말은 "고려신학교와 복음병원이 같이 힘을 합해 일을 해보면 어떻겠냐"는 것이었다. 함께 있던 한부선 목사를 비롯해서 모든 사람이 "그렇게만 되면 얼마나 좋을 일이냐"고 입을 모았다.

그러나 다시 한번 생각해보면 절대 쉬운 일은 아니었다. 어느 누가 병원설립을 위해 돈을 대겠는가. 고려신학교 역시 허름한 집 한 채를 구해 근근히 운영되고 있던 시절이었으니 돈은 엄두도 못낼 일이었다.

"좋은 방법이 없겠습니까?"

앉아있던 사람들 모두 머리를 맞대고 묘안을 찾으려 애를 썼지만 뾰족한 수를 찾기란 쉽지 않았다.

그런데 어느 날이었다. 말스베리 선교사가 헐레벌떡 장박사 사무실을 박차고 들어왔다.

"박사님, 방법을 찾았습니다."

그의 얘기는 기막혔다. 말스베리는 그 병원설립 문제를 놓고 밤잠을 이루지 못한 채 고민했다는 것이었다.

그래서 얻은 결론은 이른바 다분히 '한국식 방법'. 말스베리는 역시 한국인이 다 되어 있었다. 미국식 사고로는 도저히 생각해 낼 수 없는 방법. 철저한 준비와 사전조사를 거친 뒤 모든 기반이 확실히 다져진 뒤에야 어떤 일이라도 성사시켜야 하는 것.

그러나 말스베리는 "우선 부딪치고 보자"는 마음으로 미국의 원조기관을 무조건 찾아간 것이었다. 어쩌면 장박사와 같이 하나님이라는 든든한 '빽'을 믿는 말스베리였기에 할 수 있는 일이었는 지도 모른다. 한국인이든 미국인이든 하나님이라는 '빽'은 마찬가지이기에….

원조기관 관계자를 만난 말스베리는 다짜고짜 항의반, 협박반으로 다그쳤다.

"아니 당신들 말입니다. 너무 하는 것 아닙니까."

뜬금없는 다그침에 원조기관 관계자는 어안이 벙벙했다.

"아니 무슨 일인데 그렇게 화부터 내십니까. 일단 앉아서 얘기합시다."

관계자의 태도를 보니 일단 기선을 제압했다는 느낌이 들었다. 말스베리는 관계자가 꼬리를 슬슬 감추고 있다는 감을 잡고는 짐짓 여유있는 자세로 돌아와 타이르듯 차근차근 말을 꺼내기 시작했다.

"명색이 원조기관이라는 곳이 뭡니까? 당신들은 지금 천주교 계통인 메리놀 병원에는 지원을 해주고 있지 않습니까?"

"예. 지원해주고 있지요."

"그러면 봅시다. 왜 우리 신교 쪽에는 지원이 없는 겁니까. 하나님의 복음을 전하는 건 신교나 구교나 마찬가진데 왜 차별하는 겁니까."

그러고 보니 틀린 말은 아니었다. 원조기관 관계자의 대답이 궁색해졌다.

"하긴 그렇긴 한데…. 그런데 신교 쪽에도 병원이 있습니까?"

관계자가 던진 말에 말스베리는 잠깐 주춤거렸다. 복음병원이 그런대로 모양을 갖춘 병원이 아니라 천막병원이라는게 좀 켕겼다. 하지만 이미 시위는 당겨진 것. 일단 지원약속은 받아야 하니까…. 다음 일은 그때가서 고민하면 될 일.

"물론입니다. 가난한 자를 위해 정열을 쏟고 계시는 장기려 박사라는 분을 모르십니까. 부산에서는 그 분 모르면 간첩인데…."

"예, 얘기는 들어봤습니다."

"그분은 거의 무료로 가난한 사람들을 위해 헌신하고 계십니다. 지금 그 병원 운영이 좀 어려운데 당신네 기관이 도와주면 병원은 반석 위에 올라갈 겁니다. 이것이야말로 원조기관이 해야 할 일이며 보람이 아니겠습니까?"

그러면서 말스베리는 복음병원이 지난 4년 가까이 환자들을 위해 치료해 온 실적자료를 내놨다.

"한번 검토해보십시오. 검토해보시고 대답해주십시오."

"좋습니다. 예스, 노 여부는 서류를 보고 결정하겠습니다."

관계자는 기록자료를 한 번 쭉 훑어보더니 말스베리에게 미소를 던지며 일어섰다.

"그만한 병원, 이 세상이 없을 겁니다. 하루에 200명 가까이, 그것도 무료로 치료해준 병원이 세상에 어디 있겠습니까. 그야말로 도와줄 가치가 있는 것입니다."

"일단 돌아가십시오. 저 혼자 결정할 수 있는 건 아니니까…."

관계자의 얼굴을 관찰해볼 때는 상당히 긍정적인 생각을 하고 있는 것 같았다. 하지만 어느 정도 말로 설득했다고는 하지만 워낙 사전준비 없이 꺼낸 말이어서 장담할 수는 없었다.

그렇게 초조한 며칠이 지나자 원조기관에서 연락이 왔다. 기관장이 좀 보자는 것이었다. 그쪽에서 먼저 연락을 해주었다는 건 뭔가 긍정적인 답변을 해주겠다는 뜻이었다.

말스베리는 바람처럼 뛰어갔다. 기관장은 기대대로 아주 따뜻한 웃음으로 대해주었다.

"선교사님, 서류 잘 검토해보았습니다. 이렇게 할 수 있었다니 정말 감명받았습니다. 선교사님, 우리가 지원해주기로 결정했습니다. 다만 조건이 있습니다. 건축자재는 우리 기관이 대겠습니다. 하지만 건물을 지을 때 노동자들의 임금은 그 쪽에서 책임지십시오."

말스베리는 잠깐 생각이 잠겼다. 병원형편상 도저히 들어줄 수 없는 조건이었다. 언제 문닫을 지 모를 딱한 처지에 놓여 있는 병원인데 노임은 무슨 노임이란 말인가.

'더욱이 이 사람들은 병원을 지을 땅이 있을 거라는 전제 아래서 지원하겠다는 뜻이 아닌가.'

그러나 더 이상 생각할 여유가 없었다. 장박사, 한상동 목사와도 상의해야 할 사안이었으나 일단 대답부터 해놓고 봐야 했다.

"당연한 말입니다. 처음부터 다 대 달라는 말은 아니었으니까요. 노임은 우리가 댈 수 있으니 건축자재나 넉넉히 대주십시오."

"선교사님, 하나님께 맹세할 수 있습니까?"

기관장은 단단히 다짐을 받으려 했다. 잘못하면 사기당할 수도 있었기 때문에 그들 입장에서 보면 신중해야 할 필요가 있었다. 건축자재들을 덜컥 내주었다가 그 자재들을 팔아먹고 만세를 불러도 대책이 없는 일이었고 또 의도한 바는 아니지만 불가피한 사정으로 건축이 중단되어도 손해보는 측은 원조기관 뿐이었으므로 사실은 충분한 사전검토가 필요한 사안이었다.

"직업이 하나님을 믿는 직업인데 그걸 말이라고 하십니까? 믿어도 됩니다."

말스베리 선교사는 농담을 툭 던져놓고는 홀랑 대답부터 했지만 속으로는 "큰일 났다"고 여겼다.

덜컥 일을 저질러 놓은 말스베리의 자초지종을 찬찬히 듣고 있었다. 눈물겹도록 고마운 일이었으나 막막한 심정뿐이었다.

"목사님, 어찌됐든 해결은 해야겠군요. 결과적으로 선뜻 응낙해놓았으니 이제는 퇴로가 없으니까요."

그는 장탄식을 해댔다.

"박사님, 방법이 있을 겁니다. 박사님께서 약한 모습을 보이면 안되지요. 박사님, 교회에 호소하면 어떻겠습니까?"

그는 말스베리의 말에 귀를 쫑긋했다.

"될까요? 가뜩이나 먹고 살기도 어려운 판국인데 사람들에게 염치없이 손 벌리기도 뭣하고…."

그러나 그대로 주저앉을 수는 없었다. 어찌보면 하나님께서 내려주신 기회인데 이 기회를 살리지 못한다면 하나님의 뜻을 저버리는 것이라고 생각했다.

그날부터 그와 말스베리 선교사, 그리고 한상동 목사 등은 마치 초대교회를 세운다는 일념으로 그야말로 단내가 나도록 뛰었다.
하나님의 사명을 자각하고 어떠한 경우에도 그 결심을 바꾸지 않고 실천하는 일, 그리고 일에 대한 성과와 가치판단을 하나님께 맡기고 또한 사람들에게, 형제들에게 돌리는 것을 성공적인 삶이라고 생각했기에 뛰지 않을 수 없었다.
'기도하고 한걸음 더 걷고 뛰면 반드시 이뤄 질 것이다.'
어려울 때마다 포기하고 싶을 때마다 그는 쉼없는 기도로 극복했다. 교인들을 설득하는 일은 처음에는 무척 어려웠다. 자기 몸 하나 추스르기도 어려운 상황에, 또한 제 몸 아파도 그저 돈이 들까봐 병원 가기를 꺼려하는 사람들에게 아무런 대가없는 돈을 내라니 한편으로 생각하면 무리였다.
하지만 병원이 설립되면 모든 사람들에게 좋은 일인데. 지금은 아무리 건강해도 언젠가는 병자가 되어 병원을 찾을텐데. 지금은 사지가 멀쩡해도 언제 어느 순간에 병원신세를 져야할 지 모르는데….
그것은 장박사 쪽의 안타까운 생각일 뿐. 답답해서 미칠 지경이었으나 도리 없는 일.
그와 추진위원들은 한사람 한사람씩 붙잡고 설득도 하고 예배 후 널리 광고도 해서 교인들의 마음을 차츰 녹이기 시작했다.
교인들이라 그나마 반응이 빨랐다. 교회에서 교인들이 내는 헌금의 형식으로 한푼한푼 모이기 시작한 병원 신축비는 눈덩이처럼 쌓이기 시작했다. 그간 장박사가 담당해 온 빛과 소금의 역할이 사람들의 심금을 울렸고 그만큼 말스베리와 한상동 목사 등이 발벗고 뛰어준 덕분이었다.

"장로님을 믿습니다."

"꼭 승리하십시오."

"주님의 길을 좇아가는 장로님이 너무도 자랑스럽습니다."

장박사의 손을 꼭 잡고 눈물을 흘리며 "우리 장로님…" 하면서 평생을 간직해온 옥가락지와 금반지를 내놓은 팔순 할머니서부터 혼수감 장만을 위해 어렵게 만들어 놓았던 돈을 아무런 거리낌없이 선뜻 내놓은 젊은이들까지….

그는 갖가지 사연들이 담긴 돈이 쌓이는 모습을 지켜보면서 목이 메었다.

"한과 아픔을 간직한 저 돈을 헛되이 쓸 수는 없다. 하나님 사업에 힘쓰라고 바친 저들의 헌금을…."

300만환. 거북이 등처럼 늙고 갈라진 할머니의 손가락에서 나온 가락지, 허름한 집 장롱 밑에 감추어졌다가 세상의 빛을 본 꼬깃꼬깃한 낡은 지폐, 코흘리개 아이들이 받아 호주머니 속에 꼭꼭 감추어졌던, 때묻은 동전이 모여 쌓인 저 돈….

"우선 부지부터 찾아야겠지요."

교인들이 베풀어 준 감동의 사연들을 간직한 채 장박사와 이른바 추진위 사람들은 송도 언덕배기에 1만여 평의 땅을 샀다.

미국원조기관이 제공한 건축자재는 고려신학교용과 병원(250평)용이었다.

"이젠 노임이 문제겠군요."

말스베리는 이 궁리 저 궁리하다가 결국 십자가를 졌다. 스스로 원조기관을 찾아가는 '사고'를 친게 자기 자신이었기에 스스로 해결해야 한다고 판단한 듯했다.

"아무래도 미국에 한번 다녀와야겠어요. 아무리 생각해봐도 그 방법밖에는…."

말스베리는 미국으로 건너가 '신학교와 병원을 세워야 한다'는 명목으로 무려 3만 달러라는 거금을 모금해왔다. 정말 눈물겹도록 고마운 일이었다.

"마 목사님(말스베리의 한국 성)이 없었다면 엄두도 못낼 일인데…."

장박사를 비롯한 사람들은 말스베리의 헌신적인 노력에 고개를 숙이지 않을 수 없었다. 이렇게 되어 드디어 공사가 시작되었다. 일단은 병원이 교인들의 헌금을 모아 고려신학교 부속병원으로 건립되는 것이기에 신학교를 먼저 세우기로 했다.

그러나 착착 진행되던 공사는 신학교 건물 3동을 완성해놓고 병원 건물의 뼈대가 세워진 뒤 그만 중단되고 말았다.

생각했던 것보다 인건비가 많이 들었기 때문이었다. 장박사는 시름에 잠기게 되었다. 한상동 목사와 한부선 목사도 백방으로 뛰어보았지만 쉽게 해결될 수 없는 문제였다.

얼마후 말스베리 목사가 그의 축 처진 어깨를 툭툭 두드렸다. 장박사는 마침 뼈대만 앙상하게 남은 병원을 물끄러미 바라보고 있던 터였다.

"박사님! 뭘 그리 생각하고 계십니까? 어떻습니까. 저걸 보면 왠지 가슴이 뛰지 않습니까."

"모두 목사님 덕분이지요."

말스베리는 그의 목소리에서 힘이 없다는 걸 느꼈다. 장박사가 실망할까봐 이렇게 찾아온 것이었다.

"박사님! 너무 걱정마십시오. 제가 노임만큼은 끝까지 책임지겠다고 했잖습니까? 하나님의 종인 제가 거짓말을 하겠습니까? 왜 한국말로 '흰소리'라고 있지요. 전 흰소리는 안 합니다."

"괜찮습니다. 그렇지않아도 목사님께는 염치가 없는데요."

사실 머나먼 이국 땅에 와서 이 나라 사람들을 위해 온 몸을 다 바쳐 헌신하는 말스베리에게는 너무 미안한 마음이 들었던 터였다.

"무슨 말씀을요. 장박사님의 마음을 제가 잘 알고 있습니다. 좀 기다려주십시오."

말스베리 목사는 정성껏 미국에 있는 친구들에게 편지를 내었다. 친구들은 전란의 소용돌이에 휩싸인 이역나라 한국 땅에서 온갖 고생을 하고 있는 친구를 위해, 또한 어려움에 빠진 한국사람들을 위해 또 한번 3만 달러를 만들어 주었다.

"언제나 이 친구들 때문에 살지요. 어찌보면 미안하기도 하고…. 그러나 이것 또한 하나님의 뜻인걸 어쩝니까?"

말스베리 목사는 껄껄 웃었다.

7. 장박사 치료한번 받는 게 소원입니다

1956년 순전히 미국인 선교사의 도움으로 우여곡절을 겪던 250평의 병원 1차 공사가 준공되었다. 이 병원이 지금의 고신의료원의 전신이다. 테이프를 끊던 날 그는 감회어린 눈으로 제법 현대식 건물을 갖춘 병원을 바라보며 하나님께 감사의 기도를 드렸다.

30베드의 병실과 비록 초호화판은 아니지만 천막병원 때와는 비교도 안 되는 수술실과 수술기구들….

촛불을 들고 깜박깜박한 조명아래서 진땀을 흘리며 수술하고 피범벅이 된 수술부위의 핏줄을 이어야 했던 시절, 나무써는 톱으로 다리를 자르는 수술까지 어쩔 수 없이 해야 했던 천막병원의 시절들….

오죽했으면 미국의사가 '동물병원'이라고 했을까.

'그래도 소중한 추억이었지. 언제까지나 어려웠던 그 때의 정신과 마음을 잊지는 말자.'

장박사는 굳게 다짐했다.

새로운 병원은 그에게 꿈과 희망을 안겨주었다. 용기백배한 병원식구들은 정말 신명나게 일했다. 환경이 좋으니 의욕도 새로워졌다. 그는 서울과 부산을 오가는 강행군 속에서도 피곤한 줄 모르고 일했다.

그러나 그것은 또 다른 도전의 서막이었다. 더 많은 환자, 더 많은 직원들. 이제는 하나의 조직체가 되어버린 병원엔 그가 생각하지 못했던 일들이 터지기 시작했다. 기도와 환자를 돌보는 일밖에 몰랐던 그로서는 인사 및 재산관리 등은 애시당초 체질에 맞지 않았다.

한 가지 더욱 이해할 수 없는 일은 다 하나님의 자녀들인데 왜 그리 의견차이가 많고 다툼이 많은지 몰랐다. 설사 사람의 숫자가 많아지다 보면 인간이다 보니까 의견차이가 있을 수 있지만 매일밤 하루를 제대로 정리하면서 기도를 드리고 하나님께서 하라는 대로 하면 다툼과 의견차이가 결국 자기자신의 탐심이나 상대방에 대한 공연한 미움 때문에 일어났다는 걸 알텐데….

그래서 그는 아침조회 때마다 서로의 마음을 풀어놓도록 하기위해 기도회를 올렸다. 신앙의 힘으로 병원을 이끌어가자는 의도였다.

"여러분! 서로 사랑하고 서로 양보하십시다. 믿는 사람들은 철저히 성경말씀대로 살아갑시다. 형제를 미워하는 건 살인이나 똑같습니다."

그에게는 해결해야 할 또다른 과제가 남아있었다.

우선 하나는 서울의대를 그만두는 것이었다. 그야말로 분초를 다투면서 밤기차를 타고 서울과 부산을 오르내리면서 이중생활을 해왔으나 병원이 확장되고부터는 뭔가 결단을 내리지 않으면 안 되었다. 병원이 커지다보니 직원간 갈등도 생겼고 그 과정에서 뭔가 민주주의 원칙에서 다소 벗어나는 듯한 인상도 없지 않았다. 병원운영을 두고 그의 초지를 관철시키기가 점점 어려워졌다.

또한 고려신학계통의 신도들은 '복음병원과 장기려를 위해'라는 제목으로 계속 기도를 드리면서 장박사를 압박했다.

자신을 위해 철야기도까지 한다는데 그것을 외면한다는 건 있을 수 없는 일이었다.

"전박사, 안 되겠소. 서울은 이제 포기해야겠소."

전박사는 이해가 안 간다는 듯 만류했다.

"선배님! 제발 다시 생각해주십시오. 서울의대는 스승님께서 마련해주신 자리나 마찬가집니다. 스승님의 뜻을 버리시렵니까?"

"어쩔수 없어요. 그렇다고 복음병원을 어떻게 버릴 수 있겠어요? 이제 병원도 커지고해서 누군가 자리를 잡아야 제대로 유지됩니다."

"이제 그만하면 후배들이 꾸려나갈 수 있을 겁니다. 이제 그만 고생하십시오. 모교후배들을 가르치는 것도 보람아닙니까?"

잠시 생각에 잠겼다. 물론 모교 후배들을 가르친다는 것도 의의있는 일이기는 하지만 제2의 고향 부산을 떠난다는 건 있을 수 없었다. 그동안 고생고생해서 겨우 병원을 확장시켜 놓았는데 그 병원이 제대로 기반을 잡을 때까지는 안심이 되지 않았다.

"아니요. 신도들까지 날 원하고 있소. 날 위해 매일 기도드리고 있는데 어쩌겠소. 다 하나님 뜻이라고 생각해야지."

전박사는 더 이상 만류할 수 없었다.

그는 결국 서울의대를 그만두고 부산에 완전히 정착했다. 그리고는 부산의대에 외과를 창설했다.

또다른 결단은 정말 어려운 것이었다.

병원이 커지고 운영하기가 갈수록 어려워지고 있었다. 더욱이 돈이 없거나 다른 병원에서 치료가 불가능했던 말기환자들이 전국각지에서 장박사의 치료를 받기위해 쇄도하고 있었다. 장박사에 대한 여러가지 소문 때문에 그의 치료나 한 번 받고 죽는 게 소원이라는 환자들도 많았다. 이들 대부분이 가난한 환자들이었다.

그런 상황에서 치료비를 일률적으로 100원씩 받도록 결정했던 일은 그야말로 뼈를 깎는 아픔이었다. 그러나 병원이 장기려 박사 개인의 병원도 아니었으므로 자기맘대로 결정할 수 있는 상황도 아니었다.

큰 병원을 운영하는데 한 사람당 100원의 진료비로는 어림도 없는 일이었지만 그렇다고 다른 병원처럼 똑같이 받을 수는 없는 일이었다.

가난한 사람은 고쳐야하고, 또 그러려면 병원은 운영돼야 하고…. 이상과 현실의 괴리는 그렇게 컸다.

병원식구들과 함께 묘안을 짰다. 병원의 설립취지와 정상운영이라는 두 마리 토끼를 한꺼번에 잡을 수 있는 방안….

"이렇게 하면 어떻습니까? 가진 사람들에게는 진료비를 받고 가난한 사람들에게는 무료로 진료해주는 방법이…."

"어떻게 구별할 수 있지요?"

"한 가지 있기는 있지요. 극빈자 증명서를 갖고 오는 사람들에게는 무료로 치료해주는 거죠."

그것이 최선은 아니었지만 차선책은 되었다. 어떤 경우에는 있는 자들이 어떻게 했는지 극빈자 증명을 해와서는 살짝 치료받고 가는 얌체족들이 있었으나 극소수였다.

8. 부산의대 외과창설과 양재원 사장과의 만남

 부산대학에 외과를 만들어 제자들과 함께 외과를 반석 위에 올려놓기 위한 초창기의 노력으로 그는 의학도로서 커다란 흔적을 남기게 되었다.
 당시 민영옥 부교수, 백태윤 조교수, 이형진, 정우영 강사, 유성연, 오일휴, 이인수, 송해성, 권재성 연구원 등은 밤잠을 안자고 연구에 심혈을 기울인 결과 저마다 가치있는 연구결과를 보고했다.
 이들 때문에 현재의 부산의대가 자리를 잡았다고 해도 과언이 아니다.
 1958년 어느 날이었다.
 대한외과학회에 참석한 그는 '간'과 관련된 간단한 보고를 했다. 1943년 간암 간상변부에 발생한 환자에 대해 설상절제수술을 실시한 예를 보고했더니 그것이 계기가 되어 부산의대 외과교실팀이 '간외과에 관한 연구'라는 숙제보고를 맡게 되었다.
 이제 막 태어난 부산의대팀이 과제를 맡았다는 것은 매우 중요한 일이었다. 이것을 계기로 부산의대가 빨리 자리잡을 수 있는 계기가 될 수 있었기 때문이었다.
 하지만 그의 발목을 잡았던 것은 역시 돈이었다. 실험용 기자재를 구입하고 관련 서적들을 마련하는 일은 적지 않은 연구비가 투입돼야 했다.
 대학의 신생 외과팀이 도약의 계기를 만들 수 있는 과제를 맡았는데 그걸 실행할 수 없다는 건 너무도 안타까운 일이었다.

밤잠을 이루지 못하던 그는 순전히 기도로 매달렸다. 어려울 때 쉼터가 되주고 하소연을 들어주시는 이는 하나님밖에는 없었으니까….

하나님은 역시 하나님이었다. 어느 날이었다.

어떤 환자가 교통사고를 당해 병원에 실려왔다. 그 환자는 원래 버스에 부딪쳐 두개골저부골절, 즉 머리를 심하게 다쳐 의식불명인 채로 개인병원인 '해돋이 의원'에 입원했던 사람이었다. 그러나 의식이 좀처럼 들지 않자 해돋이 의원 측에서 "도와달라"고 SOS를 쳐서 대학병원으로 급히 실려왔다.

워낙 위급환자라고 해서 당시 대학병원에서도 진료를 담당했던 장박사가 맡았다. 그러나 진단을 해보니까 심각한 상태는 아니었다. 치명적인 부위를 살짝 지나쳐 치료만 제대로 하면 곧 회복될 병이었다.

"너무 염려 안 해도 될 것 같군."

그는 즉시 고무관을 환자의 코에 넣어 영양분을 공급했다. 백태윤 조교수, 권재성 연구원 등과 함께 환자의 혈압과 호흡, 체온 등을 면밀히 체크하면서 정성스레 치료해주자 환자의 아내는 깊은 감명을 받은 듯했다.

2주일 후 드디어 환자가 짧은 식물인간의 나날을 끝내고 의식을 찾았다. 환자의 아내는 너무 기뻐 통곡하면서 장박사의 손을 꼭 잡았다.

"박사님, 정말 감사합니다."

이럴 경우 그는 언제나 똑같았다.

"일어나세요. 제가 고친 게 아닙니다. 다 주님의 은혜지요."

그는 "원래 남편의 병은 잘만 치료하면 원상태로 의식을 회복시킬 수 있는 병이었다"고 설명해주어도 환자와 환자가족들이 느끼는 고마움이란 이루 말 할 수 없었다.

환자가족들은 직접 장박사의 정성어린 치료를 몸으로 느끼고 있었다. 한숨만 내쉬고 있는 환자가족들에게 늘 "걱정하지 마세요" 하며 밝게 웃으며 대하는 장박사의 얼굴을 보면 왠지 포근함을 느꼈던 터였다. 그 밝은 미소와 자상한 얼굴은 어느 환자를 대하여도 마찬가지였다.

그 환자는 15일을 더 입원해서 몸조리를 완전히 끝낸 뒤 퇴원했다. 환자는 당시 부산의 유수기업인 부산비닐의 전무였다.

며칠 뒤였다. 중년의 신사가 그의 사무실을 찾았다. 양재원 부산비닐 사장이었다.

"웬일로 저를 찾아오셨습니까?"

사람좋게 생긴 사장이 자초지종을 털어놓았다. 회사에서 전무가 차지하는 비중이 이루 말할 수가 없다는 것, 바로 그 사람이 교통사고로 의식불명 상태에 빠지자 회사전체가 엄청난 충격을 받았다는 것, 그런데 장박사가 회생불능한 전무를 정성껏 치료해서 기어이 살려놓았다는 것. 대충 이런 요지였다.

"박사님께 어떻게 사례를 해야 할 지 모르겠습니다."

"무슨 말씀을요. 그 환자는 원래 나을 환자였습니다."

"박사님, 다름이 아니고요. 박사님께 양복 한 벌 해드리고 싶은데…. 제가 영국제 양복을 한 벌 선사하겠습니다."

장박사는 그 말이 끝나기도 전에 손사래를 쳤다.

"아이고 무슨 말씀을요. 그리고 저만 수고했나요. 다른 선생님들도 있는데요…."

양재원 사장은 물러나지 않았다.

"그러세요. 그럼 그 분들도 한 벌씩 해드려야죠."

당시로서는 웬만해서는 입어볼 수 없는 최고급 양복이 영국제 양복이었으니 양사장이 느끼는 고마움의 정도가 어땠는지 짐작할 수 있는 대목.

"아니예요. 환자분이 일어난 것으로 우린 보람을 느낍니다."

"그래도 성의인데…. 이렇게까지 성의를 무시하시는 것도 섭섭한데요."

양사장의 얼굴에서 정말 섭섭한 기운이 돌고 있었다. 그는 "너무했나" 싶어 말을 돌렸다.
"사장님, 그럼 백교수(백태윤 교수)와 권연구원(권재성 연구원)에게나 한 벌씩 해주시죠."
그러나 그들도 모두 사양하였다.
"그럼 일제라도 해드리겠습니다. 제발 꼭 받아주십시오."
두 사람도 양사장의 말이 워낙 강경하자 난처해서 못견디겠다는 듯 장박사의 눈치를 보았다.
장박사는 손짓으로 '들어주라' 는 표시를 했다. 두 사람은 결국 양사장의 호의를 뿌리치지 못했다.
"그럼 좋습니다. 영국제나 일제는 받기가 너무 부담스러우니까 국산으로 해주신다면 받겠습니다."
"그래도 이왕 해주는 건데 좋은 걸 해야 할텐데요."
"괜찮습니다. 국산아니면 안 받겠습니다."
양사장은 혀를 내두르며 그제서야 포기했다.
"야 진짜 대단한 분들이네요. 제가 졌습니다. 야 정말…."
그는 감탄사를 연발하면서 물러났다. 결국 국산 양복 두 벌을 해주는 조건으로 타협을 봤다.
사실은 환자나 그 가족들이 병을 고쳐 주어 대단히 고맙다면서 약간의 호의를 전하는 경우가 가끔 있었다. 다른 경우라면 몰라도 사실 이번에는 워낙 주는 쪽에서 완강하게 나오니까 받을 수도 있었다. 게다가 주는 쪽이 다름 아닌 대기업 사장쯤 되니까 받아도 되는 호의였다.
그러나 평소같아도 거절했을 터였지만 그때 당시에는 끝끝내 받지 못할 또하나의 말못할 사정이 있었다. 그는 심장에 부정맥이 있었다. 사실 증상도 상당히 심각한 상태였다.
"내가 죽으려나 보다."
눈코 뜰새없이 바빴고 거기에 늘 지독한 스트레스에 쌓여있어서 그런지 지병인 당뇨병까지 말썽이었던데다 부정맥까지 있었으니….

기도로 매달려 응답을 얻은 결과 살고 죽는 것에 대해 초연하라는 응답을 받았다. 다 하나님께서 할 바이니까 네가 쓸데없는 걱정을 할 필요가 없다는 것이었다.

그래서 그때는 그날 그날 최선을 다하면서 살면 된다는 일념 하에 찌꺼기로 남아있던 몇 안 돼는 탐심마저 버린 상태였다.

그렇든 저렇든 양사장의 눈에는 의사들의 그런 모습이 무척이나 괴상스럽게 보인 모양이었다. 백이면 백사람에게 물어보라. 그 어렵던 1950년대 후반에 양복을, 그것도 최고급 영국제 양복을 선물로 주겠다는 데 그걸 거절할 사람이 몇 있었겠는지를…. 이른바 '와이로(뇌물)'가 통용되는 세상에 그런 사람들이 있다니….

그것도 세 사람이나 돌아가며 다 싫다고 했으니 양사장으로서는 근래에 보기드문 사람들로 느꼈을 터였다.

양사장은 만나는 사람마다 "참 이상한 분들"이라면서 그를 비롯한 후배들을 칭찬했던 모양이었다.

치료받으러 오는 환자가운데 "양사장한테 들었다"면서 "요즘같은 세상에 박사님같은 분도 있다는 게 정말 존경스럽다"고 면전에서 칭찬을 늘어놓는 사람들도 있었다.

그 일로 장박사를 존경하게 된 양사장은 수시로 들러 이런저런 얘기를 하고 가곤 했다. 그래서 친구처럼 지냈고 흉허물없이 서로의 개인적인 일같은 것도 스스럼없이 하는 사이가 되었다. 어찌보면 사소한 일이었던 선물거절 사건이 장박사에게 엄청난 행운을 불러다 줄 줄은 꿈에도 생각하지 못했다.

어느날 사무실을 찾은 양사장은 장박사의 얼굴에서 수심이 비치고 있음을 알아차렸다. 그가 연구비 문제로 외과식구들과 결론나지 않는 회의를 하고 나온 터였으므로 매우 속상해 있었을 때였다.

"박사님, 안 좋은 일이 있으십니까?"

"아니요. 좋지 않은 일이 뭐 있겠소. 그냥 피곤해서 그렇지."

"아닙니다. 박사님 얼굴에 써있는데요. 저는 못 속입니다."

가뜩이나 속이 상해있던 장박사는 내친 김에 연구비 얘기를 꺼냈다.

"연구과제를 맡았는데 아 돈이 있어야지요. 하긴 해야 할텐데 엄두가 안 나는구만."

그의 말을 유심히 듣고 난 양사장의 얼굴에서 호기심이 피어올랐다.

"얼마나 듭니까. 그 연구비란게…."

"한 두 푼인가요. 글쎄 한 100만 환이면 되지 않을까요?"

"100만 환이라."

한참 생각에 잠겨있던 양사장이 아이디어가 하나 떠올랐다는 듯 무릎을 탁 치더니 그의 곁으로 바싹 다가 앉았다.

"박사님! 제가 어떻게 마련해볼까요?"

돌이켜보면 하나님께서는 그가 어려울 때마다 한 사람씩 의인을 보내 슬쩍 도와주고는 가셨다. 양사장이 바로 그 의인이었다.

"그 많은 돈을 어떻게 구합니까?"

"생각이 있습니다. 우리 회사가 거래하는 기업중에 구인회씨가 경영하는 낙희가 있는데 그 구인회라는 분한테 도움을 청해보죠."

장박사는 너무 허황된 얘기처럼 들렸다.

"생판 모르는 분인데 뭘 믿고 돈을 선뜻 주겠소?"

양사장은 큰 소리를 탕탕 쳤다.

"그건 모르시는 말씀입니다. 우리 회사가 이래뵈도 1년에 낙희제품을 몇 억환을 팔아주는데요. 게다가 지난번에 구인회씨를 만나 장박사 얘기를 많이 했습니다. 잘 얘기하면 될 겁니다."

요컨대 낙희로서는 주요 거래처인 부산비닐 사장이 정당한 이유를 대고 도움을 요청하면 100만 환쯤은 문제없이 지원받을 수 있을 거라는 얘기였다.

"그럴까요?"

그는 반신반의했다. 양사장의 대답이 너무 호탕한게 왠지 더 미심쩍었기 때문이었다. 별반 기대도 안 했다.

그런데 며칠 뒤 양사장은 "박사님!" 하면서 호기있게 사무실을 다시 찾아왔다.

"박사님 제가 뭐랍디까? 구사장도 박사님 얘기를 하니까 별말없이 돈을 내줍디다. 다 박사님이 쌓은 은덕 덕분이죠."

그는 놀랍게도 100만환을 담은 가방을 장박사 앞에 펼쳐 놓았다. 입이 떡 벌어졌다.

'지폐다발. 그렇게 구해도 단 한 다발도 얻을 수 없던 돈이 이렇게 쉽게 오다니….'

한참을 그 지폐를 바라보면서 할말을 잊고 말았다.

"박사님 뭐하십니까? 이제 걱정하지 마시고 이 돈을 연구비로 쓰십시오. 구인회 사장도 박사님이 쓰신다니까 드린거지 다른 사람같으면 꿈도 꾸지 못했을 겁니다."

"정말 받아도 되는 것이겠지요."

그 연구비 100만 환은 부산대의대 외과의 초석을 쌓은 데 결정적인 역할을 했다. 외과 연구팀은 가뭄에 단비를 맞은 기분으로 정말 생기있고 활기 찬 모습으로 밤새워 신명나게 실험에 몰두했다.

9. 간 대량 절제수술 성공

그의 연구실에서 함께 작업했던 민영옥 부교수는 시체를 이용해서 '간 및 간도의 형태학적 연구'를 완성했고 백태윤 조교수는 개를 사용해서 '간도 성형술의 우열에 관한 실험적인 연구'를, 이형진 강사는 '간경변(경변증의 간 디스토마)시 간절제 범위에 관한 실험적 연구'를 각각 끝냈다.

정우영 강사는 개를 사용하여 '간절제단단처치에 관한 실험적 연구'를 완성했다. 유성연 연구원은 시체 140구를 써서 우리나라 최초로 초산비닐을 간내 혈관과 담관내에 주입하여 주형표본을 만들어 간내혈 관계를 깨끗하게 나타냈다. 이로써 간엽구역을 설정하고 그 변이에 관한 연구에 성공했다.

이밖에도 부산의대 외과의 성과를 드높인 연구결과가 많았다. 오일휴 연구원은 개를 사용하여 간실조시의 혈중 암모니아치를 측정하여 암모니아의 증감이 간실조의 정도와 일치하는 것을 인정했다. 간실조를 일으킨 간에 정상적인 개의 혈류를 교류시킴으로써 개의 수명을 연장시키는 실험적인 연구를 실시, 흥미로운 결과를 얻어냈다.

이인수 연구원은 토끼의 담낭에 알레르기성염과 급성화농성염을 유배하게 해서 염산프로카인의 소염효과를 병리조직학적으로 관찰하여 유효함을 인정하는 실험적인 결과를 얻었다.

또한 송해성 연구원은 인체수술을 한 급성담낭염의 30가지 예에 대한 세균학적인 조사를 해서 대장균 간염이 절대다수임을 발견했고 권재성 연구원은 한국사람의 담석 71가지 예에 대한 성분을 조사하여 콜레스테롤과 담즙색소와의 비를 밝혔다.

후학들의 이같은 연구성과와 함께 장박사의 연구도 빛을 발했다. 후배들과 함께 한 연구결과를 토대로 그는 1959년 2월 24일 인체간암에 대한 간의 대량절제 수술을 실시, 대성공을 거두었다. 그 수술은 세상을 떠들썩하게 만들었다.

당시만 해도 간은 온통 핏덩어리이기 때문에 대량절제 수술을 도저히 할 수 없으며 만약 한다면 미친 짓이라고 인식되고 있었다.

"장박사! 그건 무리입니다. 핏덩어리를 어떻게 수술한단 말입니까. 그만두십시오."

장박사를 잘 아는 의사들은 그가 간대량절제 수술을 한다는 소식을 듣자 이구동성으로 말렸다.

그러나 이미 밝혔듯 지난 1943년에 간암이 간상변부에 발생한 환자에 대해 설상절제 수술을 실시, 성공한 적도 있었던 데다 후배들과 함께 수많은 실험과 연구를 계속해온 덕분에 축적된 노하우도 있었기에 한 번 시도한 것이었다. 결과는 대성공이었다.

그와 연구팀은 환호했다. 핏덩어리를 잘라냈다면 곧 죽었어야 옳을 환자는 회복했다. 그 간대량절제수술은 그후에도 4차례나 계속되었고 모두 성공하였다.

부산비닐 양재원 사장과 낙희 구인회 사장이 우연히 던져준 100만환이 수많은 간질환 환자들을 사망의 골짜기에서 탈출시키리라고는 누구도 생각하지 못했던 일이었다.

이듬해인 1960년 가을. 장박사는 부산대의대 외과교실팀의 이같은 연구결과와 임상실험, 그리고 수술실적을 대한의학회 학술대회에서 발표하였다.

의료계는 발칵 뒤집어졌다. 장박사와 부산의대팀에 대한 찬사가 이어졌다. 이듬해인 1961년엔 대한의학회 학술상 대통령상을 받게 되었다. 국내최초로 간에 대한 체계적인 연구라는 점과 대량간절제 수술 성공으로 많은 환자들에게 새생명을 주는데 공헌했다는 점이 수상 이유였다.

장박사와 부산의대 외과팀의 위상은 하늘높은 줄 모르게 치솟았으며 이제는 연구비를 주겠다는 독지가들이 나타나기 시작했다.

희한한 일은 또 생겼다.

역시 부산대 의대 시절이었다. 한국의 대표적인 외과의사로 확고한 위치에 서있던 그는 부산의대에 있으면서도 서울 카톨릭 의대와 서울 백병원에서도 수술을 했다.

어느날 그는 서울 백병원에서 담석증으로 입원한 조홍제라는 사람을 수술한 적이 있었다. 조홍제씨는 1945년 삼성물산의 이병철씨가 자금난에 빠져 어려움에 빠졌을 때 당시 1천만 환을 지원하면서 이병철씨와 동업관계를 맺었다. 이병철 사장은 내부관리를 담당했고 조홍제 부사장은 외부영업담당을 맡았다. 그러나 조홍제씨는 1962년 이병철씨와의 동업관계를 청산하고 효성물산을 창업했다.

현 효성그룹의 창업주가 된 것이다. 그 무렵 조홍제씨는 담석증을 치료하기 위해 일본에서 진찰을 받았으나 희망이 없다는 진단을 받고 실의에 빠져 있었다.

그는 마지막이라는 생각으로 백병원에 입원했으며 장기려 박사에게 실낱같은 기대를 걸게 되었다. 전에 장박사에게 100만 환을 기증했던 낙희 구인회 사장이 "한번 장박사를 믿어보자"고 권유했던 것이었다. 집에서 요양하면서 실의에 빠져있던 조홍제씨는 마지막이라는 절박한 심정으로 장박사를 찾은 것이다.

"박사님, 어디를 가도 가망이 없다고 합니다. 잘 좀 부탁드리겠습니다."

환자의 식구들은 "장박사님만 믿는다"고 신신당부했다. 환자를 진찰해보니 어렵기는 하지만 수술이 가능하다는 판단이 섰다.

수술은 어렵지 않게 끝났다. 성공이었다. 극심한 통증으로 하루하루를 보냈던 조홍제씨는 마치 꾀병을 앓은 듯 거짓말처럼 완쾌되었다. 희망을 잃고 실의에 빠져있던 조홍제씨와 가족들의 기쁨이란 이루 말할 수 없었다.

"어떻게 이 고마움을 표시할 수 있을까요."

기업가인 조홍제씨는 고마움의 표시로 거액의 사례금을 장박사에게 내놓았다.

"박사님! 박사님 덕분으로 새 삶을 찾았습니다."

그는 역시 언제나처럼 손사래를 쳤다.

"어찌 제가 고쳤겠습니까? 하나님께서 고쳐준 겁니다."

장박사가 하도 거절을 하자 조홍제씨는 다른 제안을 했다. 서울 명륜동 집을 비워줄테니 서울에 머물 때 그 집에서 묵으라는 것이었다. 조사장은 거의 반강제로 떠넘기다시피 장박사를 닦달했고 할 수 없이 당시 서울에서 전세로 살고 있던 아들 가용이 그 집으로 옮기게 되었다.

조사장의 도움은 그것 뿐이 아니었다. 새 삶을 찾았다는 기쁨이 얼마나 컸던지 장박사에게는 무엇이라도 더 내어줄 태세였다.

어느날 조사장은 인편으로 100만 환의 돈을 따로 보냈다. 장박사는 고민에 빠졌다. "연구비로 쓰라"는 조사장의 간곡한 뜻이었다.

당시 부산대는 실험용 기자재 등이 부족해서 늘 어려움을 겪고 있었던 터였다. 한편으로 생각하면 이것도 하나님의 뜻인 것 같았다.

그는 끝내 이 돈을 뿌리치지 못하고 받았다. 대신 그 돈으로 조직호흡을 측정하는 기계, 즉 와르브루흐라는 기기를 사서 생물학 교실에 기증했다.

"박사님, 그 돈으로 집도 사고 하시지 왜 그러셨어요?"

주변사람들은 변변한 집 하나없이 외롭게 살고 있던 그를 늘 안타까워했다. 큰 돈만 생기면 연구비에 쓰고 또 기자재를 사서 기증하고 하는 그의 삶을 알고 있기는 했지만 대신 실속을 차리지 않는 모습이 너무도 안쓰러웠기 때문이었다.

베품의 생활에는 늘 반대급부가 있었다. 그것도 하나님의 뜻이었다. '와르브루흐'를 기증하고 나서 얼마 뒤 수사기관이 장박사를 비밀리에 수사하고 있던 때였으니….

공산치하에서 잘 나가는 의사였다는 것은 당시와 같은 매카시즘 시대에서는 언제든 그의 발목을 붙잡을 수 있는 상황이었다. 그로부터 얼마전 부산대총장 선거에서 그 혼자 반대표를 던진 적이 있었다.

선거를 앞둔 어느 날 대학에서는 정부가 미는 인사를 총장으로 뽑아야 한다는 기류가 흐르고 있었다. 선거는 여느 때와 마찬가지로 요식행위에 불과했다. 정부가 사실상 총장후보를 찍어내리면 교수들은 거수기 역할만을 수행할 뿐이었다. 여기에 반대하는 교수는 반정부운동을 하겠다고 선언하는 것이나 마찬가지였다. 더구나 국립대학에서는 용납될 수 없는 상황이었다.

그러나 그는 대학내 기류를 인정하지 않았다. 만약 선거조차 제맘대로 하지 못한다면 무엇하러 처자식과 생이별을 하고 내려왔겠는가.

그것은 스스로에 대한 엄한 다스림이었다. 공산주의자들과 다를 바 없이 사실상의 공개만장일치 투표를 하게 된다면 그토록 사랑했던 아내와 천금같은 자식들을 두고 내려온 이유가 없어지는 것이었다. 피맺히는 한을 그래도 자유선거를 하고 휘날리는 태극기를 맘껏 볼 수 있다는 것으로 억지로 위안으로 삼고 있었는데….

"이남에 있었던 사람들은 잘 모릅니다. 나로서는 선거의 자유가 그렇게도 기뻤어요. 그런데 그런 자유를 구속하려드니 가만 있을 수 없었어요."

그는 동료교수들이 있는 가운데 "자유투표를 못하게 하는 일은 받아들일 수 없다"고 말하고 반대표를 찍었다. 그것은 금방 수사기관에 의해 포착되었다. 수사는 비밀리에 진행되었다. 세상이 어지러웠던 때였다. 어느 누구에게나 '공산주의자'라는 낙인을 찍어놓으면 제대로 살아갈 수 없는 세상이었다.

대표적인 예가 진보당 당수 조봉암 선생 같은 분이었다.

조봉암은 대통령선거에서 이승만 대통령에게 두 번이나 도전했던 이승만의 정적. 조봉암이 1957년 진보당을 결성하자 그를 제거하기 위한 음모가 본격적으로 진행되었다. 1956년 대통령 선거에서 조봉암의 득표가 예상밖으로 만만치 않자 이승만이 불안했고 기어이 그를 공산주의자로 몰아 갈 작정이었다.

조봉암이 한때 소련에서 공산대학을 졸업한 게 결정적인 꼬투리가 되었다. 전향을 했으나 믿을 수 없는 인물이라는 설이 유포되고 대통령선거에서 북한괴뢰의 자금을 썼다는 설 등 온갖 마타도어가 난무하게 되었다. 그러나 사법부는 재판을 받은 혁신계 인사들에게 대부분 무죄를 선고했고 조봉암에게만 가벼운 체형을 내림으로써 일단락될 것처럼 보였다.

하지만 이른바 애국청년이라는 괴청년들이 법정으로 몰려와 소동을 벌였다. 이른바 관제민의가 발동된 것이었다. 제2심에서 결과가 나타났다. 조봉암은 국가스파이라는 죄목으로 사형을 선고받았다. 그때가 1959년 7월 30일. 이승만 정권은 이 논란많은 선고가 내려진 지 불과 하루만인 31일 조봉암에 대한 사형을 집행했다.

대통령선거에 두 번이나 나온 지도자가 단지 젊었을 때 소련공산대학을 다녔다는 이유 하나만으로 하루아침에 빨갱이가 되어 처단된 어처구니 없는 사건이었다.

그 정도로 세상은 시끄러웠으며 정적에 대한 무자비한 테러가 백주대로에 얼마든지 자행되던 시대였다.

장박사의 경우도 사실은 다르지 않았다. 만약 6.25도중에 당했을 때처럼 무작정 붙잡아 놓고 고문을 자행하여 억지자백을 받는다면 영락없이 공산주의자로 낙인찍혔을지 모른다. 6.25때 그랬던 것처럼….

해방 이후 5년간이나 어쨌든 북한정권 안에서 김일성대학 교수를 지냈으므로 귀에 걸면 귀고리, 코에 걸면 코걸이 였을 터.

수사기관이 은밀한 그에 대한 수사를 벌이고 있었음에도 그는 전혀 눈치채지 못했다. 자초지종은 그가 총장선거를 마친 뒤 다시 서울대학으로 옮겨가 있었을 때 당시 부산대 부속병원장으로 일하고 있던 민영옥 박사가 훗날 그에게 알려주었다. 그때 그는 모골이 송연해졌다.

민박사의 말로는 비밀수사는 결국 유야무야로 끝났다는 것이었다. 사실은 그에 대한 수사가 상당히 진척되어 있었고 마음만 먹으면 잡아넣을 수도 있는 상황이었는데도 가난한 사람들을 도와온 장박사의 그간 행적과 그리고 무엇보다도 독실한 크리스천이라는 점이 걸려 수사기관이 주저하고 있던 상황이었다는 것이다.

그런 시점에서 장박사가 조홍제 사장으로부터 받은 100만 환으로 와르브루흐라는 실험용 기자재를 사서 주저없이 대학에 기증하자 그에 대한 의심을 접어두었다는 것이었다.

10. 행려병자 속으로

 부산의대 외과주임교수와 복음병원장을 겸임하던 1959년 어느 날. 그는 친구를 만나기 위해 대학병원 후문을 나와 걷고 있었다.
 6.25의 상흔이 치유되지 않은 채 정돈되지 않은 거리는 칙칙한 분위기를 연출하고 있었다.
 엎친 데 덮친 격으로 그해 부산을 비롯한 남부지방은 사상 최악의 태풍으로 기록될 사라호의 습격으로 치명타를 입었다. 추석을 이틀 앞둔 9월 15일 아침부터 영남지방에는 회오리 바람과 천둥, 억수같은 비를 동반한 사라호가 몰아닥쳐 영남지방은 온통 쑥밭으로 변했다.
 지붕이 홀랑 날아가고 울타리가 무너졌으며 나중에는 아름드리 나무까지 뿌리째 뽑힌 무서운 태풍이었다. 도시에서는 전신주가 부러졌으며 전선이 끊어져 휘익하며 하늘로 치솟았다. 하천이 무서운 속도로 범람했고 개울가 집들은 순식간에 물에 잠겼다. 공식인명피해가 747명이었던 무시무시한 태풍이었다. 마침 이 때는 곡식이 무르익던 시기였다. 과실수는 비바람에 뿌리째 뽑혀 넘어졌고 벼는 뿌리가 돌아 성숙하지 않거나 힘없이 쓰러져 버렸다.
 수확을 앞둔 농민들은 1년 농사를 순식간에 날려버렸다. 집잃고 농사까지 망친 이재민과 농민들이 갈 곳은 도시, 그것도 가장 큰 도시인 부산이었다. 부산은 낙을 잃고 희망마저 잃어버린 사람들로 넘쳐흘렀고 그들 중 대부분은 자연히 거리를 무작정 떠도는 떠돌이들이었다.

거리를 지나던 장박사가 본 것은 화장막터 창고에 아무렇게나 쓰러져 있던 바로 이같은 떠돌이들이었다. 못 먹고 제대로 입지도 못해 결국 행려병자가 된 사람들을 수용했던 곳이 바로 이 창고였던 것이다.

그는 그냥 지나치지 못한 채 창고 안을 유심히 살폈다. 그것은 한마디로 참상 그 자체였다. 아무도 돌보지 않은 차가운 바닥에서 그들은 거지가 다되어 그저 죽음을 기다리고 있었다. 심지어는 일주일 내내 한 끼도 해결하지 못한 사람들도 있었다. 이들은 주워먹을래야 힘이 없어 일어나지도 못하는 상황이었다.

"주여, 저들을 어찌해야 합니까?"

그의 눈에는 하염없는 눈물이 쏟아졌다. 휴지조각처럼 구겨진 채 쓰러져있는 그들의 눈동자엔 생명이 보이지 않았다.

근본적인 대책이 필요했으나 이승만 독재정권 유지에만 혈안이 돼 있는 나라가 세워줄 리 만무했다. 그들의 눈에는 이미 백성이란 존재가 보이지 않았으니까….

그는 혼자 해야 할 일이 아닌 것 같다는 판단이 들었다. 혼자 하기에는 행려병자들이 너무도 많았기 때문이었다. 그는 일단 일신 산부인과 병원장 매켄지와 내과의사인 이준철, 치과 유기형씨 등 기독교인 의사들을 만났다.

"우리가 믿는 의사들인데….주님의 일을 좀 해야 하지 않겠습니까?"

"그래요. 그렇지 않아도 혼자하기에는 너무 벅차고 엄두가 안 났는데 잘됐습니다."

그들도 대충은 얘기를 들어 행려병자의 수가 많다는 사실은 알고 있었으나 어떻게 도울지 막막하다고 이구동성이었다.

"이렇게 하면 어떨까요. 믿는 의사들끼리 모임을 만들고 돈을 추렴해서 일단 끼니를 해결해주는 방법도 있을텐데요."

모두 찬성하였다. '부산기독의사회'가 발족한 것이었다. 이들은 처음에는 회비를 내어 관리자를 한 사람 두고 행려병자들에게 식사를 제공하고 아픈 사람들에게는 약을 주는 일부터 시작했다. 시간을 쪼개 한 달에 한 번씩 창고로 가서 환자들을 돌보는 일도 그들이 감당해야 하는 숙제였다.

하지만 한계가 있었다.

행려병자는 줄어들지 않았으며 밑빠진 독에 물붓기처럼 아무리 노력해봐야 가시적인 성과를 기대할 수 없었다.

"뭔가 대책을 세워야겠는데…."

그는 효과적이고 근본적인 방법을 찾기 위해 골똘히 생각에 잠긴 끝에 한 가지를 궁리했다.

'복음병원 의사들을 한 번 보내봐야겠다.'

그는 사람들의 가슴속에 남아있는 양심과 측은지심에 호소해보기로 했다. 그는 행려병자들을 웬만하면 병원 안으로 데려와서 돌봐야 한다는 마음을 굳힌 상태였다. 그런 상황에서 복음병원 의사들을 보내서 저희 스스로 환자들을 데려와야 한다고 말해주길 바랐다.

원장의 명령을 받은 젊은 의사들은 창고에 힘없이 누워있는 행려병자들을 보고 역시 눈시울을 붉혔다.

"자네들이 보기엔 어떤가? 저들을 어떻게 했으면 좋겠나?"

그는 돌아온 의사들에게 솔직한 대책이 있으면 한 번 말해달라고 했다.

"데려와야겠습니다."

"자네는?"

"마찬가집니다. 명색이 저희가 의사들인데 저렇게 방치해서 죽게 해서는 안 됩니다."

"복음병원의 설립취지가 무엇입니까. 아무도 돌보지 않는 사람들을 돌보고 그들의 영혼을 감싸주는게 복음병원이라고 생각합니다."

의사들의 대답은 한결같았다. 어떤 이는 가슴이 북받치는 듯 말꼬리가 심하게 떨리고 있었다.

"그렇게 말해주어 고맙네…."

이에 그치지 않았다. 그는 다시 간호원들을 창고에 보냈다. 감성이 풍부한 간호원들은 행려병자들의 참상을 직접 눈으로 지켜보고는 눈물을 펑펑 쏟았다.
"어때요. 우리가 좀 도와주어야 할텐데…."
"원장님! 우리가 돌봐야 합니다. 그냥 놔두면 그 사람들은 다 죽습니다."
"좋습니다. 잘 알겠습니다. 여러분들의 고운 마음을 하나님께서도 잘 알고 계실 겁니다."
다음은 간병인들 차례였다. 역시 원장의 지시를 받고 하루 행려병자들을 돌보고 온 간병인들 역시 한 목소리로 "데려와야 한다"고 말했다.
장박사가 의사와 간호사, 그리고 간병인들까지 차례로 보낸 이유가 있었다. 물론 원장의 직권으로 그들을 몽땅 병원으로 데려와 치료하고 먹일 수 있었다. 하지만 원장 혼자 그들을 돌볼 수는 없는 실정인 게 당연했다.
숫자상으로도 한 두 명이 아닌 행려병자들을 돌보려면 당연히 다른 의사들과 간호사들, 그리고 간병인들의 도움이 필요했다. 도움정도가 아니라 그야말로 마음에서 우러나오는 정성을 다해도 제대로 치유가 될지 모르는 상황이었다.
육신의 병뿐 아니라 사회에 대한 한을 담고 있는 행려병자들의 마음의 병까지 고치는 일은 보통이 아니었다. 행려병자들 가운데는 삶 자체를 포기하고 사람들을 적대시하는 사람들도 제법 있었다. 그저 단순한 측은지심으로 이들을 대했다가는 봉변당하기 일쑤였다.
이런 실정이었으므로 원장 혼자의 직권으로 그들을 데려왔다가는 온갖 구설수와 부작용에 시달릴게 뻔했다.
특히 간병인들, 즉 간호보조원들의 몫은 더욱 컸다. 환자들의 몸을 닦아주고 옷을 갈아 입혀야 하는 게 간병인 본연의 몫인데 그들이 마음을 열고 '군식구' 같은 행려병자들을 정성껏 돌보지 않으면 불협화

음만 생길 뿐이었다.
 장박사의 의도는 바로 병원식구들이 본심에서 자발적으로 행려병자들을 돌보게 만들자는 것이었다. 그들 스스로 돌아보고 스스로 결정한 일이라면 약간의 부작용도 극복할 수 있는 일이기 때문이었다.
 "자 됐습니다. 여러분들의 의견이 다 그러니 결정을 내립시다. 우선 중병이 든 사람들만 일단 병원으로 데려와 치료시킵시다."
 장박사와 병원식구들은 일단 창고에 쓰러져있는 행려병자 가운데 중병이 걸려 죽음을 앞두고 있다고 판단한 8명을 병원으로 실어왔다.
 자발적으로 이들을 데려온 병원식구들은 열과 성을 다해 치료해주었다. 장박사도 수시로 병실을 드나들며 행려병자들의 상태를 면밀히 체크하면서 잔뜩 얼어붙었던 그들의 마음을 풀어주고 달래주었다.
 "자 이제 마음놓고 치료받으세요. 여기있는 분들이 잘 보살펴 주실 겁니다."
 그는 환자들의 손을 꼭 잡고 그들을 위해 기도를 드렸다.

 처음에는 병원의 뜻밖의 호의에도 경계심을 풀지 않았던 환자들의 마음도 며칠이 지나자 장박사의 기도와 병원식구들의 따뜻한 보살핌으로 차츰 녹아 내렸다.
 하지만 환자들의 상태는 최악이었다. 환자 대부분은 각종 폐질환이 이미 치료불능의 상태가 되었다. 게다가 강추위에 워낙 오래 노출된데다 제대로 먹지를 못해 영양상태까지 엉망이어서 면역기능 또한 급격히 떨어져 있었다.
 며칠 뒤 데려온 행려병자 8명 가운데 4명이 잇달아 세상을 떠나고 말았다. 장박사를 비롯한 병원가족들의 보살핌에도 이미 그들의 병든 몸은 이 세상의 것이 아니었던 셈이다. 다른 일반 환자들을 돌보는 와중에 틈틈이 짬을 내어 행려병자들의 더럽고 병든 몸을 닦아주고 일일이 숟가락으로 밥을 먹여주던 간병인들은 그들이 한사람 한사람씩 눈을 감을 때 안타까움에 발을 동동 굴렀다.

장박사를 비롯한 병원식구들도 죄책감에 시달렸다.
'우리가 조금 일찍 그들을 도왔더라면…. 이 사람들이 얼마나 아팠을까. 병들고 지친 몸 어디 한 곳 의탁할 수 없었던 사람들. 우리는 과연 그동안 무엇을 하고 있었을까. 난 가난한 자들을 위해 살겠다고, 병든 그들의 몸과 마음을 낫게 하겠다고 애를 쓴다고 했다. 그러나 저들이 죽어갈 때 난 아무 일도 할 수 없었다. 그동안 해온 일들은 결국 하나님의 일이 아니라 결국 나 자신을 위한 일이 아니었나.'
몇 달 뒤 환자 2명도 차례차례 병을 이기지 못하고 숨을 거두고 말았다. 남은 2명만이 장박사와 병원식구들의 정성스런 치료와 간호로 병을 이겨내어 퇴원했다.
"원장님! 고맙습니다. 원장님이 아니었다면 저희는 죽은 목숨이었습니다."
그의 앞에서 무릎을 꿇고 흐느끼는 그들의 마음엔 세상에 대한 적대감이나 사람에 대한 적의는 이미 사라졌다.
"이제 하나님을 위해 사십시오. 주님을 믿고 주님의 뜻대로 열심히 사십시오. 그게 보답하는 길입니다."
8명 가운데 6명이 죽었고 2명만이 생명을 찾았다는 건 어찌보면 실패라고 할 수 있다. 하지만 꼭 실패라고 단정지을 수는 없다. 비록 6명이나 세상을 떠났지만 그들은 죽는 그 순간이나마 세상의 정을 어렴풋이 알게 되었고 또 병원 침상에서 생을 편안하게 마감했으니까.
그들 가운데 몇몇은 장박사와 병원식구들의 정성과 노력에 감화되어 결국 주님을 영접하고 주님곁으로 떠났다.
그래도 장박사의 아쉬움은 컸다. 뭔가 근본적인 대책을 마련해야 좀더 많은 행려병자들을 사망의 골짜기에서 구해낼 수 있었다.
다행히 부산시가 나서주었다. 장박사와 복음병원 식구들의 헌신과 봉사를 알게 된 부산시가 그동안 방치해두었던 행려병자들에 대해 관심을 쏟게 되었다.
"따로 행려병동을 차려놓으면 의사들이 치료해주기가 번거로운

데…."

결국 구 전염병동에 행려병 환자 시설을 만들었다. 치료는 대학병원 의사들이 돌아가면서 맡기로 했다. 장박사가 뿌린 작은 밀알 하나가 커다란 나무로 성장했던 것이다. 물론 수많은 행려병자들을 치료하기엔 그래도 턱없이 부족했지만….

그가 행려병자들을 도운 일은 당시 부산시내에서 엄청난 화제를 뿌렸다. 정부와 부산시마저도 별다른 대책을 세우지 못한 채 수수방관했던 행려병자들을 의사가 발벗고 나서 돕는다는 것은 신선한 충격이었을 터.

이듬해인 1960년 4월 7일 보건의 날에 행려병자들을 도왔다는 공적을 인정받아 부산시장 상을 받았다.

"원장님, 축하합니다."

"원장님, 양복 잘 차려입고 나가세요."

병원식구들은 저마다 자기 일처럼 기뻐하고 호들갑을 떨었지만 그는 영 내키지 않았다.

그는 끝내 시상식에 참가하지 않았다. 남들은 "좋은 일인데 왜 그러냐"고 의아해했지만 그의 말은 단호했다.

"낯 간지럽게 그런 델 왜 나가?"

무슨 상을 받고싶어 일을 한 것도 아니요, 특별히 상을 받을 만큼 대단한 일을 한 것도 아닌데 공식석상에 나가 포즈취하고 사진찍는 일이 가당치 않다는 것이었다.

상을 주는 건 그들의 자유지만 그럴 때마다 불려나가 어색하게 웃고 하느니 그 시간에 차라리 환자 한 사람이라도 더 돌보는 게 낫다는 게 그의 생각이었다. 그 해에는 이런 저런 단체에서 몇번씩 상을 줍네 하고 오라가라 했지만 한 번도 참석하지 않았다. 사실 그가 상을 꺼려한 것은 다른 이유 때문이었다.

"행려병자 도왔다는 게 뭐 대단한 일이오. 그저 하나님께서 시키는 일을 한 것 뿐인데…."

이들 행려병동 구호소에 있던 사람가운데 이동기라는 이는 두고두고 기억에 남았다.

19살 때부터 척추를 앓아 오던 이동기는 치료를 위해 구호소에 있다가 장박사를 만났다. 이미 척추가 마비된 이동기는 대소변까지도 남의 도움을 받아야 해결했다.

'몸만 움직일 수만 있다면 목숨을 끊어버리리라.'

그는 꼼짝도 할 수 없는 자신의 처지를 비관하면서 수없이 자살을 생각했다. 간병인들도 자기자신과 사회를 증오하는 그의 곁에 가기를 꺼려했다. 장박사는 그런 이동기에게 다가갔다.

물론 첫 반응은 냉소 그 자체였다. 가끔 눈이 마주치면 왜 그리 관심을 갖느냐는 듯 노려보기 일쑤였다. 그러나 장박사는 포기하지 않았다.

"하나님께서 주신 생명을 쉽게 포기할 수는 없습니다. 주님을 영접하세요."

그러나 이동기는 장박사의 기도와 당부가 이어질 때마다 반발심만을 키웠다. 희망의 끈이라고는 없는 삶. 평생을 누워서 남의 도움을 받고 살아야 한다는 절망감이 너무 컸다.

하지만 장박사는 늘 한결같은 자세로 그를 위해 기도했고 찾아갈 때마다 머리맡에 성경책을 비롯한 각종 책을 쌓아두었다.

처음에는 "오지 말라"고 쌍심지를 켜던 이동기는 차츰 그를 기다리기 시작했다. 장박사의 정성에 심경의 변화를 일으켰다. 어느날 장박사가 그의 곁에서 기도할 때 이동기도 장박사의 손을 잡았다. 그렇게 7년이 지나자 기적이 일어났다.

순한 양이 된 이동기를 보살피던 어느 간병인이 평생 그의 반려가 되겠다고 나선 것이다.

"정말 잘된 일입니다."

자기 일처럼 기뻐한 장박사는 그들을 위해 집을 마련해 주었고 생활비를 보탰다.

생각도 못한 가정을 꾸리게 된 이동기는 삶의 의욕을 찾았다. 누워서도 달걀을 받을 수 있는 독특한 양계장을 설계했다. 온기를 한껏 머금은 달걀을 손에 쥘 때마다 생명의 소중함을 느꼈다.

얼마후 닭이 떼죽음을 당했다. 예전같으면 자살을 생각했겠지만 새 삶을 찾은 그는 마음을 다잡고 살 길을 다시 찾기 시작했다.

이동기는 그동안 장박사가 가져다준 산더미처럼 쌓인 책을 읽으며 곰곰이 생각했다.

'나도 책을 한 번 써보리라.'

틈날 때마다 끄적끄적 대기 시작한 원고는 장박사가 읽어 보아도 감동적인 글들이었다.

"문학적인 재능이 있네."

장박사의 칭찬은 피가 되고 살이 되었다. 이동기는 누운 채 책을 써내려 갔고 433쪽 분량의 소설이 되었다.『오월의 환상』. 이동기는 병들기 전에 보았던 고향 나주를 떠올리면서 나주의 5월을 가슴 속에서 만나고 싶어하는 한 남자의 이야기였다.

책의 서문을 써내려 가던 장박사의 눈은 눈물 범벅이 되었다.

11. 첫 세계일주

1961년 10월 장박사는 서울대 의대로 자리를 옮겼다. 그러나 서울-부산을 부지런히 왕래하면서 복음병원 일도 봐야했기에 눈코뜰 새 없이 바빴다. 밤기차에 몸을 싣고 좌석에 앉아 잠을 청하면서 피곤함을 달랬다.

그렇게 다람쥐 쳇바퀴 도는 생활이 계속되고 있는데 김일성 대학 시절의 제자들이 찾아왔다.

"교수님, 지금까지 일만 하셨는데 좀 쉬셔야죠."

그 말이 뭘 뜻하는 지 몰랐다.

"내가 좋아서 하는 일인데 새삼스럽게 뭘 그래?"

제자들은 세계일주 비행기표를 꺼내 그에게 선물했다.

"이번에 뉴욕에서 열리는 국제외과학회에 참석하시죠. 이왕 나가시는 김에 바람이나 쐬시라고 여쭤보지도 않고 마련했습니다. 받아주십시오."

뜻하지 않은 선물에 그는 고개를 흔들었다. 가뜩이나 여기저기서 그를 원하는 환자와 사람들이 많은데 무슨 영화를 보겠다고 세계일주란 말인가.

"이 사람들아. 이런 돈이 있으면 다른 일에 쓸 일이지…."

제자들의 뜻은 확고했다. 전쟁통에 아들 하나 달랑 데리고 월남한 이후 수술이다, 봉사다, 강의다 해서 단 하루도 쉬지 못한 채 일에만 매달려 있는 스승이 너무도 안쓰러워 각자 돈을 추렴해서 일을 저지른 것이었다.

"교수님, 이제 이 비행기표는 다시 돈으로 바꿀 수 없습니다. 교수님이 안 가시면 그냥 휴지가 됩니다."

"참 사람들…."

그는 제자들에게 등 떼밀려 모처럼 해외여행을 할 수 있게 된 것이었다. 원장이 나간다니까 복음병원에서도 2,000달러의 여비를 만들어 주었다. 병원형편을 잘 아는 지라 받을 수 없다고 자리를 털고 일어나는데 기어이 주머니에 봉투를 찔러주니 어쩔 수 없었다.

일제 때 일본을 한 번 가본 것을 제외하고는 첫 해외여행이어서 그런지 실수연발이었다. 당시 해외여행을 다녀오는 우리나라 사람들이 극소수였던데다 환자를 돌보는 일에만 평생을 바쳐온 그에게 외국문화에 대한 이해가 없었으니 어쩌면 당연한 일이었다.

그는 미시간주 그랜드 래피드에 사는 파인 레스트라는 정신병원의 원장인 판 노드 박사 집에서 나흘을 묵었다. 그가 떠나는 날 노드 박사의 16살짜리 막내딸이 학교에 가면서 "잘 가시라"면서 그의 뺨에 살짝 입을 맞추었다.

뺨에 난 입술자국을 본 노드 박사가 손뼉을 치면서 좋아해서 그는 "서양사람들은 키스를 좋아하는 가보다" 하고 생각하게 되었다. 그래서 그는 그 집을 떠날 때 노드부인의 뺨에 키스를 가볍게 해주었다. 노드 박사네는 그걸 아무렇지도 않게 생각하고 도리어 감사와 애정의 표시로 받아주는 것 같았다.

사실 그 키스는 실례는 아니었다. 그로부터 2년 뒤 노드 박사가 별세했을 때 부인이 편지로 그 사실을 알려주었고 다시 2~3년 뒤 그 부인이 세상을 떠났을 때는 딸이 '어머니가 당신에게 알려달라더라'고 편지를 보냈다.

어쨌거나 그 사건 이후 그는 그에게 친절하게 해주는 여자만 있으면 키스를 해주리라 생각하고 있었다. 오하이오주 컬럼버스에서 대학 견학을 안내해준 한국인 마취여의사도 헤어질 때 대로변에서 키스를 했는데도 어색하지 않았다. 여의사 곁에는 여자동생까지 함께 있었다.

'저 사람에게만 하면 저 동생이 기분 나쁘게 생각하겠지.'

감사의 표시를 한 사람에게만 할 수 없다고 느낀 그는 여동생에게도 키스를 해주었다. 그런데 여동생의 안색이 살짝 변하면서 무척 어색해 했다. 그는 움찔했지만 곧 이해했다.

'한국여자니까 부끄러워서 그렇겠지.'

그는 미국여행을 마치고 유럽으로 날아가 이탈리아 로마에 도착했다. 그곳 YMCA에서 닷새를 묵고 떠날 때 그동안 청소를 해준 아주머니에게 감사의 표시를 하려고 했다. 키스를 하기 위해 아주머니를 안으려 했을 때 아주머니의 얼굴이 살짝 굳어지면서 손가락으로 표시했다.

"노."

그는 머쓱해졌다. 치한같은 느낌도 들고 얼굴이 홍당무가 되어 버렸다. 그가 어색함을 달래려고 대신 50센트쯤 되는 돈을 주었더니 다소 표정이 풀렸다.

그 아주머니는 그 팁만은 고맙게 받았다. 아무리 서양사람이고, 가벼운 키스라도 인간적인 친밀도가 있어야 스스럼없이 하는 것이라는 걸 그때서야 느꼈다.

또 하나의 실수는 평생 그의 마음에 작은 상처가 되었다. 그는 출국하기 전에 부산 메리놀병원 외과과장인 베로니카 수녀의 도움을 받았다. 국제외과학회에 보고할 강연초록원고를 손봐주고 또 미국에 있는 베로니카 수녀의 윗 분에게 그 원고를 보내 인쇄도 부탁해 놓았다.

그러나 학회 개막 하루 전에 뉴욕에 도착한 그는 아무리 인쇄를 부탁받은 사람을 찾으려해도 찾을 수가 없었다. 강연시간은 다가오고 사람을 찾을 수 없어 할 수 없이 참석자들에게 인쇄물조차 나눠주지 못한 채 강연을 끝냈다.

그게 실수였다. 2~3주일 뒤 베로니카 수녀로부터 항의편지를 받았다. 인쇄물을 왜 찾아가지 않았냐는 것이었다.
그제서야 잘못을 깨닫고 베로니카 수녀가 인쇄를 부탁했던 사람에게 전화를 걸어 사과하기로 했다. 그러나 전화를 받은 사람은 벌컥 화를 내면서 "인쇄물은 다 없애버렸소"라면서 전화를 끊어버렸다.
한 번도 보지 못한, 그것도 외국인을 위해 수백장의 인쇄물을 만들었는데 아무런 연락도 없이 찾아가지도 않았으니 화가 나는 건 당연했다. 아무튼 베로니카 수녀는 이듬해 벽지로 좌천되었고 그후 수녀를 그만두고 의사와 결혼해버렸다.
그 일이 베로니카 수녀의 좌천과 결혼이 무슨 상관이 있는지 정확하지는 않다. 하지만 그는 모든 결과가 그 일 때문에 빚어진 일이라고 생각했으며 평생 죄책감을 안고 살았다.
인도 뉴델리에서는 묘한 해프닝이 일어났다. 호텔 프론트에서 그 나라의 지리, 풍속, 인정, 역사 따위를 제대로 설명해줄 프라이비트 걸이 없느냐고 물어본 게 실수였다.
"알았습니다."
프론트는 시원스레 대답을 해놓고는 사람을 보내주지 않았다. 한밤중에 막 잠이 들려고 하는데 노크소리가 들렸다. 젊은 여자였다.
그는 아무렇지도 않게 "영어를 할 줄 아느냐"고 물었다. 가이드를 하려면 기본적으로 언어가 통해야 하기에 물어 본 것이었다.
여자는 "모른다"고 했다. 영어를 모르는 여자는 필요가 없었으므로 그냥 내보냈다.
'영어도 모르는 여자를 왜 보냈지.'
그는 고개를 갸우뚱거렸다. 다음날 밤에 그 여자가 또 호텔을 찾아왔다. 그제서야 그는 그 여자가 프라이비트 걸이며 창녀라는 걸 깨닫게 되었다.
"난 슬쩍 겁도 났고 여행경비를 쓰는데 지장도 있을 것 같아 또 내보냈는데 따지고 보면 이것도 내 성질에 비겁한 면이 있다는 반증일 것이다. 아무튼 이래저래 나는 고독을 참고 견디는 편이 낫지, 그런 위태로운 장난은 피하고 산다."

훗날 그는 이때를 회고하면서 솔직하게 밝혔다. 하지만 그의 말마따나 성격이 비겁했기 때문은 아니었을 것이다. 부인과의 이별 이후 십 수 년간을 '수절' 해오면서 그와 비슷한 유혹이 왜 없었을까.

하지만 오로지 주만를 섬기는 사람이 그런 육체의 유혹에 그렇게 쉽게 빠질 수는 없었을 것이다.

그는 45일 동안 미국과 유럽여행을 하면서 한 가지 철칙을 세웠다. 금쪽같은 외화를 길에 뿌릴 수 없다는 것이었다.

웬만한 견학과 관광은 죄다 걸어서 다녔다. 그 덕에 미국에서 27달러를 주고 산 구두는 영국과 프랑스를 거쳐 독일에 갔을 때 이미 바닥에 구멍이 나 신을 수가 없게 되었다.

"역시 자동차로 생활하는 것과는 다르구나. 구두가 이렇게 쉽게 망가지다니…."

그는 별 수 없이 독일에서 8마르크(2달러)를 주고 어린이용 구두를 사 신었다. 그러나 이 구두는 스위스, 이탈리아, 카이로, 뉴델리, 방콕, 홍콩을 거쳐 귀국한 뒤에도 해어지지 않았으며 그 뒤로도 1년이나 더 신었다.

아무튼 45일간의 해외여행을 마치고 돌아왔을 때 그를 맞이하는 주변사람들은 깜짝 놀랐다. 마음껏 바람이라도 쐴 요량으로 해외여행을 다녀온 그의 얼굴이 도리어 반쪽이 됐기 때문이었다.

"아니 박사님 왜 이렇게 마르셨습니까?"

어떤 이는 몰라보게 야윈 장박사의 얼굴을 제대로 알아보지도 못했다. 장박사가 45일간 싸구려 빵으로 끼니를 때우고 마치 무전여행하는 것처럼 걸어서만 다녔기 때문이었다.

"뭐하러 외국에서 돈을 써. 가뜩이나 달러가 부족해서 난리들인데…."

그는 혀를 끌끌 차는 주변사람들을 도리어 꾸짖었다. 대신 그는 복음병원측이 준 여비 2,000달러를 고스란히 남겨 다시 돌려주었다.
 "아이고 원장님…."
 직원들은 원장의 못말리는 성격을 모르는 바는 아니었지만 여비를 단 한 푼도 쓰지 않으리라고는 상상도 못했다.
 "내가 이걸 어떻게 쓸 수 있겠소. 아픈 환자들이 병 고쳐주었다고 낸 돈인데…. 헛되이 쓴다는 게 도둑놈 심보지…."

12. 청십자 운동과 채규철

완연한 늦가을의 정취가 물씬 풍기던 1968년 10월 30일. 맑게 개인 가을 하늘에 미풍이 흐르는 알싸한 날씨였다. 봉고형 독일제 폭스바겐이 부산한 시내를 빠져 구포다리를 건너 드넓은 김해평야를 달리고 있었다. 수확을 끝낸 시원한 평야는 가슴 속에 남아있는 그 모든 세상의 찌꺼기들을 다 털어버리고 남았다.

버스는 토성동에 자리잡고 있는 기독교사회관으로 향했다. 그곳에서 열리는 회의에 참석하기 위함이었다. 지름길이었다. 엄궁으로 해서 하단을 돌아 괴정으로 빠지는 무척 험한 산비탈길이었다.

너무 험해서 차의 통행도 별로 없었던 길이었다. 차라고 해봐야 시멘트 공장에서 모래를 나르는 트럭이거나 몇시간에 한 번씩 지나가는 시내버스 정도였다.

사나이들은 구불구불한 비탈길을 달리느라 이리저리 핸들을 꺾는 운전사의 손놀림을 따라 갈대처럼 쏠렸다.

"야, 길이 너무 험하네."

워낙 험한 길이라 그런지 오가는 차도 거의 눈에 띄지 않았다.

"너무 늦었잖아. 빨리 도착해야 하니까 어쩔 수 없어."

내리막길에 접어들었는데도 운전사는 속력을 줄이지 않았다. 버스는 어느 영아원의 버스였고 운전사는 기사가 아니라 그 영아원 선생이었으므로 운전이 미숙한 상태였다.

사나이들이 운전사에게 "좀 속도를 줄이라"고 말하려는 순간 급경사를 내리 달리던 폭스바겐이 기우뚱했다. 차는 앞머리가 휘청거리더니 차로를 벗어나기 시작했다. 기사가 큐브레이크를 밟았으나 도리어 더 맹렬히 구르더니 10미터가 넘는 낭떠러지로 곤두박질쳤다.
"어어."
사나이들은 외마디 비명을 질렀을 뿐 속수무책이었다. 낭떠러지 아래 바닥에 심하게 부딪친 폭스바겐은 홀랑 뒤집히더니 이내 '펑'하는 소리를 내며 화염에 휩싸였다. 버스 뒤에는 영아원생들의 방바닥을 칠하기 위해 시너(신나)를 큰 것으로 2통이나 실어 놓고 있었다. 시너가 터진 것이었다.
사나이들의 온몸은 불길에 휩싸이기 시작했다. 핸들을 잡고있던 운전자 임선생은 재빨리 문을 열고 뛰쳐나왔지만 운전사 곁에 앉아 있던 한 사나이는 제대로 문을 열지 못한 채 헤매고 있었다.
사나이는 있는 힘을 다해 창문을 발길로 박차고 뛰쳐나갔다.
뒷좌석에 있었던 사람들은 아직도 문을 열지 못한 채 발버둥쳤다. 사나이는 혼신의 힘을 다해 뒷문을 열어 버스안으로 들어가 한 사람을 끌어냈다.
그러나 그뿐이었다. 머리부터 발끝까지 붙기 시작한 불이 온몸을 휘감고 있었다. 두 손으로 아무리 털어도 꺼지지 않았다.
"사람살려. 사람 좀 살려주세요."
절규하는 목소리로 소리쳤다. 마침 그 밑 논에서 벼타작을 하고 있던 농부들이 뛰어올라와 사나이를 눕히고는 그들이 입고있던 옷가지들을 벗어 사나이의 몸을 감싸 불을 꺼주었다.
농부들은 사나이를 큰 길 위에 끌어놓고는 신고를 하러 뛰어갔다.
사나이는 의식을 잃지 않으려 사력을 다하면서 지나가던 택시들을 향해 손을 흔들었다. 그러나 아무도 서지 않았다. 까맣게 그을린채 연기가 모락모락나는 사나이를 보고는 줄행랑을 치기 바빴다.
"사람이 죽어가는데….야, 이놈들아 사람이 죽어간다."
아무리 소리쳤으나 메아리만 들려왔다. 그렇게 내팽겨진채 30분이라는 금쪽같은 시간이 흘렀다. 순간 오른쪽 눈의 시야가 숯불처럼 빨갛게 변하더니 사르르 꺼져버렸다.

유리창이 깨지면서 그 칼날같은 유리조각이 사나이의 오른쪽 눈동자를 꿰뚫어 버린 것이었다. 눈동자는 그만 파열되고 말았던 것이었다.

농부들의 신고를 받고 경찰이 달려온 것은 바로 그 무렵이었다. 경찰은 지나가던 택시를 잡아 강제로 세우고는 타고 있던 손님들에게 "내리라"고 잡아 끌어 내렸다.

"어디로 옮길까요?"

운전사는 살이 타는 지독한 냄새에 코를 막고는 가마니를 외면해버렸다.

"송도 복음병원으로 갑시다."

희미한 의식 속에서도 사나이는 사력을 다해 입을 열었다. 장기려 박사에게 한마디 유언이라도 남기고 싶었다.

택시가 하단을 거쳐 감천발전소를 지나는 순간 그는 꺼져가는 생명의 불씨를 살리려 안간힘을 다했다. 마침 머리 속에 일종의 계시가 번뜩 떠올랐다. 그것은 리빙스턴의 책의 한 구절이었다.

'사람은 그의 사명을 다하기까지는 죽지 않는다.'

그제서야 죽음의 공포가 사라지고 마음이 안정되고 평온을 되찾았다.

'그래 아직 이 세상에서 내가 할 일이 있는 한 난 죽지 않는다. 내가 할 일을 다했다면 지금 죽은들 뭐가 억울하랴.'

갖은 힘을 다해 정신을 가다듬고 택시운전사에게 "이리가라 저리가라"며 길을 인도해주자 운전기사는 슬쩍 뒤를 돌아보며 말했다.

"당신은 죽지 않겠소."

드디어 병원에 도착했다. 제 집 드나들 듯 드나들었던 복음병원이었다. 하지만 가마니에 둘둘 말린 사나이가 들이닥치자 아무도 알아보지 못했다. 그 흉측한 얼굴에 너도나도 외면만 할 뿐이었다.

"이봐요. 간호원. 김영숙씨."

지나치던 김영숙 간호사가 흠칫 놀라 사나이 쪽으로 고개를 돌렸다.

"나요. 채규철이야. 채규철이란 말이야."

김영숙 간호사는 소스라치게 놀랐다. 그것은 사람의 얼굴이 아니었다. 온통 타버린 머리와 얼굴, 그리고 짓뭉개진 눈… 샤프하고 젠틀한 미남 채규철 선생이 아니었다.

"채선생님? 채선생님이 정말 맞아요?"

김영숙 간호사는 절규하듯 울음을 터뜨렸다. 김간호사는 채규철과 함께 간호대학에서 강의했던 사람이었다.

"빨리 장박사님을 좀 불러와요."

채규철은 그 말 한마디를 겨우 끝낸 채 의식을 잃고 말았다. 채규철을 잘 알고있던 간호사들은 의사들이 핀세트, 실, 약 등 응급처치용 도구를 가져오라는 데도 눈물이 앞을 가려 제대로 응급처치를 하지 못할 정도였다.

때마침 부산 청탑 그릴에서 열리는 회의에 참석하고 있던 장박사는 채규철이 그 지경으로 병원에 실려왔다는 소식을 듣고는 서둘러 병원으로 돌아왔다.

"채선생 어찌 된거요?"

흉물이 다 되어버린 채규철의 몸은 겉으로 보기에 더 이상 이 세상 사람이 아니었다. 함께 봉고차를 타고있던 사람들은 모두 죽었고 그만 남아있었다. 차라리 죽는 편이 나을 지도 몰랐다.

"박사님, 제가 얼마를 더 살지 모르겠지만 박사님하고 시작한 청십자 일이랑 잡지 일은 끝까지 성공해 주시기 바랍니다."

채규철은 장박사에게 유언을 남기고는 또 정신을 잃었다.

전신 3도화상. 50퍼센트 화상이라는 진단. 그것은 양동이로 친다면 양동이의 반이 뚫린 상태를 의미했다. 온몸의 체액이 다 빠지고 온몸의 수분이 다 빠진다는 얘기다.

더군다나 병원에는 무균처리할 시설이 없었다. 조금만 삐끗하면 세균이 감염되어 죽을 판이었다.

천하의 장박사라도 난감하기만 했다. 모든 의사들이 "이제 포기해야 한다"고 고개를 가로 저었다.

타버린 상처부위로 체내수분이 빠져나감은 물론 몸속에 있는 영양분마저 배출되었다. 그 가운데 단백질의 유출은 치명적이었다. 하루 종일 링거주사와 포도당을 맞으면서 국내에서는 생산되지 않는 알부민 주사로 부족한 영양과 혈액을 보충해야 했다.

무시무시한 통증이 끊임없이 엄습해왔다.

마치 누군가가 바늘을 한바가지 얼굴에 흩뿌려놓는 듯했다. 견딜 수 없는 아픔은 환상으로 변했다.

"누가 바늘을 뿌렸어. 좀 풀어봐. 아파 미치겠다."

병원이 떠나갈 듯 비명을 지르며, 흐느끼며 간호사들을 괴롭혔다. 견디지 못한 간호사들이 붕대를 풀고 손바닥이나 몸에 아무 것도 뿌리지 않았다는 걸 확인하고서야 비로소 붕대를 다시 감았다.

채규철이 꺼내준 한 친구는 뒤늦게 앰블런스로 실려왔으나 하룻밤을 견디지 못한 채 세상을 떠났다. 운전했던 임선생이라는 사람을 저주하면서…. 차에서 빠져나오지 못한 친구들은 모두 불에 타 숨졌다. 남은 것은 채규철 뿐이었으나 죽을 때만 기다리고 있는 형국이었다.

장박사는 그 지경이 된 채규철을 그냥 죽게 할 수는 없었다. 어떻게든 살려 볼 요량으로 최후의 방법을 택하기로 했다. 그는 부산에서 가장 큰 병원인 초량 침례병원 외과 과장 테보 박사를 채규철의 병실로 모셔왔다.

"테보 박사님! 우리 병원엔 시설도 부족하고 의사도 부족하니 혹시 박사님이 한 번 맡아주면 어떨까요?"

테보박사는 채규철의 상처를 다 보고나더니 딱 잘라 말했다.

"Hopeless(가망없습니다)."

큰 병원을 옮겨도 살릴 자신이 없다는 것이었다.

"그냥 여기서 치료합시다."

테보박사의 말은 단호했다. 장박사는 물러나지 않았다.

"그렇다면 혹시 목숨이라도 살릴 방법은 없을까요?"

"한 가지 있긴 있습니다만…."

"무엇입니까?"

"팔다리를 몽땅 자르면 목숨은 혹시 구할 수 있을 것 같습니다."

덴마크 유학을 다녀온 채규철은 영어로 주고받는 장박사와 테보박사의 말을 다 알아들었다. 미칠 것 같았다.

'차라리 죽는 게 낫다. 팔다리 없이 살면 차라리 자살해버리겠다.'

채규철은 그렇게 마음을 굳히는 순간 장박사의 답변 또한 단호했다.

"안 됩니다. 팔다리를 잘라놓고 목숨만 붙여놓으면 무슨 인간 구실을 하겠습니까? 사람의 목숨은 하나님의 손에 달려있습니다. 우리가 할 수 있는 한 최선을 다해보겠습니다."

장박사는 테보박사와 헤어진 뒤 채규철의 손을 꼭 잡았다.

"채선생! 우리 한 번 해봅시다. 주님께서 다 맡아주실 겁니다."

채규철은 온몸에 전율을 느꼈다.

'이제는 하나님의 뜻이다. 하나님께서 사람의 손을 빌어 역사하시는 걸 믿어야 한다.'

의사의 결단에 따라 사람의 운명은 달라지는 것. 의사의 생각이 긍정적이냐 부정적이냐에 따라 사람의 삶과 죽음이 갈린다는 걸 채규철은 이때 깨달았다.

장박사는 바쁜 와중에도 매일 두 세 시간씩 채규철의 병실로 찾아와 드레싱해주었고 매일아침 병원예배 때는 특별히 채규철을 위한 기도회를 열었다. 채규철이 가르쳤던 간호대 제자들은 팀을 짜서 24시간 간호해주었다. 장박사가 "하나님께 모든 걸 맡겼다"는 소리를 들은 교인들과 친구들도 철야기도로 응원해주었다.

주변의 기도와 보살핌으로 채규철은 한 달을 버텼다.

"이제 피부이식을 합시다."

생사의 고비를 넘겼고 상처의 부기도 빠졌으므로 이식수술을 해야 한다는 장박사의 말이었다. 최신식 기계가 없었으므로 장박사는 면도날을 소독하여 엉덩이, 가슴, 팔, 다리에 있는 살을 떼어 간신히 피부이식 수술을 했다.

채규철이 의식이 혼미했던 죽음의 길목에서도 대학병원 등 큰 병원을 찾지 않고 장박사에게 달려 간 것과 장박사가 채규철이 온전한 몸으로 세상을 살아갈 수 있도록 팔다리 절단수술을 거절하고 치료에 전념한 것에는 깊은 사연이 있었다.

13. 청십자 의료조합 탄생

장박사는 부산대 시절인 1956년, 대학에 '부산모임'이라는 성경연구 서클을 만들었다. 기독교인 회원들은 매주 주일날 오후 3시부터 2시간 동안 성서를 연구하고 후지이 다케시와 야나히하라 다다오 등 주로 무교회주의자들의 저작을 읽고 강사를 초빙하여 강의도 들었다. 모임은 기관지도 내면서 나름대로 꾸준한 활동을 벌이고 있었다.

장박사는 친분을 쌓아온 함석헌 선생을 통해 채규철을 알게 되었다. 채규철은 서울시립농대를 나와 5년간 농촌운동을 하다가 1년간 덴마크 국비유학을 한 뒤 스위스와 인도, 일본 등을 거쳐 1967년 귀국한 청년이었다. 돌아와서도 농촌운동에 힘을 쏟으면서 몇몇 대학에서 강의하고 있었다.

채규철의 아내는 폐결핵을 앓아 복음병원에서 장박사의 치료를 받았고 그것을 계기로 부산모임에 합류, 적극적으로 성경연구에 힘을 쏟았다.

1968년 4월 어느 주일날 오후. 성경모임을 끝낸 장박사와 채규철, 그리고 조광제, 김서민 등은 이런저런 얘기를 나누고 있었다.

"우리가 성경을 공부하는 것도 좋지만 뭔가 뜻깊은 일을 해보는 게 좋을 것 같습니다. 사회에 도움이 되는 일을 한 번 해봤으면 어떨까 합니다."

채규철은 그동안 구상해왔던 청사진을 풀어헤치고 시작했다. 진작부터 벼르고 별러 갖은 사전 준비를 한 뒤 꺼낸 얘기인 것 같았다. 덴마크 유학의 경험은 채규철이 나눔의 구상을 하게 된 직접적인 동기였다.

"제가 덴마크에 있을 때 한 번은 되게 앓은 적이 있어 병원엘 갔습니다. 그리고는 꼼짝없이 병원신세를 지게 되었는데 마음속으로는 병원비가 얼마나 될까 걱정을 태산같이 했어요."

병을 고친건지 스트레스가 더 쌓인 것인지 모를 정도로 나흘이 지났고 퇴원시간이 다가오자 미치겠더라는 것. 늘 웃음을 잃지 않고 극진히 돌봐주는 의사와 간호원들조차 원망스러워졌다는 것.

"저… 치료비와 입원비가 얼마나."

돈이 부족하면 나자빠질 수밖에 없었다. 하지만 병원원무과 직원은 따뜻한 미소로 채규철을 바라보면서 "걱정하지 마라"고 했다.

"우리나라(덴마크)는 어떤 나라 사람이든지 우리나라에 와서 병이 들면 무료로 치료해주도록 돼있습니다. 걱정하지 마세요."

돈도 없는데 어떻게 치료비를 낼까하면서 태산같이 걱정했던 채규철은 안도의 긴 한숨을 쉬었다.

'말로만 듣던 사회보장 제도가 이런거구나.'

채규철은 이같은 덴마크의 사회보장제도에 깊은 감명을 받았다.

'돈이 없어 제대로 병원조차 다니지 못한 채 그저 죽음만을 기다리는 사람들이 많은 우리나라에도 그런 제도가 있으면 얼마나 좋을까.'

채규철은 귀국하게 되면 반드시 어떤 형식으로든지 덴마크 사회보장제도를 본 딴 제도를 만들어봐야겠다고 굳게 마음먹었다.

그것은 장박사도 비슷했다. 복음병원의 경우 처음에는 가난한 이들을 무료로 치료해왔지만 병원의 재정상태가 악화되자 할 수 없이 나중에는 부자들에게는 치료비를 받는 대신 극빈자증명을 해오는 사람들에게는 무료로 치료할 수 있게 만들었던 경험이 있었다.

'우리가 건강했을 때 회비를 내서 앓는 사람들을 도와주고 내가 병들면 혜택을 받는 제도를 만들면 얼마나 좋을까.'

치료비 때문에 곤욕을 치르고 있는 가난한 사람들을 수없이 보아왔던 장박사 역시 일종의 의료보험조합을 구상하고 있던 참이었다. 장박사가 의료보험조합을 생각하게 된 것은 다 이유가 있었다.

해방 이후 북한에 있을 때의 경험때문이었다. 북한은 1948년 노동자와 농민, 공무원, 교직원들에게 의료보험을 실시했다. 이들을 강제로 가입시켜 조합원에게는 무료, 일반 시민에게는 한 번의 외래진료 때마다 8원씩을 받았다.

'북한처럼 강제로 가입시키는 폐단을 없애면 되지 않을까. 아무리 사회주의 제도라고 하지만 가입, 탈퇴를 자유롭게 하도록 정해놓으면 괜찮지 않을까. 자유롭게 협동해서 하면 이북보다 더 좋은 제도가 되리라.'

당초 무료병원의 성격이었던 복음병원도 갈수록 변질되어 획기적인 전환점을 마련해야 유지될 수 있는 기로에 서있었다. 하지만 의료협동조합을 어떻게 만들지 엄두가 나지않아 오랫동안 망설이고 있던 참이었다. 우리나라 의료보험은 이미 1963년 12월 16일 의료보험법이 제정 공포됨으로써 법적인 근거를 마련했으나 제대로 실시하기엔 기반이 너무 미약했다. 1965년 11월 (주)호남비료와 1966년 3월 봉명광업소가 보건사회부의 인가를 받아 의료보험시범사업을 실시했지만 그것은 하나의 기업내에서 제한적으로 실시된 것에 불과했다. 많은 사람들이 참여하는 명실상부한 의료보험을 실시하기엔 국가는 물론 사회단체나 기업의 역량이 크게 부족했다.

장박사도 좋은 취지에도 불구하고 엄두를 못냈던 것이었다.

그런데 그때 채규철이 나타나 장박사의 가려운 등을 긁어준 것이었다. 이것이야말로 어려움에 빠질 때마다 한 사람씩을 보내 해결의 물꼬를 열어주는 하나님의 은혜가 아닌가.

"채선생, 좋은 생각이요. 그동안 수없이 구상해왔던 일이요. 우리 한 번 방법을 연구해봅시다."

그는 채규철의 손을 꼭 잡았다. 조광제와 김서민 선생도 힘을 불어넣었다.

"박사님, 우리가 어떻게든 한 번 만들어 봅시다."

그들은 묘안을 짜내기로 했다. 어디서부터 손을 대야할 지 모르는 굉장한 사업이었으나 여러 사람들이 찾으면 방법은 있을 것 같았다.

장박사는 다음날 시간을 쪼개 미공보원 도서관을 찾았다. 미국의 의료보험조합 관련 문서들을 샅샅이 뒤져보았다.

'Blue Cross Insurance Cooperation' (청십자의료보험조합)

그의 눈에 한 가지 눈에 띄는 문서를 발견했다. 잘하면 그가 하려고 시도하는 의료보험조합의 모델로 손색이 없을 것 같았다.

1920년대 말 미국은 경제대공황으로 엄청난 소용돌이에 빠졌다. 미국인들은 시름에 빠졌으며 희망없는 좌절의 나날을 보내고 있었다. 청십자운동은 1929년 2월 미국 텍사스주 댈러스 시에 있는 베일러 대학 부학장이던 저스틴 포트 킴벌 박사에 의해 처음 시작되었다.

대경제공황의 와중에서 베일러 대학 교직원들의 의료비나마 경감시켜주기 위해 의료보험조합을 결성하게 된 것이다. 킴벌 박사가 내세운 슬로건은 '한 사람은 만인을 위해, 만인은 한 사람을 위해'였다.

회원들이 회비를 내어 회원중에 환자가 생기면 그 돈으로 치료해주는 의료보험이 드디어 시작된 것이었다. '베일러 플랜'으로 명명된 이 의료보험은 댈러스시내 학교교사들을 중심으로 확산되었으며 주로 개인병원들에 의해 운영되었다. 제도는 큰 성공을 거뒀으며 4년 뒤인 1933년 미국 병원협회가 인정함으로써 전국적인 조직으로 발전됐다.

'청십자 운동이라. 이 모델처럼만 될 수 있다면 괜찮을텐데….'

그러면 어떻게 만들 것인가. 장박사는 얼핏 교회를 생각했다.

교회가 하는 일은 복음전파와 구제사업이 아닌가. 특히 못먹던 시절에는 구제사업도 절대 소홀히 할 수 없는 교회의 책무였다. 돈이 없어 제대로 병도 못고치고 설사 겨우 병원에 간다해도 거액의 입원, 치료비를 감당할 수 없어 그나마 있는 재산도 다 날리는 비참한 일이 비일비재한데 교회가 교회이름으로 발벗고 나선다면 그것이야말로 하나님의 사업이 아닌가.
 그는 채규철, 김서민, 조광제 등과 함께 머리를 맞댔다.
 "교회를 움직입시다. 구제사업을 교회이름으로 하는 것이지. 신자들이 회비를 내고 그것도 모자르면 교회가 보충해주고…. 아니 교회가 신도들을 위해 보험료를 다 낼 수도 있고…. 일단 기독교 신도들을 중심으로 실시하게 되면 성공할 수 있을 것 같으니까."
 실마리를 교회에서 풀어보자는 장박사의 의견에 모두들 찬성했다. 조합의 이름은 '청십자의료보험조합' 이라고 붙였다.
 당시 부산시에는 개신교회가 100곳이 넘었다. 그들은 그 교회에 일일이 편지를 내어 청십자의료보험의 설립목적과 시행방법, 앞으로의 방향 등을 알렸다.
 "우리의 아이디어에 찬성하는 분들이 모여 의료보험조합 창립총회를 엽니다. 찬성하시는 분들은 모여주시길 바랍니다."
 남들이 했다면 혹시 의심할 수도 있었을 터. 하지만 평생을 빈민구제에 앞장서온 장기려 박사가 하는 일을 의심할 이는 아무도 없었다. 의료보험에 대한 인식이 거의 제로상태였는데도 장박사가 한다고 하니까 23개 교회가 찬성의 답장을 보내왔다.
 4월 어느날, 장박사는 드디어 23개 교회 대표와 만났다.
 "여러 집사님들이 빛과 소금의 역할을 해주시기 바랍니다. 여러분들의 열의와 힘이 조합의 성패를 좌우합니다. 조합원이 많으면 많을수록 혜택이 많이 돌아가니까 성심성의껏 뛰어주십시오. 재산을 공유했던 초대교회를 상기합시다."
 교인들이 병들어 괴로워할 때마다 제대로 도와주지못해 발을 동동 굴렀던 일이 한두번이 아니었던 교회집사들은 장박사의 한마디 한마디에 고개를 끄덕였다. 그 23명을 중심으로 창립을 위한 준비위원회를 조직했다.
 그날 모인 준비위원들은 교회로 돌아가 일단 723명의 조합원을 모았으며 5월 13일 조합원과 그 가족들이 참석한 가운데 드디어 창립

총회를 열어 발족했다. 처음에는 '크리스천'과 '복음' 중에서 조합의 이름을 따려했으나 결국 미국의 Blue Cross를 본따 '청십자의료보험' 조합으로 이름붙였다. 지정병원은 복음병원이었다.

보험료는 월 60원으로 정했다. 미국 양친회가 한가족 평균 5명에게 1달러, 즉 300원을 지불하여 부산의원에 의뢰, 이 의료보험사업을 추진하는 것에 착안했다.

그러나 당시 담배 한 갑이 100원씩 했으니까 보험료의 액수는 턱없이 적은 것이었다. 723명이 처음 시작했으니까 한달 보험료를 모두 모아봐야 4만2천여 원에 불과했다.

물론 장박사나 채규철 등 이 조합을 처음 계획했던 사람들은 물론 처음부터 쉬운 일이 아니라는 생각을 하고 시작했다. 하지만 처음부터 희한한 일이 일어나 실소를 자아냈다.

회비를 다 걷고는 일주일이 지나자 회비전액(4만2천 원)이 한순간에 날아가 버린 것이다. 회원가운데 환자가 생겼으므로 어쩔 수 없었다.

그런데 환자 두 사람이 복음병원 소속 직원이라는게 문제였다. 환자 한 사람은 병원의사인데 이질에 걸렸고 또 한 사람은 서무직원의 딸인데 병이 나서 회비를 다 쓸 수밖에 없었다. 게다가 병원직원들 가운데는 회원인 것을 이용하여 자기 이름으로 약을 타가는 사례도 몇몇 있었다.

회비가 병원식구들 때문에 텅텅 빌 형편이었다.

회원들에게 이같은 소문이 퍼지면 "결국 병원직원 좋은 일 시킨다"는 소리를 들을게 뻔했다.

장박사는 할 수 없이 과장회의를 열었다.

"안 되겠어요. 조합이 이제 걸음마를 하기 시작했는데 공교롭게도 병원직원들이 혜택을 봤어요. 다른 회원들도 있고, 조합도 기반을 잡아야 하니까 병원직원 여러분들은 봉사하는 자세를 지켜주길 바랍니다. 직원들은 조합이 본궤도에 오를 때까지는 혜택은 받지 말고 회비만 내야겠어요."

직원들의 치료비는 원가로 스스로가 부담하자는 게 장박사의 단언이었다.

다소 불만이 없는 건 아니었지만 병원직원들도 반대할 수가 없었다. 의료보험의 취지가 어려운 사람들을 돕는다는 것인데 그래도 그들보다는 여유가 있는 직원들이 참을 수밖에 없었다. 회원인 점을 활용, 너무도 쉽게 보험을 생각했던 직원들에게는 자기 반성의 기회도 되었다.

조합운영은 처음부터 숱한 난관에 봉착했다.

"거 장기려, 돈을 떼어먹으려면 좀 큼직한 돈을 떼어 먹어라. 뭐 그렇게 조그맣게 해먹으려는거냐 치사하게."

어느 날은 국제시장에서 장사하는 회원중 한 사람인 결핵환자가 장박사를 찾아와 험한 소리를 하며 야유를 퍼부었다. 처음 정관에 결핵환자나 기생충 환자, 그리고 만성질환자에게는 무료혜택을 주지 않고 실비로 치료해주었기 때문이었다. 보험료는 코딱지만 한데 당시만 해도 결핵이나 기생충 환자들이 워낙 많았기에 그 사람들을 다 치료해주려면 감당하기 어려웠다.

그 환자는 치료를 받고 나서 원무과에서 치료비를 내라고 하자 소동을 벌인 것이다. 게다가 어찌된 일인지 병원 약값이 길가의 약국보다 비쌌던 모양이니 화를 낼만도 했다.

진료비와 관련해서 또 많은 해프닝이 일어났다. 고가의 비타민과 피를 만드는 약을 계속 타려는 사람들도 많았고 또 항생제를 타려고 손 끝에 붕대를 감고 와서는 상처부위를 보이지도 않고 마이싱을 요구하는 사람도 있었다. 이런 환자는 의사가 "어디 붕대 좀 풀어보라"고 하면 그냥 도망쳤다.

환자들의 사정은 이렇게 급박한데 보험료는 모자라는 상황이 계속되었다. 특히 기생충 약은 필수였다. 병원을 찾는 회원들이 건강진단을 받으면 십중팔구는 회충, 십이지장충 등에 걸려 있었다.

그런데도 약이 워낙 부족해서 수요가 공급을 도저히 따라갈 수 없었다. 그는 1만 원을 내어 기생충약을 사서 기생충 진단을 받은 회원들에게 나눠주었다. 돈이 좀 생기면 필요한 사람들을 위해 베푸느라 안달하는 게 그의 성격이었으니까.

설립 한달이 되자 회원수가 1,000명을 넘겼다. 그때까지 35개 교회가 참여했고 회원이 100명이 넘는 교회만해도 부민교회(120명)를 비롯, 부산제일교회, 산정현교회, 대신동교회, 남교회, 영도제일교회 등이었다.

대의원을 맡은 각 교회집사들은 환자가 생기면 복음병원으로 인도했으며 그 환자들에게 "장박사를 믿고 조합원으로 가입하라"고 설득했다.

당시 서울 성모병원에도 직분을 갖고있어 한달에 2주일은 밤기차를 타고 서울에 다녀와야 했던 장박사였지만 밤잠을 이루지 못한 채 병원의사들을 독려하면서 조합원들을 챙겼다.

이렇게 갖은 수단과 방법을 다 써서 조합을 반석 위에 올려놓으려고 애를 썼지만 워낙 재정이 열악해서 적자가 날 수밖에 없는 실정이었다. 그대로라면 언제 붕괴될 지 몰랐다. 조합의 안팎에서는 "되지도 않은 일을 한다" "몇 달 가지 못할 일을 장박사가 맡았다"는 등 비관론만이 먹구름처럼 끼어있었다. 많은 교회들이 참여했으나 복음병원이 고신파 계통이어서 다른 계통 교회의 호응도는 소극적이었다.

1969년이 되자 한가닥 희망의 빛이 비추기 시작했다. 당시 스웨덴 아동구호기금은 매월 1만 원씩의 보조금을 부산사람들에게 주고 있었다. 재단으로부터 보조금을 받던 사람들은 1968년 가을부터 그 보조금을 모아 3개월 뒤에 장사를 시작해보려 했다.

하지만 그 사이 가족 중에 환자가 생기면 그 보조금들을 몽땅 써버리는 일이 비일비재했다. 그렇게되면 모든 장사계획은 수포로 돌아가는 것이었다.

당시 스웨덴 아동구호재단의 김영환 사회사업부장은 그같은 현상을 지켜보고는 깨닫는 바가 있었다. 장박사와 비슷한 생각이었다. 보조금을 받는 사람들의 돈 일부를 떼어 적립해서 환자가 생길 때 지원하면 개개인의 목돈이 들지 않는다는 것이었다.

김영환은 재단의 지원을 받는, 1만 2천 명이 넘는 사람들을 설득, 또다른 의료보험조합을 만들었다. 청십자의료보험과 김영환이 조직한 조합은 자연 통합의 길로 접어들었다. 성질이 같은데다 서로의 통합으로 요새 흔히 하는 말로 이른바 시너지효과가 큰 것을 인식했기 때문이었다. 구호재단의 조합은 복음병원이라는 지정병원을 활용할 수 있었고 청십자조합은 엄청난 회원을 얻을 수 있어서 좋았다.

1969년 3월 드디어 두 조합은 합치게 되었으며 보사부에 사단법인 인가를 맡아 명실상부한 민간의료보험조합의 거보를 내디뎠다. 보사부로부터 시범사업장으로 인가받았으며 이사회가 매월 한 번씩 모여 조합운영에 대한 모든 사항들을 민주적으로 처리했다. '의료보험조합'의 '보험'이라는 명칭이 말썽이 되어 1969년 7월에는 '의료협동조합'으로 이름이 바뀌었다.

조합을 처음 시작하면서 가장 보람있었던 일은 조합원 가족들에 대한 무료 건강진단을 해준 것이었다. 하루는 한 부부가 택시로 아기 둘을 데리고 병원에 와서 건강진단을 했다.

온갖 검사를 다하고 "아무 이상없다"는 진단결과를 받은 뒤 화사한 웃음을 지으며 일어서는 부부의 얼굴을 지켜보면서 그는 더할 수 없는 행복과 보람을 느꼈다. 이북에서 내려와 자기나름대로 선택권을 갖고 자유투표를 했을 때의 기쁨보다 더 크게 느껴졌다.

회원들이 자기 가족, 자기 건강을 지키겠다는 마음가짐을 갖는 모습을 바라볼 때마다 협동조합이라는 걸 정말 잘했다는 생각이 들었다.

조합이 얼마나 사람의 생활에 안정감을 주는지는 병원비를 보면 알

수 있었다. 1968년 10월 담석증 수술을 한 홍한두라는 회원은 일반 수술자라면 5만 88원을 내야 했으나 불과 6,090원을 지불하는데 그쳤다.

보람을 쌓기 위한 조합의 노력은 계속되었다. 전인미답의 길을 가야했으므로 뚫어야 할 난관이 수시로 나타났다. 스웨덴 구호재단 회원들의 대거 가입으로 한숨은 돌렸으나 조합비 60원으로는 밀려드는 환자들을 감당하기가 어려웠다. 그나마 매달 40퍼센트에 불과한 회비만이 걷혔다.

스웨덴 재단과의 통합으로 1만3천 명에 달하게 되었으나 1년만에 2천 명 정도가 줄어든 1만2천 명이 되었다.

처음 회원들 가운데는 아무런 병이 없는 건강가족이라고 해서 한 500여 명이 되어 이들에게는 타올도 나눠주고 격려도 해주는 등 나름대로 회비를 내준데 대한 고마움을 표시하기도 했다.

그러나 이들 건강한 사람들의 경우 병원이용이 많지 않다보니까 괜히 회비내는 것을 아깝게 생각하는 이들이 많았다. 지금도 그런 경향이 없진 않지만 그때만 해도 무슨 보험에 들라하면 기분나쁘게 생각하는 사람들도 많았다.

먹고 살기에도 급급한 데 나중의 일까지 생각해서 미리 돈을 내라는 얘기로도 들렸다. 또한 의료보험비의 경우는 더했다.

"이렇게 건강한데 무슨 나중에 병이 들 것 걱정해서 쓸데없이 돈을 낭비하냐"는 인식들이 퍼져있었다.

아무리 설득을 해도 막무가내였다. 회비를 안 내고 한 두 달 버티는 사람들이 늘었다. 장박사는 조합이 발간하는 청십자회보를 통해 "제발 회비를 제 때 내달라"고 애원했고 직원들도 수시로 회비가 밀린 회원들을 상대로 끈질기게 독촉했지만 효과가 별로 없었다.

이사회는 할 수 없이 정관에 따라 3개월 이상 회비가 밀린 사람에 대해서는 제명처분을 내린다고 결정했다. 이런 특단의 조치를 내릴 수밖에 없었던 것은 보사부의 압력 때문이었다. 특히 조합의 재정상태가 악화되자 일단 약국들이 난리였다. 복음병원 등 지정병원에서 약품대를 제때 갚지 못하여 밀리자 약국들에게 빚독촉을 받았다.

회비는 회원수의 40퍼센트밖에 들어오지 않는데다 약값은 갈수록 비싸지고 갈수록 태산이었다. 지정병원의 신용도 추락하고 조합의 신용도 덩달아 떨어지는 것이었다. 보건사회부는 조합의 이같은 어려움을 보고는 "정관대로 하라"고 강력히 권고했다.

그래서 회원수가 줄어 든 것이었다.

한편으로는 조합에 지도과를 신설해서 홍보직원들을 채용했다. 일일이 회원들을 찾아다니면서 회비를 수금하기도 했고 조합에 대한 꾸준한 홍보 등 각종 서비스를 제공하는 방법도 겸했다.

가뜩이나 약이 부족했던 시절이었던 당시 하루에 약 120명의 환자들에게 약을 제대로 공급하지 못해 몹시 어려웠다. 약이 부족한데다 좋지않아 탈퇴한 회원도 많았다.

그런데 그때 장박사와 조합을 궁지에서 구해준 이가 또 나타났다. 1970년 어느날 서울 개혁선교회에서 일하던 네덜란드인 의사 뮬더가 뜻밖에 복음과도 같은 소식을 보냈다.

"닥터 장! 당신이 주도한 의료협동조합의 취지에 적극 찬동합니다. 어떻게 도울 지 몰라 우리가 약을 보내겠습니다."

그러면서 뮬더는 네덜란드에서 가지고 온 물티비타민을 무려 15만 정을 보내왔다. 그뿐이 아니었다. 항빈혈제도 6,000정이나 들어있었다.

"정말 가뭄속 단비입니다. 이 모두가 주님의 뜻입니다."

그와 조합원들은 환호성을 질러댔다. 그 약은 정말 대단했다.

많은 신경질환자들에게 그 약을 투여했더니 얼마나 효과가 좋은지 폭발적인 반응이었다. 영양상태가 엉망이었던 당시의 신경질환자들은 그 약을 먹으면 식욕도 좋아지고 스태미너가 향상되어 힘을 되찾았다. 조합과 병원의 신용이 그 약으로 인해 급격히 향상되었다.

1970년 한해만 해도 연진료인원이 3만 7천 명에 달했고 진료비만

해도 2천2백13만 원이 소요될 정도로 성장했다. 조합운영은 이사회에서 모든 걸 결정했다. 어려움이 있을 때마다 이사회를 열어 좋은 의견을 구했고 그 의견이 많은 이사들의 지지를 받을 경우 그대로 했다.

초기에는 교회측 대의원들과 스웨덴 아동구호재단 측 대의원들간의 알력도 있었고 조합사무국장 선출과 관련해서도 양측의 다툼도 없지는 않았으나 철저한 공개토론으로 시비의 빌미를 없앴다.

설립초기 60원이었던 조합비는 1970년에 80원, 1971년 100원, 1972년 120원, 1973년엔 130원으로 차츰 올랐다. 사실 의료수가중 가장 오르지 않았던 진찰권료가 1973년에 200원이었으므로 최소한 조합비는 200원 정도는 돼야 했다.

현실적으로 적자가 날 수밖에 없었던 조합이었지만 복음병원과 스웨덴 아동재단, 한국아동복지회의 도움으로 어려움을 피해갔다.

특히 복음병원은 조합원진료의 모체가 되어주었을 뿐 아니라 조합이 100만~300만 원의 적자가 날 때마다 이를 보전해줌으로써 협동조합이 궤도에 오르는데 큰 몫을 담당했다.

1974년은 조합이 정상궤도에 본격적으로 올랐던 해였다.

당시 국회의원이었던 정희섭 의원은 1969년 보사부장관으로 일하고 있을 때 부산청십자협동조합을 인가해준 인사였다. 그게 인연이 되어 장기려 박사의 의료조합에 대한 남다른 애착과 신뢰감을 갖고 있었다.

그가 국회의원이 되어 부산시에 들렀을 때 박영수 당시 부산시장을 만나서는 청십자의료조합에 대해 칭찬을 늘어놓았다.

"시장께서 좀 도와주셔야죠. 장기려 박사 혼자 뛰는데 부산시 차원에서 지원도 해주고 하면 얼마나 좋습니까?"

그러면서 정의원은 장기려 박사를 박영수 시장에게 소개시켰다.

"나라에서도 의료보험제도는 생각도 못하고 있는데 아 이 장박사께서 홀로 하고 계시니 얼마나 고맙습니까? 국민보건에도 좋은 일이고 시장께서 도울 일을 한 번 찾아주시죠?"

다행히 박영수 시장의 마음도 활짝 열렸다. 곰곰이 생각해보면 어차피 경제개발에 정신이 팔린 정부가 여력이 없어 하지 못하는 일을 장박사가 해준다는 게 얼마나 고마운 일인가.

"부산시가 도울 일이 뭡니까? 한 번 연구해봅시다."

박시장의 결단은 빨랐다. 당시 부산지역의 감천, 용호, 남부민동 등은 영세민들이 밀집해서 살고 있는 달동네였다. 시장은 우선 이들 영세민들을 조합에 가입시키면서 가입비(500원)와 월회비(200원)의 절반을 부산시가 부담해준다고 약속했다.

곧바로 대상 지역에 대한 조사가 실시되었고 대상자가 5,000명이 넘었다. 이들은 곧바로 조합에 가입했다.

부산시의 적극적인 호응에 힘입어 조합에 대한 이미지가 더욱 좋아져 회원수는 1만 9천명으로 크게 늘었다.

당초 입원환자에 대해서는 40퍼센트 할인, 조합부담 30퍼센트, 본인부담 30퍼센트로 출발했던 조합은 할인률을 50퍼센트로 늘렸어도 그럭저럭 운영되는 수준으로까지 성장했다.

14. 청십자가 효자보다 낫습니다

　좋은 일만 있을 순 없었다. 부산시의 협조로 조합원 수가 급증한 건 좋았으나 부산시가 가입 영세민들의 회비보조금 500만 원을 조합에 지원해준 게 문제였다.
　조합은 이 보조금을 장부상으로는 수입으로 잡아놓고 1975년도 장부로 금액을 이월했다. 이게 말썽이었다. 부산세무서가 수입금에 대한 세금을 무려 250만 원이나 붙여버린 것이었다. 상법상 사단법인은 비영리법인으로 수입을 내지 못하게 되어있는데 수익을 냈으니 세금을 내야 한다는 것이었다.
　문제는 장부상으로는 이월된 잉여금은 모두 1975년 1월에 회원들의 진료비로 다 써버렸다는 데 있었다. 세금을 낼래야 낼 수 없는 딱한 상황에 빠진 것이다.
　세무서를 찾아가 아무리 자초지종을 말해도 벽창호였다. 도리어 세금을 기한내에 내지 않으면 건물을 차압하겠다고 경고했다.
　"박사님, 어떻게 하지요?"
　조합직원들은 땅이 꺼져라 한숨만 쉬고 있었다. 장박사는 은근히 화가 났다. 아무리 조합이 잘못했다고는 하지만 세무서가 너무 하는 것이라는 생각이 들었다. 제대로 조사해보면 돈을 어떻게 썼는지 다 알 수 있을텐데 장부를 잘못 기록했다고 곧이 곧대로 세금을, 그것도 250만 원이나 때리다니.
　"차압? 웃기는 소리군. 차압하라고 하지 뭐. 돈이 없는데 어떻게 내라는 거야."

좀처럼 화를 내지 않는 장박사였으나 이번만큼은 화가 나 견딜 수 없었다. 장박사가 도리어 강경하게 나가자 김영환 사무국장이 어쩔 줄 몰라 했다.

"박사님! 우리가 버틸수록 손해일 것 같습니다. 당장 건물이 차압당하면 일할 곳이 없어지고 조합일도 엉망이 됩니다."

"그럼 어쩌자는 겁니까."

"방법을 찾아야죠. 보사부에라도 쫓아가서 도움을 청하는 편이 나을 것 같습니다."

"그런다고 될 일인가."

한결 누그러진 장박사였으나 별 희망도 기대도 걸지 않았다.

"할 수 없지 뭐. 그러면 사무국장이 한 번 가봐요. 우린 여기서 이 일을 위해 열심히 기도할 터이니…."

김국장은 장박사를 비롯한 조합식구들의 간절한 기도를 등에 업고 보사부를 찾았다. 사실 김국장도 말은 가보겠다고 했지만 속으로는 '괜한 짓을 하고 있는 지 모른다'는 회의감속에 찾아간 것이었다. 보사부가 한낱 부산의 청십자 의료보험조합을 위해 적극적으로 나서기가 쉽지 않을 것이었기 때문이다. 공무원들이란 원래 자기와는 상관없는, 귀찮은 일을 하지 않는 속성을 갖고 있다는 게 당시의 일반적인 인식이었기에 그런 생각을 가질 만했다.

'밑져야 본전인데…' 하는 마음으로 찾아간 보사부. 하지만 기대없이 찾아간 사무국장의 예상은 보기좋게 틀리고 말았다.

김국장의 자초지종을 성의있게 들어준 담당공무원의 얼굴은 무척 진지했다.

"그것 참 유감이군요. 청십자조합은 우리 보사부도 잘 아는데. 그 조합은 그야말로 협동조합 아닙니까?"

직원들은 청십자에 대해 너무도 잘 알고 있다는 듯 직원들 모두가 한 목소리를 냈다.

"그 세금은 잘못됐군요."

이들이 이렇게 청십자조합을 인정해준 데는 다 이유가 있었다. 조합을 시작할 때부터 해마다 보사부 직원들이 나와 감사를 했는데 조합이 회비전액을 회원들의 진료비로 다 충당했고 이사들도 어느 한 사람 거마비조차 받아 간 적이 없다는 사실을 파악하고 돌아갔다.

이런 조합에 세금이 나왔다는 소식을 들은 보사부 직원들은 마치 자신들이 세금을 맞은 것처럼 분개하고 세무서를 한 목소리로 비난했던 것이었다.

"염려마십시오. 국세청에 연락해서 세금내지 않도록 하겠습니다."

정말로 보사부는 국세청에 연락했다. 그런데 절차는 매우 복잡했다. 국세청이 인정한다고 끝나는게 아니었다. 국세청은 다시 재무부에 "세금을 내지 않아도 된다"는 사실을 통보했다.

물론 재무부도 직원들이 이 내용에 동감하여 재무부장관에게 결재를 올렸다. 한편으로는 한때 보사부장관을 지낸 정희섭 의원도 재무부장관에게 개인적으로 연락, 청십자조합의 실상을 일러주었다.

재무부장관은 그제서야 부산청십자의료보험조합에 부과된 세금은 내지 않아도 좋다면서 부산세무서장을 통해 고지했다.

결국 장박사와 청십자조합은 설립 7년만에 부산시장, 보사부, 국세청, 재무부, 부산세무서 등 내로라하는 정부부처로부터도 깊은 신뢰를 받기에 이르렀다.

이는 장박사를 비롯, 조합을 설립했던 초창기 사람들이 얼마나 성실하게 일해왔고 사심없이 봉사해왔는지를 일러주는 하나의 예다. 아무리 하나님 사업을 하는 사람들이라도 하나님의 진정한 뜻을 제대로 알고 행동해야 하며 특히나 사회로부터 신용을 얻는 일도 성공을 위해서는 필수적이라는 걸 말해준다.

1975년 8월 4일. 장기려 박사는 안경을 벗고 흐르는 눈물을 훔쳤다. 청십자운동을 시작한지 불과 7년만에 조합이 직접 운영하는 병원을 개원하는 날이었다.

'이제 됐습니다. 주여! 당신의 뜻대로 되었습니다. 이제는 더욱 교만하지 않게 채찍질해주시고 더욱 더 주님의 뜻을 따라 일할 수 있도록 지켜주소서.'

조합의 숙원이 풀린 날. 이제는 본격적인 도약을 할 수 있다고 생각하니 가슴이 벅찼다.

돌이켜보면 늘 불안했던 조합운영이었다. 설립초기 복음병원을 모병원으로 조합원진료에 힘써왔으나 조합의 정상운영에는 한계가 있었다. 요즘의 보험수가처럼 진료비에 대한 적정기준이 없던 때라 물가상승률에 따라 자연히 인상되는 악순환이 계속되었다.

조합이 자체적으로 책정해놓은 보험료로는 이듬해 진료비를 감당하지 못하고 자칫하면 적자운영을 해야 할 운명이었다. 다행히 복음병원이 적자를 보전해주고 운영상태도 나아지긴 했으나 늘 불안한 상태였다.

'조합이 운영하는 병원이 있으면 좀 나으리라.'

직접 병원을 경영하면 비용이 줄고 또 조합원들이 회비를 많이 내지 않아도 운영할 수 있는 기틀이 마련된다. 더군다나 복음병원은 부산의 서남단에 자리잡고 있었던 탓에 서구지역 주민들에게는 편리했지만 부산진구 서면, 동래구 해운대 방면의 회원들은 버스를 두 번이나 갈아타야 하는 불편함을 호소했다.

이같은 여러 가지 사정을 감안하여 1974년부터 조합직영의 병원을 설립한다는 목표아래 적당한 장소를 물색한 끝에 부산진 역 옆에 자리잡고 있던 오정대 정형외과의원의 건물일부, 즉 2/5를 매입하게 되었던 것이다.

처음에는 소아과, 내과, 외과와 임상병리실, X-레이실, 약국 등으로 병원을 꾸몄고 입원환자들은 당분간 복음병원을 이용했다.

장박사는 1976년 6월 복음병원장을 정년퇴임하기까지 청십자의원 병원장직을 겸하면서 매주 화요일 청십자의원에서 진료를 담당했다.

이로써 복음병원은 부산시 서구 암남, 감천, 남부민동 등지의 조합원들을, 청십자의원은 그외 거주회원들을 담당하는 등 이원체제로 운영되었다. 1976년 4월 20일에는 오정대 정형외과 건물전체를 매입했고 산부인과를 증설했다.

건물전체를 매입하는 과정에서도 독지가들의 정성어린 성금이 이어졌고 청십자의원이 '우리병원'이라고 여긴 조합원들의 적극적인 이용으로 한 해 동안 외래환자수가 5,500명에 달하기도 했다.

장박사는 1976년 11월 사단법인 한국청십자 사회복지회를 창립시켰고 청십자의원은 복지회로 귀속되었다.

1977년에 들어서면서 장박사의 청십자 운동은 중대한 전환점에 서게 된다. 1963년에 처음 제정된 이래 16년간이나 미뤄온 의료보험법이 제대로 기능을 발휘하기 시작한 해였기 때문이다. 일단 500인 이상 사업장을 대상으로 직장의료보험이 실시되었고 1979년엔 300인 이상 사업장으로 대상이 확대되었고 또한 공무원 및 교직원의료보험이 시행되었다.

당연히 청십자의료보험조합을 탈퇴하는 회원이 늘어났다. 주변에서는 청십자의료보험도 다른 길을 모색해야 한다는 여론이 높아졌다.

하지만 이변이 일어나고 있었다. 정부주도의 의료보험시행과 함께 보험에 든 사람들이 혜택을 받자 의료보험에 대한 인식이 눈에 띄게 좋아졌던 것이었다. 예전에는 조합내에 지도과를 두어 회원증대를 위해 무진 애를 썼지만 도리어 1977년 이후에는 자발적으로 가입하겠다고 찾아오는 사람들이 늘었다.

1976년말 1만9천7백 명이었던 회원수는 1977년, 1978년엔 다소 줄었으나 1979년엔 많은 직장인과 공무원, 교직원들이 빠져나갔음에도 2만1천 명으로 늘었다.

홍국, 동아, 대동 등 신용금고와 개인택시조합, 동아신철, 경성수산, 한국상사, 샘표간장, 고려발전소, 태평양화학 판매원들 등 정부의료보험에 가입할 수 없는 사람들이 대거 들어온 것이었다.

청십자의료보험조합은 정부가 1988년 농어촌의료보험 시행에 이어 1989년 7월 1일부터 도시지역의료보험을 전면 실시함에 따라 1989년 6월 30일 발족 21년만에 발전적으로 해체되었다.

1968년 장기려 박사를 비롯한 23명의 '빛과 소금'들이 모여 온갖 어려움을 뚫고 결성한 청십자의료보험은 해체될 당시에는 가입자가 23만 명, 지정병원이 440곳에 이르는 등 뚜렷한 족적을 남겼다. 지역의료보험의 산파역이자 모델의 역할을 해낸 것이다.

해체를 눈앞에 두었을 때 회원가운데는 너무도 아쉬운 나머지 "역사나 건실한 운영을 해온 청십자의료보험은 계속 유지되어야 한다"고 주장하는 이도 있었다.

하지만 장박사와 조합은 "모든 공은 이제 정부로 넘어갔다"면서 깨끗이 손을 털고는 신용협동조합과 본인부담금을 위한 의료공제회 등 정부의 손길이 미치지 못하는 방향으로 선회했다.

'가난은 나랏님도 구제못한다'는 옛말에만 매달려 가난한 자, 병든 자들을 아무도 눈여겨보지 않았을 때 홀연히 일어나 민간의료보험을 만들었던 장박사는 천금의 짐을 벗었다.

"이제 나라에서 이 일을 하려 합니다. 나라에서 미처 하지 못한 일을 청십자가 대신 맡아왔을 뿐입니다. 우린 징검다리 역할에 만족합니다. 이제 기쁜 마음으로 이를 넘겨주려 합니다."

힘겨웠던 1960~1970년대 시대의 징검다리로 없는 자의 빛이 되어준 장기려 박사는 20년 노하우를 지닌 조합의 직원들을 정부의료보험조합에 배치하면서 다시 한번 청십자운동을 상기하라고 당부했다. 그들은 정부주도의 의료보험사업에서도 빛과 소금의 몫을 해냈다.

"여러분들은 청십자 정신인 진실과 사랑, 협동을 이루려고 온 힘과 마음을 다해주었습니다. 하나님께서는 여러분들의 이름을 성경책에 기록하여 주신 줄 믿습니다. 하나님께서는 청십자의료보험조합을 묘밭으로 하시고 직원들을 묘종으로 기르셨다가 이번에 '전국민의보'

라는 논에 옮겨 심었다고 믿습니다. 여러분은 어떤 이가 청십자를 위해 한 말을 기억하십시오. '청십자가 효자보다 낫다'는 말을…."

그러면서도 그는 절대 교만하지 않으려 노력하고 반성했다.

"주여. 우리가 하나님 앞에 충성을 다했습니까? 우리는 진실한 종입니까? 하나님 뜻대로 순종했습니까?"

15. 막사이사이상 수상

1979년 8월 7일 장박사는 평소와 같이 강의를 위해 서울을 다녀오는 길이었다. 막 기차에서 내려 역대합실로 들어서는데 기자들이 몰려왔다.
"무슨 일이요?"
그가 영문을 몰라 의아한 표정으로 물었다.
"박사님! 박사님께서 막사이사이상 수상자로 결정됐답니다."
"막사이사이상이라니?"
그에게 뜻하지 않은 소식이었다. 막사이사이상은 필리핀의 정치가로 항일게릴라를 지휘했고 1953년 대통령이 되었으며 1957년 비행기 사고로 사망한 막사이사이를 기려 미국의 록펠러 재단이 1958년 1월 50만 달러의 기금으로 막사이사이 재단을 설립, 제정한 상이다.
정부공무원, 사회봉사, 사회지도, 국제이해증진, 언론문화 등 5개 부문에서 수상자를 뽑는데 장박사가 1979년 사회봉사 부문 수상자로 결정된 것이다.
"장박사는 가난하고 병든 사람들을 위한 의료보호의 필요성을 느끼게 되어 11년전에 복음병원이라는 의료조합체를 결성하기 위해 부산지역의 교회에 협력을 요청했다. 그때 설립된 청십자의료협력기구는 회원이 2만 명을 넘기게 되었다. 의료협력체가 불어나 힘을 얻게 되었다. 회비는 최저선을 유지하였고 모든 회원은 체계적인 예방의학과 협조정신의 일환으로 정기검진을 받았으며 상호신용이 촉진되었다.

장박사는 70평생 동안 투철한 의료봉사를 펼쳤으며 항상 받기보다는 주기를 원했고 기독교적인 신앙에 입각하여 쉬지 않고 일했다."

막사이사이 재단이 밝힌 그의 수상이유다. 하지만 그에게 어떤 상도 별다른 의미는 없었다. 이 막사이사이상도 어느 날 갑자기 아무런 준비도, 아무런 바람도 없던 그의 품안에 안겨진 것이다.

때문에 상을 받게 되었다는 기쁨은 애시당초 없었다. 그저 부끄러울 따름이었다. 만나는 사람들마다 축하의 말을 전하느라 법석이었다.

"박사님, 진심으로 축하드립니다."
"박사님, 이번 수상은 사실 늦은 감이 있습니다."
"박사님, 오늘의 영광은 우리 대한민국의 영광이며 또 주님의 영광이기도 합니다."

그는 차라리 귀를 막고 싶었다. 그리스도의 사랑실천은 크리스천으로서 당연한 사명이다. 주님의 길을 좇아 한걸음씩 내딛는 그의 발걸음에 인간이 주는 상은 도리어 거추장스런 걸림돌이었다. 더군다나 사람들은 하나님의 은총으로 이뤄진 일을 모두 그의 영광으로만 돌리고 있었다. 자신의 영혼과 육신은 하나님의 은총 앞에서는 티끌만큼도 못한 미미한 존재인데….

하늘 저편에서 하나님의 음성이 들렸다.

"결코 교만하지 마라. 높은데 마음을 두지 마라. 늘 낮은데 처하여 스스로 지혜있는 척 하지 마라. 너의 그 영광을 구실로 너의 직분에 소홀하지 마라."

8월 31일 라몬 막사이사이상 시상식이 열린 필리핀 마닐라. 늦여름 남방의 열기가 여전했다. 시상식장은 뜨거운 박수소리와 함께 열기를 뿜어내고 있었다.

차례를 기다리던 장박사는 갑자기 극심한 부끄러움에 자리를 박차고 일어나고 싶었다.

'람베레네 마을의 슈바이처 박사는 환자들의 치료가 걱정되어 노벨상 시상식에 불참했는데 나는 어인 일로 여기 앉아있는가. 여전히 내 환자들이 날 기다리고 있을 텐데 내가 지금 어디 있는가.'

선배 수상자들의 요청으로 마닐라에서 상을 받기로 결정한 것인데 너무 후회되었다.

부끄러움에, 죄책감에 젖어 넋을 놓고 앉아있는데 그를 부르는 소리가 들려왔다. 얼김에 상을 받고 잠시 눈을 감고 명상에 빠졌다가 담담하게 수상소감을 풀어놓았다.

"… 난 언제나 또한 무슨 일에 있어서든지 그 동기가 좋고 방법이 정당하면 그 결과에 대해서는 묻지 않고 실천하려고 노력하며 살아온 것 뿐입니다. 그렇게 하면 그 결과는 하나님께서 그의 뜻대로 이루어 주시는 것을 경험하였습니다."

우레와 같은 기립박수가 터졌다. 그는 귀국하자마자 부상으로 받은 순금메달은 집에 맡겨버리고 상금 1만 달러는 청십자조합에 그대로 기부했다.

그는 다시 한번 막사이사이상을 받으면서 느꼈던 것들을 정리하기 시작했다.

'그리스도께서는 사람을 살리기 위해 십자가의 형벌까지 받으셨는데 나는 좋은 걸 먹고 입고 마시면서 또 좋은 집에 살면서 일해오지 않았는가. 희생없는 삶을 살면서 그리스도의 사랑을 실천한다고 생각했던 건 자만이다. 결국 공명심을 바라고 일했다는 게 증명된 게 아닌가. 부끄럽다. 하나님 나라에서 먼 삶을 살고 있다는 생각이 든다.'

그는 정부에서 주는 국민훈장 동백장, 대한적십자사에서 주는 인도상 등 수많은 상을 받았다. 하지만 어쩔 수 없는 경우가 아니면 시상식장에 나서지 않았으며 상을 받더라도 수상기록을 밝히는 걸 원치 않았다.

언젠가는 아래 직원을 시켜 상으로 받은 상패를 몽땅 돈으로 바꾸라고 지시한 적이 있었다. 후에 이 사실을 안 며느리가 기가 탁 막혔다.

결국 며느리는 시아버지 몰래 팔려고 내놓은 상패들을 다시 사모았다. 며느리의 돈이 나간 셈이 된 것이다. 자식된 도리로 아버지의 평생이 담겨있는 그 상패들을 잃을 수 없다는 게 며느리의 생각이었다.

그는 또 생전에 감투도 많이 썼다. 청십자 이사장, 애광원 후원회장, 함석헌 후원회 이사, 거창고와 풀무학원 후원회장 등등 20가지가 넘는다. 하지만 모두 장박사의 도움이 필요한 자리였다. 그래서 그 감투를 거절하지 못했다. 자신이 뭔가 '쓰임' 받을 수 있는 곳이라면, 더군다나 하나님께서 인정하는 일이라면 뭐든지 하는 게 그의 삶이었으니까.

제4부 오늘 아침에도 아내를 만났어요

북에 두고온 가족들(뒷줄 왼쪽부터 삼촌, 장박사, 차남, 부친, 모친, 부인, 장남, 장녀) ▶

북한 생존 장기려 박사 부인 ▼

1. 사랑하는 아내에게

"여보. 40년이 흘러 여든이 된 지금 '여보'라는 호칭이 어색하게 느껴집니다. 그렇다고 당시에는 쓰지 않던 '택용 어머니'라고 부른다는 것도 이상하고…. 여보. 어느덧 40년이 흘렀소. 6.25참화로 가족과 생이별한 이가 어찌 나뿐이오만 해마다 6월이 되면 뭉클 가슴깊은 곳에서 치미는 이산의 설움을 감당하지 못하고 기도로 눈물을 삭이곤 합니다. 1950년 12월 3일 후퇴하는 국군을 따라 평양을 떠날 때 둘째 가용이만 데리고 월남한 것이 지금 내 가슴에 못이 되었소. 차마 앰블런스를 세울 수가 없었소. 환자의 차에 얻어 탔다는 죄책감, 그리고 만약 차를 세운다면 피난민들이 몰려와 너도나도 태워달라고 간청할 것이 뻔했기 때문입니다. 한 두 달 후면 다시 돌아오리라고 평양에 돌아올 수 있을 거라고 마음을 달랬습니다.

택용 어머니. 나는 이따금씩 당신과 아이들의 꿈을 꿉니다. 월남한 뒤 부산에 내려와 세운 복음병원 앞에 당신과 내가 서있는데 갑자기 파도가 밀려와 당신을 삼켜가는 꿈도 꾸었습니다. 놀라 일어나면 텅 빈 방에 혼자 있는 나를 발견하고…. 당신에 대한 나의 깊은 사랑을 다시 느낍니다. 당신이 나에게 가르쳐 준 노래를 나직이 불러봅니다.

'단풍잎은 떨어져서 뜰 앞을 쓸고 간다 / 누른 국화향내는 바람을 떠나 살더니 / 처량한 가을이여 / 장미수풀 우거진 넓은 들을 넘어서 / 금강사가 반짝이는 곳까지 / 넘어가는 해가 아름답게 되었다 / 붉은 물 풀어놓은 것 같이 / 찬란하다 낙조.'

내가 지금 인생의 낙조에 들어갔으니 이제와서 부르라고 가르쳐 준 것이었을까요. 몇 년 전에 남북한 이산가족 몇 명씩 남과 북을 방문해서 해후의 기쁨을 나누고 돌아온 것을 기억하지요. 난들 왜 가보고 싶지 않았겠소.

그러나 1천만 이산가족 모두의 아픔이 나 못지 않을 텐데 어찌 나만 가족재회의 기쁨을 맛보겠다고 북행(北行)을 신청할 수 있었겠소. 나는 내 생전에 평화통일이 될 것으로 믿습니다. 우리는 온 민족이 함께 어울려 재회의 기쁨을 나누는 그날 다시 만나리라는 것을 확신합니다…"

그는 1990년 4월 동아일보에 북녘의 아내에게 50년 묵은 애잔한 사랑의 편지를 썼다.

1950년 6월. 민족의 비극은 우리 민족을 갈기갈기 찢어놓았다. 지나가는 광풍으로 알았던 전쟁의 참극이 그토록 민족을, 가족을 끊어놓을 줄은 몰랐다. 사람들은 냉전의 시기가 장기화할 것에 대비하여 나름대로의 삶을 찾기 시작했다.

장박사처럼 생이별을 하고 월남했거나 전쟁통에 가족들을 잃어버린 사람들은 하나둘씩 새롭게 집을 마련하고 가정을 꾸몄다. 두고 온 식구들과 현실 사이에서 고뇌하던 사람들의 아픔은 결국 시대의 비극이었다. 그래서 누가 뭐라 할 처지도 아니었다. 그들을 비난하기에는 현실이 너무 고달팠으니까. 외로움과 아픔을 홀로 달래기는 어차피 힘들었으므로…. 또한 어느 누가 조기 통일을 장담할 수 있었겠는가.

그러나 장기려 박사는 그 아픔의 멍에를 벗지 않았다. 북에 두고 온 아내와 자식들을 평생 그리워하고 사랑하면서 살았다. 45년 수절의 사연은 그렇게 애틋했다.

영원한 사랑을 위해서는 순간의 만족과 행복을 버렸던 것이다. 이 땅 어딘가에 살아서 자신을 사랑하며 살아갈 가족들을 위해….

세월이 지날수록 더욱 그립고 보고싶은 아내였다. 맞선으로 처음 아내를 만났을 때는 사실 마음에 썩 들이지 않았던 아내 김봉숙. 요샛

말로 좀 날씬하고 예쁜 그런 여자를 바랐던 그는 실망의 빛을 감출 수 없었다.

하지만 막상 결혼을 하자 아내의 진가는 나타났다. 그는 한 번도 집 대문을 두드려본 적이 없었다. 퇴근 때가 되면 아내가 늘 집 대문 앞에 나와 기다리고 있었기 때문이었다. 밤에 급한 환자가 생기면 나갔다가 새벽녘이 다 되어 들어오면 아내는 행여 시부모님들이 깰까봐 마루 끝에 앉아 기다리다가 남편의 발자국 소리를 듣고는 얼른 문을 열어주었다.

풍족하지 않았던 남편의 월급, 그것도 가난한 환자들을 돌보느라 이리 뜯기고 저리 뜯겼던 월급봉투는 얄팍하기 그지없었다. 그것으로 부모님과 여섯 자녀를 키우기는 어려웠다. 병원 의사들의 가운을 만들어 납품하는 일로 푼돈을 벌어 생활비에 보태곤 했다.

환자가족들이 고마워서 주머니에 찔러주는 쌀 봉투를 슬쩍 내밀면 아내는 기뻐 어쩔 줄 몰라했다. 생활비가 없으면 돈을 꾸어오는 일도 아내의 몫이었다.

시어머니의 강짜가 심해 때로는 눈물을 흘렸으나 남편이 기도하는 모습을 바라보면 이내 환한 얼굴로 변하던 아내…. 부유한 집안에서 태어나 여고까지 나왔고 처녀 때는 피아노 독주까지 했던 재능있는 아내…. 일본유학까지 준비하다가 결혼 때문에 포기해야 했던 아내는 잘 그리던 그림과 자수까지도 아이 셋을 낳고 아이들 뒷바라지 때문에 그만둬야 했다. 오로지 남편과 자식을 위해 헌신한 것이다.

결혼 후에 과분할 정도로 잘해주는 아내에게 한 번은 실없는 질문을 던졌다.

"왜 이리 나에게 잘해주는 거요?"

그러자 아내는 싱긋 웃으며 대꾸했다.

"세상 남자 중에 당신이 최고의 인물이니까요."

결혼한 지 15년쯤 지날 무렵 어느날. 공휴일이었던 터라 그는 모처럼 부탁받은 원고를 쓰고 있었다. 문득 마당에서 빨래를 하고 있던 아내의 뒷모습을 바라보았다. 참 이상한 일이었다. 갑자기 가슴이 뭉클해졌다. 온갖 어려움을 묵묵히 이겨내는 아내의 뒷모습에서 참사랑을 느꼈다. 그는 아내에게 다가가 조용히 안아주었다.

"사랑하오."

그리고는 마치 훗날의 이별을 예감한 탓인지 아내에게 "영원히 사랑할 것"을 다짐했다.

'우리의 사랑은 육(肉)의 한계를 넘어서 죽거나 헤어지더라도 영원할 것이다. 만일 이 사랑이 죽어서 없어지거나 또는 멀리 떨어져있음으로 해서 식어버린다면 이 세상에 진실이라는 건 하나도 없을 것이다.'

이 깨우침이 얼마나 영감적이었던지 그때의 경이(驚異)가 평생을 두고 떠나지 않았다.

'하나님께서 약속하신 것이라면 육(肉)의 사랑이라도 절대 변해서는 안 된다. 참사랑은 몸이 떨어져 있다든가 어느 한 쪽이 먼저 죽는다고 해서 없어지는 게 아니다. 참사랑은 영원한 생명력을 담고 있다.'

그는 폭포처럼 다짐했다. 훗날 얼마나 그리움이 차올랐는지 아내와 자식들은 이따금씩 꿈에 나타났다.

헤어질 때의 38살 나이로 나타나는 아내는 어떤 때는 화낸 얼굴일 때도 있고 어떤 때는 웃는 얼굴일 때도 있었다. 화난 얼굴이라도 사랑하는 사람이 살아있다는 증거였으므로 그는 하루종일 기분이 좋았다.

"나 오늘 아침도 하나님 안에서 아내를 만났어요."

그는 어린아이처럼 기뻐하며 주변사람들에게 자랑했다.

"이제 그만 재혼하시지요. 사모님도 이미 돌아가셨는지도 모르는데…."

주변사람들이 홀로 사는 장박사를 보고 보기에 딱해 말하면 대답은 한결같았다.

"무슨 소립니까. 이미 부모님의 별세소식은 하나님께서 일러주셨지만 아내는 아직 죽지 않았소."

그는 부모님은 돌아가셨지만 아내는 살아있다고 믿었다.

아버님은 1953년에 돌아가신 것 같았다. 어느 날 꿈에 어릴적 이웃집 아저씨인 김광환씨가 나타났다. 어린 장박사에게 '배 복(腹)'자를 가르쳐주던 이였다. 그 아저씨는 꿈에서 "기려야 아버님께서 오신다"고 일러주었다. 깜짝 놀라 나가보니 아버지가 검은 옷을 입은 낯익은 고향사람 5~6명과 함께 서 계셨다. 그것이 아버지의 별세소식이라고 믿었다.

어머니는 1968~1969년에 돌아가셨다고 믿는다. 어느날 또 꿈 속에서 삼촌 세 분이 검은 테를 두른 어머니의 사진을 들고 나타나셨다. 어머니가 돌아가셨다는 걸 하나님께서 일러주신 것이라고 믿었다. 북한의 가족들과 서신을 주고 받았을 때 장박사의 꿈이 사실이었음이 드러났다. 장박사는 깜짝 놀랐다. 아버지와 어머니는 장박사의 꿈에 나타난지 정확히 일주일 후에 돌아가신 것이다.

그는 아내가 살아있다는 걸 강조하면서 꼭 한마디씩 덧붙였다.

"사람이 살면서 결혼이라는 것은 한 번 하는 것이지 두 번 하는 건 아니지 않아요?"

아내에 대한 가없는 사랑은 세월이 얼마만큼 지나도, 어떤 유혹도 끝내 물리쳤다. 월남했을 때가 건강한 40대였으므로 가끔은 흔들린 적도 있었으나 기도로 마음을 잡았다.

한 번은 미국에 가 있는 어떤 여의사로부터 한 장의 편지를 받았다.

"박사님! 이상적인 여성이 있어도 재혼하지 않으시겠습니까?"

일종의 은근한 구애편지였다. 그 여성은 전혀 흠잡을 곳이 없는 완벽한 여성이었다. 하지만 그의 뜻은 정중하면서도 단호했다.

"이상적인 여성이 있다해도 재혼은 안 합니다. 내게는 하나님께서 정해주신 아내가 이북에 있고 하나님이 정해주신 아내가 이상일 수밖에 없습니다."

2. 이산가족이 어디 나 하나 뿐이겠소

1983년 7월. 그동안 TV하고는 담을 쌓았던 그는 KBS TV를 보면서 남몰래 흐르는 눈물을 훔쳤다.

브라운관을 통한 이산가족 찾기 캠페인 방송은 아내와 가족들에 대한 그리움을 더욱 자극했다. 사무치는 그리움, 보고싶어 가슴이 터질 것 같은 아픔에 그는 몸서리를 쳤다.

고희(古稀)가 넘어서자 그렇지 않아도 북에 있는 가족들 생각에 잠 못 이루는 밤이 많았던 장박사였다. 한치의 어긋남도 허용될 수 없는, 그래서 수명이 짧을 수밖에 없다는 외과의였지만 나이 일흔이 넘도록 매일 30여 명의 환자를 진료하고 일주일에 3~4차례나 수술을 집도한 것은 평생을 환자를 돌보며 살겠다는 하나님과의 약속을 지키기 위함이었고 동시에 아내와 가족에 대한 사무치는 그리움을 털어내기 위한 방편이었다.

더구나 그는 지병인 당뇨병으로 제대로 몸을 추스를 수 없을 정도였고 옷을 스스로 입을 수 있다는 자체가 자랑스러웠던 때였다.

3년 뒤인 1986년 장박사는 꿈에 그리던 가족들의 생사를 확인하게 된다.

제네바에서 열린 국제 적십자 회의에 참석하고 돌아온 사람으로부터 북한의 장박사 가족들이 잘 있다는 소식을 들었다. 6.25때 인민군으로 징집된 큰 아들 택용이 약학박사가 되어 국제회의에도 가끔 참석한다는 이야기도 들렸다.

장박사는 희망의 빛을 보았다. 생사확인이 되지 않았을 때는 살아 있다는 사실만 확인한다해도 여한은 없다고 생각했는데 막상 생존소식을 들으니 미치도록 보고 싶어졌다.

'이제 통일만 되면 우리 가족은 만날 수가 있구나. 통일을 위해 기도하자.'

의성소학교 선생이었던 사촌 형 장기원의 맏딸 장혜원은 생화학 박사로 미국에서 살고 있었다. 장혜원은 장박사 가족들이 무사하다는 소식을 듣고는 서로 연락이라도 취할 수 있게 해줄 방법이 없을까 고민하고 있었다.

마침 그는 북한의 택용이 리스본에서 약학관련회의에 참석한다는 소식을 듣고는 리스본 북한대사관에 미리 연락하고는 리스본으로 달려갔다.

하지만 택용은 3일 전에 이미 리스본을 떠난 뒤였다. 한 가지 다행스런 소식은 북한대사관 참사관의 부인이 장박사의 큰 딸 신용의 여고동창이라는 사실이었다. 그 부인을 통해 택용이 북한당국으로부터 급한 연락을 받고 급거 귀국했으며 육촌누나 혜원이 오면 전해달라고 했다면서 편지와 나일론 옷감을 내놓았다.

"이 물건들을 좀 장택용 박사에게 전해주십시오."

혜원은 장기려 박사와 가용의 사진, 전자계산기, 시계 등을 맡기고 돌아왔다.

얼마후 장기려 박사의 맏딸 신용이 혜원에게 편지를 보냈다. 혜원은 그 편지를 다시 서울의 장박사에게 전달했다.

무려 43년만에 혈육의 체취를 직접 맡는 순간이었다. 평양 종로거리에서 어머니의 손을 잡고 있던 신용이가 이제 어른이 되어 아버지에게 편지를 쓴 것이다.

"아버지, 언니(혜원)가 보내준 사진 2장을 보고 저희들은 한동안 꼼짝할 수 없었어요. 아버지의 사진과 가용오빠의 사진을 만지며 얼마나 울었는지 몰라요. 어머니는 아버지의 사진을 보고는 '가용이구

나. 너희 아버지 모습이 많이 들어있어' 하셨답니다. 그리고 어머니는 또 한 장의 사진을 가리키며 이 사람은 누구냐고 물었어요. 이 사진은 가용오빠이고 처음 보신 사진이 아버지라고 했더니 어머니는 너무 놀라 한동안 말이 없었어요. 언니, 사실 아버지의 모습은 너무 젊어 꼬부랑 할머니가 된 우리 어머니가 못알아 보실만 하였어요. 어머니는 아버지의 사진을 말없이 바라보시더니 '우리가 사진으로 이렇게 만나다니요' 하면서 한참을 우셨어요."

"언니, 우리 아버지가 남쪽에서 그렇게 훌륭한 일을 하신다니 얼마나 자랑스러운 지 몰라요. 어머니는 '너희 아버지, 거기서도 여전하시구나. 두 개 가지면 벌받는 줄 아시는지 번번이 거지에게 옷을 벗어주고 시퍼렇게 얼어 들어오셨어. 내가 부엌에서 굶는 것도 모르시고 길가는 거지를 불러와서 겸상을 차려 먹이신 양반이지' 라고 말씀하셨어요…."

장박사는 눈물을 삼켰다. 아내의 고통과 아픔을 몰라주었다는 죄책감, 그리고 꼬부랑 할머니가 되었다는 말에 너무 가슴이 아파 견딜 수가 없었다.

'가난한 사람들을 도와준답시고 곁에 있는 아내를 내팽개쳤구나. 내가 아내보다 훨씬 젊다니…. 결국 나는 무엇인가. 아내가 그립네, 아내를 사랑합네 하면서 잘 먹고 잘 산 셈이구나. 아내가 굶고 고통스러워 할 때 난 나의 영광을 위해서만 일한 것이 아닐까.'

그는 기구한 아내의 삶을 떠올리고 상상하면서 얼마나 많은 밤을 하얗게 지새웠는지 모른다.

1985년 9월 분단 40년만에 남북고향방문단 및 예술단이 서울과 평양을 오갔을 때 그는 정부로부터 깜짝 놀랄만한 제안을 받는다. 정부는 천주교 지학순 주교를 비롯한 몇몇 인사들을 대상으로 이산가족을 상봉시켜준다면서 장박사에게도 아내를 만나고 싶으면 방북신청을 하라고 제의하였다. 당시 북한을 방문한 이들 가운데는 지학순 주교는 물론 홍성철 전 내무장관을 포함, 법인체 대표 19명과 종교인 4

명, 의사, 공무원 등 3명씩이 북한을 방문했다.
 그러나 그는 끝내 그 제의를 거절하고 말았다.
 "나는 매일같이 영적으로 아내와 교통하고 있는 사람이오. 육신으로 며칠 만나고 오는 것이 내 나이에 무슨 득이 있겠소. 내가 평양에 간다면 그 곳에서 내 생명이 다할 때까지 함께 살 수 있든지, 아니면 내가 아내를 데리고 남한에서 살 수 있다면 평양에 가겠지만 그렇지 못하다면 사양하겠소."
 고향에 다녀온 다음에 그곳에 남아 또 한번 기약없는 이별의 눈물을 흘려야 할 아내와 아들을 생각한다면 가지 않는 편이 나을 지도 몰랐다. 아내와 자식들에게 폐가 된다면 더군다나 도리가 아니라고 생각했다.
 그는 마지막으로 정부당국에 분명히 말했다.
 "이산가족이 나 하나 뿐이 아닌데 가족을 두고 온 사람들이 얼마나 가고 싶겠소. 그 사람들도 다 보내준다면 나도 갈 생각이 있겠지만 그렇지 않다면 거절하겠소."
 이렇게 가슴속 찢어지는 아픔을 간직하고 있으면서도 그는 절대 남에게 드러내지 않았다. 아들 가용이 언젠가 "통일 이후를 대비하여 북한의 식구들을 위한 가족통일기금을 마련하는게 어떠냐"고 제안했을 때도 그는 불호령을 내렸다.
 "언제 내가 이북의 가족을 먹여 살렸냐. 하나님이 먹여 살려주신 것이지."
 그는 교회에서 행사가 있을 때면 독창을 했다. 한 번은 '고향길'을 부르면서 눈물을 흘린 적이 있었다. 주변사람들이 "가족생각이 나서 그러셨냐"고 묻자 그는 "울지 않았다"고 우겼다. 사람들이 그래도 믿지 않고 끝까지 '추궁'을 했는데도 끝내 가족얘기는 꺼내지 않았다.
 "음악에 도취되어 그런 거야."

 애끓는 신용이의 편지를 받고 피눈물을 흘렸으나 정작 수십 년간

떨어져있던 아내에게 보낸 편지의 내용은 간단한 안부와 함께 "내가 지금 당뇨로 고생하고 있다"는 사실 등 단 3줄이었다.

가슴 속 찢어지는 고통을 홀로 삭이며 신앙의 굳건한 힘으로 이겨냈지만 아들 장가용 박사와 며느리 윤순자 씨를 비롯한 주변사람들은 고뇌의 편린을 얼핏얼핏 느낄 수 있었다.

"북에 계신 시어머니의 생신이 3월 26일이었습니다. 그날은 일부러 평소보다 반찬을 두어 가지 더 차리곤 했습니다. 어느 해인가, 어머니 생신을 맞아 무심코 북어찜을 상에 올려놓았더니 아버님은 아무 말없이 북어찜을 상 밑에 내려놓고는 드시지 않는 것이었습니다."

북어찜은 장박사의 아내 김봉숙이 가장 좋아했던 음식이었다. 며느리는 다시는 북어찜을 올리지 않았다.

3. 짧은 만남보다 하늘나라에서 영원히 만나야지

　1990년대 들어 80줄이 넘어서면서 장박사는 아내에 대한 그리움을 조금씩 나타내기 시작한다. 어쩌면 살아서 아내를 만나기 어려울지도 모른다는 초조감이 들었는지도 모른다. 1990년 8월 정부당국의 민족대교류 방침이 발표되고 그에 따라 추진된 북한방문신청 때 그는 식구들의 강력한 권유로 방북신청서를 냈다.
　한 달 후 분단 45년만에 처음 이뤄진 남북고위급회담은 일사천리로 진행되었다. 장박사의 마음도 설레임으로 가득찼다.
　1990년 9월 20일 한겨레 신문 기고문에서 그의 여든살 설레임이 그대로 나타나 있다.
　"남북고위급회담은 '하늘에서나 사랑하는 아내를 만나지 않겠느냐' 며 이미 마음을 다져먹고 있던 늙은이의 마음을 또다시 흔들어놓고 있다. 남북한 양쪽대표인 두 총리가 활짝 웃으며 악수하는 모습을 보면서 이미 거두어 들였던 만남의 기대가 되살아나는 것을 어쩔 수 없었다. 그렇다. 우리는 만나야 한다. 견우와 직녀가 만나듯 애틋한 그리움으로 만나야 한다. 헤어질 때의 안타까움과 기나긴 헤어짐 속의 절절한 그리움 속으로 들어가 그 옛날의 부모형제로 만나야 한다."
　그러나 쉽게 융화될 수 없는 남북한 이념의 차이, 그리고 분단을 정치적으로 이용하는 남북한 위정자들의 마음은 가족 상봉을 바라는 여든 살 할아버지의 애끓는 호소를 무참히 짓밟아 놓았다.
　고위급회담은 이런저런 벽에 부딪쳐 끝내 무산되어 버렸다. '74남북공동성명' 이후 어디 그런 일이 그 때 뿐이련만 이제 쇠약해진 노인은 점점 감당하기 힘들어지고 있었다.

그후로는 혼자만의 북한방문은 끝내 내켜하지 않았다. 6.25때 10만 북한주민을 피난시킨 이른바 흥남철수의 주역이기도 한 기홀병원 후배 현봉학 씨의 회고다. 현박사는 1991년 6월 북한을 방문, 장박사의 딸 성용과 만난 뒤 북한의 보건부장 이종률과 부총리 장 철을 면담, 장기려 박사의 방북을 허용해달라고 요청했다.

이때 북한정부는 "남한 정부가 허용한다면 과거를 묻지 않는다"고 환영의 뜻을 표시했다. 현박사가 이 말을 전하자 장기려 박사는 마음이 잠깐 흔들린다는 듯 뜸을 들이다가 끝내 거절했다.

"다른 사람이 모두 가지 못하는데 어째서 특별대우를 받아 가겠소. 모두 갈 수 있을 때 나도 가야지…."

현봉학 박사는 눈시울이 뜨거워졌다.

1년 뒤인 1991년 여름. 미국에 사는 조카며느리 임친덕이 직접 북한을 방문, 고향에서 장박사의 가족들을 만나고 돌아와 북한 식구들이 전한 편지와 사진을 장박사에게 주었다.

아내 김봉숙은 약학을 전공한 장남 택용네와 강계(江界)에서 살고 있으며 셋째 신용은 식품회사 연구원, 넷째 성용은 평양 암연구소 연구원으로, 다섯째 인용은 강계의대 교수로, 여섯째 진용은 중학교 교사로 근무하고 있었다. 다들 그만하면 괜찮은 지위와 생활을 하고 있는 것 같았다.

그는 담담한 얼굴로 아내의 편지를 읽어보았다. 아내의 손목을 살짝 잡아보는 것처럼 따스했다.

"기도 속에서 언제나 당신을 만나고 있습니다. 부모님과 아이들이 힘든 일을 당할 때마다 저는 마음 속의 당신에게 물었습니다. 그 때마다 당신은 이렇게 하면 어떠냐고 응답해주셨고 저는 그대로 하였습니다. 잘 자란 우리 아이들, 몸은 헤어져 있었지만 저 혼자서 키운 것이 아닙니다."

아내의 글도 놀랄만큼 담담했다. 서로 살아있으리라는 확신을 했고 서로의 사랑이 변치않으리라는 걸 굳게 믿고 살았기에 크게 놀라지 않았던 것이다.

하지만 그는 편지와 함께 전해진 아내의 사진을 보자 그만 큰 충격을 받았다. 41년 동안이나 38살 성숙한 여인의 모습으로만 기억되던 아내 김봉숙이 한순간에 79살 할머니의 모습으로 변해버린 것이었다.

아내는 몰라보게 늙어 있었다. 무엇보다 마음이 아픈 건 아내의 얼굴이 너무 말라 있다는 것이었다.

'홀로 시부모와 아이 다섯을 키우느라 얼마나 고생이 심했을까. 가뜩이나 강짜가 심한 시어머니였는데 그 고통은 어땠을까. 갖가지 어려움 속에서도 아이들을 저토록 훌륭하게 키워내느라 얼마나 힘이 들었을까.'

그는 틈만 나면 야윈 아내의 사진과 아내의 사랑이 담긴 편지를 읽어보며 더욱 타는 그리움으로 조바심을 냈다. 얼마 후 전달된 딸 신용의 편지를 보고는 다시 한번 그의 마음이 무거워졌다.

"아버지, 우리는 어버이 수령님 덕에 잘 살고 있는데 피골이 상접하다니 무슨 소립니까."

아내의 편지를 받은 직후 어느 신문과 인터뷰를 했다. 그때 사진 속의 아내 얼굴이 다섯 자녀를 홀몸으로 키우느라 쪼글쪼글해진 것을 탄식한 게 신문에 "아내가 피골이 상접했다"고 말한 것으로 보도됐다. 이 기사를 무슨 경로를 통해 보았는지 딸 신용이 이른바 항의 편지를 쓴 것이었다. 사실 이 기사에도 아이들을 키우느라 고생한 아내의 얘기가 있는데 그쪽에서는 거두절미하고 '피골이 상접했다'는 부분만을 꺼내어 문제를 삼은 것이었다.

기나긴 분단이 혈육간에도 넘을 수 없는 높은 장벽을 만들어 놓은 것이다. 장박사는 그런 아픔도 아픔이거니와 그 인터뷰 기사로 쓸데없이 곤욕을 치렀을 아내를 비롯한 식구들을 생각하면 밤잠을 들 수가 없었다.

장박사에게 지울 수 없는 상처를 입힌 것은 바로 1992년 2차 남북 고향방문단 교환합의 무산이었다. 특별대우를 해주겠다는 유혹을 다 뿌리치고 '다른 이산가족들과 떳떳이 고향을 방문하겠다'는 그의 꿈이 또 한번 사라져버린 순간이었다.

장박사를 더욱 곤혹스럽게 만든 것은 북한의 이러저러한 이유였다. 그때 장박사는 8.15 이산가족 고향방문단의 일원으로 북한을 방문하기 위해 방북을 신청했다. 그런데 양측의 실무작업이 진행중이던 그 해 8월 초 북한방송은 비전향장기수 이인모 노인과 장기려 박사를 송환하라고 요구한 것이다.

북한은 특히 장기려 박사가 6.25도중 국군에 의해 강제로 납치되어 남하했다고 주장했다. 더욱이 북한은 장박사 가족들을 동원, 좌담회까지 열어 "가족들이 장박사의 조속한 송환을 기다리고 있다"고 했다.

"사상도 이념도 모르는 가족들을 42년간이나 헤어지게 만든 것이 누구인가?"

피난시절부터 당뇨를 앓아왔고 그동안에도 두차례에 걸쳐 뇌졸중 발작을 경험했어도 팔십이 넘도록 건강을 유지해오던 그는 이 때의 충격으로 급격히 기력을 잃었으며 두 달 후인 10월 심한 뇌졸중 발작을 일으켰다.

그는 간신히 고비를 넘기고 죽을 때까지 환자는 봐야한다는 신념으로 청십자병원에서 하루 10여 명의 환자를 보았다. 그러다가 1994년 남북정상회담 분위기가 무르익자 다시 실낱같은 희망의 끈을 잡는가 했으나 7월 김일성의 갑작스런 사망으로 영영 고향방문의 꿈을 잃고 말았다.

"개인적으로야 물론 야속했습니다. 하지만 신앙의 눈으로 보면 김주석을 비롯한 북한의 권력자들도 잘못된 이데올로기와 권세욕 때문에 빗나간 인생을 산 것입니다. 하나님과 민족 앞에 진정한 회개없이는 정상회담도 바람직한 결과를 얻지 못한다고 생각했습니다. 앞으로도 소망과 지혜를 저버리지 않는다면 잃을 것은 아무 것도 없다고 생각합니다."

그는 결코 북한과 북한사람들을 미워하지 않았다. 고향이 있고 부모님과 아내, 그리고 식구들까지 살고 있었고, 지금도 터를 잡고 살고 있는 이북도, 이북 사람들도 원수가 아니고 동포라고 말하고 주님의 사랑을 갖고 기도해야 한다고 당부했다. 통일은 경제력도, 무력도 아닌, 오로지 사랑의 힘으로 이뤄야 한다면서.

1950년 이후 45년간의 기나긴 세월동안 간절한 기도제목이 되었던 '아내와의 재회'는 물론 끝내 이뤄지지 않았다. 그러나 그는 혼수상태에 빠지기 전인 1995년 10월 가족들에게 말했다.

"이 땅에서 지금 만나봤자 무슨 의미가 있겠는가. 그렇게 짧게 만나느니 차라리 하늘나라에서 영원히 만나야지…."

4. 영원한 자유인, 믿음만으로 살다간 성인 장기려

장기려 박사의 삶은 기독교 신앙 그 자체였다. 삶은 하나님의 말씀과 가르침을 실천한 것이었고 윤리적인 행위의 근거는 바로 하나님의 말씀인 성경이었다.

만약 그에게서 하나님의 가르침이 없었다면 그저 한 사람의 휴머니스트였을 뿐이다. 고신대 교수 이상규에 따르면 그에게 있어 의사라는 직업은 하나님의 가르침에 따라 하나님을 영화롭게 하고 이웃을 섬기는 행위였다.

그가 1925년 14살 때 세례를 받았는데 그때 "인간은 죄인이며 그리스도의 구원을 받지 않고서는 하나님 앞에 설 수 없다"고 확신했다. "앞으로 무엇을 해야 나의 사명을 다할 수 있을 것인가."

그는 그 어린 나이에도 삶의 문제를 심각하게 고심했다. 경성의전에 다닐 때도 기독교학생회를 주관하고 신앙운동을 전개하였다.

40년대 전후 그는 김교신, 함석헌, 야아니하라(矢內原), 후지이(藤井武) 등 한일 무교회주의자들을 만나고 혹은 그들의 책을 읽으면서 직간접적으로 영향을 받아 신앙적인 변화를 겪게된다.

김교신과 함석헌은 그가 회고했듯 가장 영향을 받은 사람들이었다. 김교신은 일본유학 중에 일본의 무교회주의자 우치무라(內村)에게 배워 귀국한 뒤 함석헌 등과 함께 1927년 「성서조선」을 창간했다. '성서를 조선 위에, 조선을 성서 위에' 라는 슬로건이 김교신의 일념이었다.

이들 무교회주의자들은 '하나님에 대한 예배는 우리의 삶 전체' '성서진리에 의한 생활예배 추구' 등을 주장해왔다. 물량적인 기복신앙에서 벗어나 기독교의 근본인 성서와 말씀으로 돌아가야 하며 이를 생활 속에서 외쳐왔다.

10년 연상인 함석헌과는 1940년 1월 1일~3일 사이에 서울 정릉에 있던 김교신 선생 집에서 처음 만났다는 것은 이미 얘기한 바 있다. 특히 '사회를 구원함으로써 자신도 구원받을 수 있다'는 함석헌의 해석을 그는 진정한 크리스천의 자세라고 보았다.

그러나 장박사는 '인간의 존엄성은 하나님께서 주신 것이니 하나님께 머리를 숙이면 되는 것'이라면서 늘 민주주의를 강조하면서 인간의 존엄성을 짓밟는 주의와 정권에 대해 적극적인 반대운동을 펼친 함석헌과는 달랐다.

장박사는 성경의 가르침대로 참사랑을 생활 속에서 실천하고 하나님께 영광을 돌리면서 평생을 지내왔다는 점에서 차이는 있다.

당시 무교회주의자들과 친분을 유지했지만 교회를 떠나지는 않았다. 1949년 8월 평양의 산정현교회에서 장로장립을 받기도 했으며 51년에는 이일화 장로, 박덕술 권사와 함께 부산에 북에 두고 온 산정현교회를 재건했다.

여기서 그는 제도교회의 문제를 극복하고자 했던 일면을 볼 수 있다. 이상규 교수에 따르면 그는 월남한 뒤 첫주일인 1950년 12월 24일 한상동 목사가 시무하던 초량교회 예배에 참석했고 산정현교회 재건 때까지 초량교회에 출석한 것으로 보인다. 한상동 목사와는 이미 평양시절부터 친분이 있었고 한목사의 요청으로 복음병원을 개원하는 등 상호 협력상태를 유지하고 있었다.

그런데 한상동 목사가 당시 장로교회 총회 유지재단으로부터 초량교회 명도를 요구받고 1951년 10월 초량교회를 떠나 삼일교회를 설립했다. 그러나 그는 이일화 장로와 박덕술 권사와 함께 산정현교회를 재건한 것이다.

특히 산정현교회를 어느 교단에도 속하지 않은 독립교회로 만들었다. 이는 결국 장박사는 제도교회에 뿌리를 두고 있으면서도 무교회주의자들의 주장을 일부분 수용하고 있다는 걸 의미한다. 이상규 교수에 따르면 장박사의 경우 이처럼 교리적인 일관성보다는 영적 유익을 추구했던 경건주의자적인 성향을 지닌 19세기 스위스 태생의 미국 교회사가인 필립 샤프를 닮았다는 것이다.

그의 이같은 태도에 대해 심지어는 무교회주의자들까지도 "교회를 떠나지 않고도 무교회의 신앙을 이해하는 태도가 좋다"고 말하기도 했다.

함석헌이 훗날 기독교와 다른 종교와의 경계선을 허물고 종교다원주의자로 변했지만 교분을 끊지 않았다.

결국 장기려 박사는 김서민의 지적대로 "자유로운 믿음을 가진 분"이라는 말이 틀리지 않았던 것이다.

그는 비교파적이고 비조직적인 신앙운동단체에 관여하였고 외형적인 것에 얽매이지 않는 순수한 복음운동에 관심이 많았다.

그는 '건전한 종교'라는 글에서 "종교가 사람의 손으로 지은 회당에 서있고 사람의 의식에 치중하고 또 신앙개조만을 고조하고 음악과 예술적인 표현과 통계만을 들어 평가하게 될 때 그 종교는 불건전하다"고 했다.

또한 1956년 복음병원을 신축하여 큰 병원으로 성장하자 우려의 목소리를 낸 것도 시사하는 바가 크다.

"밀톤의 '실낙원'을 읽어보면 맘몬은 고층건물을 잘 짓고 물질세계의 발전을 잘 일으키는, 재능있는 마귀로 묘사되어 있다. 이것을 읽은 뒤로는 고층건물을 보면 맘몬의 힘을 연상하게 된다. 하늘을 찌를듯한 고딕건물 예배당도 나에게는 하나님의 영광으로 느껴지지 않고 사람의 예술품이 될지언정 맘몬의 재주인 듯한 느낌이 든다. 우리는 이 세상에서 권세와 지위와 명예, 그리고 사업의 번영들에 대하여 하나님의 축복이라고 생각하고 축하한다. 그것들이 과연 하나님의 영광을 사모하여 살던 사람들에게 내려주시는 선물이었던가? 자기도 모르는 사이에 맘몬과 타협해서 산 결과로 된 것은 아니었을까?"

그는 그때 복음병원의 확장이 과연 하나님의 축복인가 혹은 맘몬의 장난일까 하면서 반성했다. 그러면서 그는 한국 기독교에 대해서도 비평하였다. 한국의 기독교는 자본주의 기독교라는 것. 기독교신자들 가운데서도 옛 아담인 육의 사람이 그대로 살아서 교회를 운영하고 있는 것을 개탄하였다.

"교회는 파벌싸움이 있고 용서하는 마음은 없다. 그리고 저들은 성경의 말씀을 가지고 자기를 변호하여 자기의 주장을 정당화하면서 싸움을 계속한다. 이들은 다 올바른 인격의 주체성을 가지고 있다고 말할 수 없다."

그의 자유주의적이고 교파에 구애받지 않은 신앙과 관련, 한 가지 일화를 소개하고자 한다.

그가 중심이 되어 세운 부산 산정현교회는 원래 어느 교파에도 가담하지 않았다. 박광선 목사에 따르면 산정현교회는 교역자도 합동측, 고신측, 통합측 목사님들을 가리지 않고 모셨다. 당연 찬송가도 목사님들에 따라 달랐다. 그러나 교회가 아무래도 교단에 가입은 해야 한다는 결론에 도달했다. 하지만 어느 교단에 속할지가 관건이었다.

설왕설래하고 있을 때 장박사가 명쾌하게 교통정리를 해주었다.

"합동측이나 통합측이나 다같이 합동해서 같이 예배드리자는 교단들이 아닙니까. 우리 이렇게 합시다. 합동측은 같은 마음을 가진 사람들끼리 합하자는 것이고 통합측은 같지 않아도 합하자는 곳이니 우린 통합측으로 갑시다."

교회는 장박사의 말에 별다른 문제없이 교단선택을 할 수 있었다.

그는 교회에 발을 담고 있으면서도 1956년에 부산대학에 '부산모임'을 따로 만들어 성서를 연구하고 기독교관련 서적들을 읽고 강사를 초빙했으며 기관지를 내는 등 복음을 전하는데 힘을 쏟았다.

1981년 12월 산정현교회 시무장로에서 은퇴하고 원로장로로 추대된 뒤인 1987년부터는 '종들의 모임'이라는 비교파적인 신앙단체에 적극적으로 참여했다.

  1992년 경향신문과의 인터뷰에서 그는 신앙생활의 단편을 소개했다.

  "난 교회가 아니라 10여 명이 모이는 집 같은데서 예배봐요. 믿는 마음과 믿는 사람이 있는 곳, 그런 곳에 예수가 있는 거지요."

  그는 한마디로 교리나 신학의 전통에 대한 무관심으로 경건주의적인 경향을 띠고는 있지만 순수한 신앙, 복음에 대한 온전한 열정과, 기독교적인 일관된 삶을 살았다.

  그는 사랑을 강조한 요한서신을 늘 인용하였다. '요한의 사랑의 철학'이란 글에서 그는 "사랑의 철학은 생명철학의 일대 혁명"이라면서 "하나님은 사랑이시다"라는 말에서 사랑의 본체를 발견할 수 있다. 그는 신앙과 삶을 하나로 보고 신행일치(信行一致)의 생을 살았다.

  일생을 겸손하고 소박한 기독교적인 삶을 살았으며 그 삶을 통해 사람을 사랑했고, 또 그 삶을 통해 한국교회와 사회의 개혁을 이루었으며 그 삶을 통해 사회봉사의 모델을 제시했고 그 삶을 통해 결혼의 신성함과 가정의 중요성을 일깨워 주었다.

  그는 성공적인 삶의 길이 무엇인지를 「부산모임」 1980년 4월호에 밝혔다. 그 글을 인용하면서 장기려 박사의 이야기를 끝내려 한다.

  "나의 생애에서 얻은 작은 간증을 하겠다. 나는 의학도가 되려고 지원할 때에 치료비가 없어 의사의 진찰을 한 번도 받지 못하고 죽는 환자가 불쌍하다고 생각되어 그러한 환자를 위하여 의사일을 하려고 결심하였다. 그래서 의사가 된 날부터 지금까지 치료비가 없는 환자들을 위한 책임감이 커질 뿐 그걸 잊은 적이 없었다.

  나는 이 처음 결심을 잊지 않고 살면 나의 생애는 성공이요, 이 생각을 잊고 살면 실패라고 생각하고 있다.

  성공적인 삶이란 첫째로 하나님의 사명을 자각하고 어떠한 경우에서도 그 결심이 변치않고 실천하는 데 있다. 그 일의 성과와 가치판단은 하나님께 맡기고 사람들에게 돌려라. 그렇게 살면 더 큰 사명을 발견할 때도 있다. 나는 사실 불쌍한 환자들을 위하여 살겠다는 사명에만 열중하였는데 십여 년 전부터 민족의 평화를 위해서도 헌신하겠다는 새로운 결심도 하였다.

모든 해결방법은 성경에서 배울 수 있다. 먼저 대접받고자 하는 대로 남을 대접할 것이다. 너희는 먼저 남의 짐을 져주라. 다른 사람이 내게 빚진 것을 사해주라.

그리고 너희는 먼저 주의 나라와 그의 의를 구하라. 그리하면 평화를 얻을 것이다. 즉 육의 욕심을 죽이고 영의 세계, 이상의 세계에서 살면서 현실을 지도하는 정신으로 희생적인 봉사를 하라. 이것이 나의 삶의 신념이다. 이것이 성공의 열쇠라고 믿는다."

성산 장기려 선생 약력

성명 : 장기려(張起呂, 父 장운섭, 母 최윤경 씨의 차남, 본관 安東)
출생지 : 평안북도 용천군 양하면 입암동 739번지
본적 : 서울특별시 마포구 마포동 180-1번지
주소 : 부산직할시 서구 암남동 34번지
생년월일 : 1911년 8월 14일(음력)
　　　　　1995년 12월 25일 소천

■ 학력 및 경력

1928. 3	개성송도 고등보통학교 졸업
1928. 4 – 1932. 3	경성 의학전문학교 졸업
1932. 4 – 1940. 2	경성 의학전문학교 외과조수 및 강사
1940. 3 – 1945. 8	평양 연합기독(기홀)병원 외과과장
1940. 9. 19	일본 나고야제국대학 의학박사학위 취득
1945. 11 – 1946. 12	평양도립병원 원장
1947. 1 – 1950. 11	평양의과대학 외과교수
1950. 12 – 1951. 6	부산 제3육군병원 외과근무(군속)
1951. 7 – 1976. 6	부산복음병원 초대원장(설립)
1953. 3 – 1956. 9	서울대학교 의과대학 외과교수
1956 –	거창고등학교 이사
1956. 9 – 1961. 10	부산대학교 의과대학 외과교수 및 학장
1957 – 1988	신앙생활 성경모임인 정기간행물「부산모임」발행
1959. 2	한국 최초로 간암에 대한 대량 간 절제술 시행
1965. 3 – 1972. 12	서울 카톨릭의과대학 외과교수
1968. 4 – 1979. 12	부산복음간호전문대학 학장
1968. 5 – 1989. 6	청십자의료보험조합 설립, 대표이사
1974. 2	한국 간 연구회 창립 및 초대회장
1975. 8 – 1983. 10	청십자병원 설립, 원장
1976. 4	부산복음병원 원장 정년퇴임
1976. 5	거제도 고현보건원 봉사
1976. 10	부산아동병원장 겸 이사장
1976. 11 – 1993. 4	한국청십자 사회복지회 대표이사
1979. 3	인제대학교 의과대학 부속 부산백병원 명예원장

1983. 3   청십자병원 명예원장
1985. 3 - 1994. 12   한국장애자 재활협회 부산지부장
1993. 4   한국청십자 사회복지회 명예대표이사

■ 수상경력
1960. 4. 7   보건의날 공로상(부산시장)
1961. 10. 13   대한의학협회 학술상(대통령상)
1975.   부산시 제1회 선한시민상
1976. 2. 7   제4회 보건의날 국민훈장 동백장(대통령상)
1978. 10. 27   인도장 금상(대한적십자사)
1979. 8. 31   라몬 막사이사이 사회봉사상
1980. 10. 5   제23회 부산시 문화상(지역사회개발부문상)
1981. 9. 25   국제라이온스 인도상
1990. 2. 27   인간상록수(청년지역사회개발상록회)
1991. 3. 22   제1회 호암상, 사회봉사부문(삼성복지재단)
1992. 10. 14   자랑스런 서울대인상(서울대학교 총장)
1995. 11. 18   제4회 인도주의실천의사상(인도주의실천의사협의회)
1995. 12. 31   재미한국인의사회 봉사상
1996. 1. 30   국민훈장 무궁화장(대통령)

■ 저 서
평화와 사랑(규장문화사 : 1980. 10. 15)
생명과 사랑(규장문화사 : 1980. 2. 5)
나의 회고록
외길한평생(장학사 : 1981. 7. 20)
할아버지 손은 약손(소년 한국일보 : 1992. 10. 1)
외과학(한국외과학연구소 : 1969. 8. 20)
간장 및 담관계 질환(최신의학사 : 1982. 2. 25)